류호준 교수의 문예·신학적 에세이 3

뒤돌아 서서 바라본 하나님

류호준

이레서원

류호준 교수의 문예·신학적 에세이 3
뒤돌아 서서 바라본 하나님
류호준 지음

초판 1쇄 발행	2005년 6월 7일
초판 2쇄 발행	2006년 3월 24일
발행처	도서출판 이레서원
발행인	김완섭
등록번호	제1-1147호
등록일자	1990. 12. 20
편집국장	윤상문
편집	소지희
영업부장	장향규
총무	김고은

서울시 송파구 거여1동 173-3 (4층) 우편번호 173-813
전화 402-3238, 406-3273 팩스 401-3387
jiireh@chollian.net

글 저작권 ⓒ 2004 류호준

이 책의 저작권은 저자에게 있습니다. 서면에 의한 저자와 출판사의
허락 없이 내용의 일부를 인용하거나 발췌하는 것을 금합니다.

값은 표지에 있습니다.

ISBN 89-7435-370-9 04230
　　　89-7435-369-5 04230(세트)

지난 25년을 함께 항해해 온
아내 이영옥에게 이 책을 헌정합니다.

차 / 례

서문. 천상의 선물을 두 손에 들고 …6

프롤로그. 설교와 설교자 …12

1 창조 하나님은 바다 괴물도 창조하셨습니다 창 1:1-21 …29
2 소명 축복하기 위해 부르심 받은 사람들 창 12:1-3; 18:1-33 …45
3 선택 하나님의 선택은 이야기입니다 창 12장 …63
4 전복 하나님은 왜 야곱을 사랑하시는가 창 25:19-34 …79
5 축복 하나님이 우리를 '선택' 하신 이유 창 39:1-5; 41:53-57 …97
6 부르심 공중에는 부르심이 가득 차 있습니다 출 3:1-12 …111
7 기적 기적은 일어나는가 출 14:19-22; 요 2:1-11 …129
8 영광 광야에 거하는 하나님의 영광 출 16:1-12 …143
9 갈망 뒤돌아 서서 바라본 하나님 출 33:12-23 …161
10 은혜 은혜로 가득 찬 룻 룻 4:13-17 …177
11 청력 한밤중에 들려온 목소리 삼상 3:1-14 …191

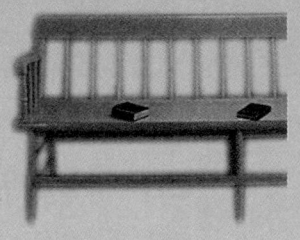

12 환상 왜 교회에 가는가 왕상 18:36-40 …209

13 예배 어찌하여 여기 있느냐 왕상 19:9-13 …225

14 기묘 하나님의 놀라운 계획 사 25:1-12 …237

15 복음 내 백성을 위로하라 사 40:1-8 …253

16 십자가 모든 우상을 폐위시키십시오 사 46:1-11 …271

17 모순 부조리 속에 거하시는 하나님 사 55장 …287

18 찬양 아브라함의 하나님을 찬양합시다 사 56:1-8 …307

19 기도 지옥에서 드리는 시편 욘 2장 …323

20 신앙 법정에 선 하나님 욥 2:1-10; 3:1-10 …337

21 시간 시간을 구원하라 에 4장; 엡 5:16 …353

에필로그. 쉼표가 있는 삶 …369

주. …385

| 서문 |

천상의 선물을 두 손에 들고

누가 좋은 작가인가? 누가 진지한 작가인가? 누가 좋은 설교자인가? 아니, 누가 진지한 설교자인가? 우리의 눈을 열어 주고, 우리의 가슴을 열어 주는 사람들일 것입니다. 그들이 아니었더라면 결코 알 수 없었던 것들에 대해 우리의 눈을 열어 주거나 우리의 가슴을 열어 주어 그것들을 보고, 만지고, 느끼도록 해 준 이들일 것입니다. 이런 점에서 좋은 작가와 좋은 설교자는 매우 가까운 이웃입니다.

여기에 모은 글들은 위에서 말한 정의대로 좋은 설교자가 되려고 애쓰는 한 목사의 설교들과 묵상들입니다. 눈을 열어 보게 하고 가슴을 열어 느끼게 하는 일이 얼마나 어려운지 어렴풋하게나마 알아 가고 있는 한 설교자의 발자국들이 여기저기에 보이기를 소망합니다.

들을 수도, 볼 수도 없던 소녀 헬렌 켈러에게 '물'이라는 한 단어를 가르치기 위해 수년 동안 온갖 마음 고생을 했던 애니 설리번 선생님이 떠오릅니다. 이곳에 실린 글들은, 헬렌 켈러로 하여금 펌프에서 나오는 물을 '느끼게' 해 주었던 설리번 선생님의 사랑이 얼마나 고귀한가를 절감하는 사람이 그가 만나는 미지의 독자들에게 하나님의 마음을 '느끼게' 하고픈 바람에서 쓴 글들입니다.

작가와 설교자는 글을 쓴다는 점에서 같습니다. 그리고 어떤 글이든

글을 쓴다는 것은 결코 쉬운 일이 아닙니다. 따라서 인습의 안목과 전통의 손으로는 결코 볼 수도 없고 만질 수도 없는 '저 세상의 것들'을 지금 여기에서 보고 만지고 느낄 수 있도록 인도하는 사람들이 설교자들이라면, 그리고 그 일을 위해서 말하고 글을 써야 하는 사람들이 설교자들이라면, 그들의 수고가 작가들에 비해 과소평가되어서는 결코 안 될 것입니다. 하나님은 '설교'라고 부르는 어리석어 보이는 방식을 통하여 하늘의 비밀과 신비를 보여 주시고자 하기 때문입니다.

설교자들은 '말'의 사람들이기 전에 '글'의 사람들입니다. 이 점에 있어서 '성서' Bible 라는 용어 자체가 원래 '책' Book 을 의미했다는 것은 매우 지시적입니다. 하나님의 말씀을 담은 책, 아니 하나님의 말씀 그 자체이기까지 한 성경이 오류투성이인 인간의 언어로 기록되었다는 사실 앞에 우리는 우리를 향하신 하나님의 깊은 애정을 느낍니다.

아마 네다섯 살 때였던 것 같습니다. 서울 영등포구 당산동의 한 어둠침침한 셋방에 살던 어린 시절이었던 것으로 기억합니다. 나의 아버지는 자그만 앉은뱅이 책상 앞에 나를 앉혀 놓고 한글을 가르쳐 주셨습니다. '기역, 니은, 디귿, 리을…'을 외우게 하셨습니다. 그리고 글자 모양을 보고 그리게 하셨습니다. 그것은 정말 쓰는 것이 아니라 그리는 것이었습니다. 그러다가 내가 쥔 연필이 이상한 방향으로 가기 시작하면 그분은 어김없이 내 자그마한 손을 덮쳐 쥐시고는 함께 글자를 써 내려가곤 하였습니다.

손등 위에서 느껴지는 따스한 온정, 내 손도 아니고 아버지의 손도 아닌 그 어떤 손에 의해 만들어져 가는 글자들, 이렇게 해서 아버지의 글씨체도 내 글씨체도 아닌 '우리들'의 글씨체가 탄생되고 있었습니다. 비록 어린 나이였지만 그때의 감격을 잊을 수 없습니다.

'기역'이 완성되던 날, 하나님이 빛을 만드시고 그 빛이 온 우주로 퍼져 나가는 숨막히는 광경을 보시며 "와, 이보다 더 좋을 순 없어!"라고 감격하시던 창조의 기쁨을 나는 그때 느꼈습니다. 그리고 한글을 깨우치기 시작하면서 처음 읽기 시작한 책이 성경이었습니다. 성경은 내가 이 세상에서 처음 만난 '그 책' The Book 이 된 것입니다. 그 후 문자로 된 성경은 내게 매우 매력적인 친구가 되었습니다. 성경의 언어 자체가 갖고 있을지도 모른다고 생각했던 힘과 마력이 점점 사실로 느껴졌기 때문입니다. 그 사실을 '안' 것이 아니라 '느껴졌다'고 말하는 게 정확할 것입니다. 이것이 오류투성이인 사람의 언어 안에 자신의 마음을 담아 우리에게 '신앙의 문법' grammar of faith 을 가르치시려는 하나님 아버지의 애정 어린 마음을 느꼈다는 말의 의미입니다.

이런 의미에서, 불완전한 사람의 언어 안에 이 세상을 향한 창조주 하나님의 사랑과 애정과 뜻을 흠뻑 담아 내고 있는 성경이야말로 천상에서 우리에게 내려 주신 환상적인 선물이 아니고 무엇이겠는가 하는 생각에 이르게 됩니다. 그러므로 천상의 궁정에서 이 세상을 향해 하사하신 이 책을 두 손으로 받들고, 천상의 왕이신 하나님이 말씀하시려는 것을 남김없이, 유감없이 다 드러내면서 분명하고 깨끗하게 전달해야 하는 사명을 받은 설교자들이야말로 신의 축복을 가장 많이 받은 사람들 중 하나일 것입니다.

여기에 모은 글들은 그동안 내가 섬기는 지역 교회에서 행한 설교들입니다. 그래서 독자들은 구어체의 흔적을 여러 곳에서 발견할 것입니다. 특별히 지난 4년여 동안 필자와 함께 신앙의 순례를 함께해 온 무지개교회의 그리스도인들에게 깊은 감사를 드립니다. 그들은 경청하였고, 나는 강단에서 의무적으로 말해야 할 것보다는 마음에 깊이 느낀 것들을 말하려고 부단히 애썼습니다. 그 결과에 대해서는 오직 하나님만이 아실 것입니다.

비록 특정한 교회에서 선포된 말씀이긴 하지만 본서는 신앙과 성경의 가르침에 대해 진지하게 질문하는 독자들을 염두에 두고 다시 쓴 글입니다. 이런 의미에서 본서는 청중보다는 독자를 의식한 '문학으로서의 설교'라는 범주에 들어가기를 원합니다. 본서는 앞서 출판된 「장막 치시는 하나님을 따라서」, 「아버지를 떠나 자유를」과 함께 삼부작을 이룹니다. 한 권의 책을 저술하는 것이 결코 쉽지 않습니다. 오래 전 한 지혜자가 일러주었듯이, "많은 책들을 짓는 것은 끝이 없고 많이 공부하는 것은 몸을 피곤하게 하기 때문입니다"(전 12:12). 그러나 한 사람의 몸의 피곤을 통하여 많은 사람들에게 영혼의 안식을 줄 수 있다면 그것보다 더 보람된 일은 없으리라 생각합니다.

책의 출판에 즈음하여 많은 분들께 감사를 드립니다. 책 안에 실려 있는 다양한 삽화를 정성껏 그려 준 제자 신완식 목사님, 초고 원고를 세밀하게 보아 준 김영희 씨, 그리고 기꺼이 출판의 수고를 맡아 준 이레서원의 주간 김도완 목사님과 편집부에게 감사를 드립니다.

마지막으로 아내 이영옥에게 이 책을 헌정함으로써 고마운 마음을 전합니다. 한 남자의 아내와 한 여자의 남편으로, 네 자녀의 어머니와 아버지로 우리는 지난 25년을 함께 항해해 왔습니다. 화창하고 아름다운 날도 많았지만 높은 파도와 태풍 때문에 한치 앞도 볼 수 없는 어둠의 깊음 속에서 신음하던 날들도 있었습니다. 그럼에도 하나님은 은혜를 베푸셨습니다. 그리고 앞으로도 그러하실 것이라고 믿습니다. 그러므로 하나님의 은혜에 모든 것을 도박하는 우리의 신앙의 항해는 계속될 것입니다.

지난 세월 동안 우리의 수많은 실수와 잘못들, 온갖 약점들과 연약함에도 불구하고 우리의 배가 모진 바람을 뚫고 항해할 수 있도록 인도하신 선장 하나님 아버지께 감사와 찬양을 드릴 뿐입니다. 이 글을 읽는 독자들에게도 하나님의 은혜가 느껴지기를 간절히 소원합니다.

2005년 승천일에 즈음하여

류호준

| 프롤로그 |

설교와 설교자

여기에서 나는 설교에 관해 몇 마디 해야 할 필요성을 느낍니다. 이것은 내가 설교학자로서 말하는 것이 아니라—내가 설교학자가 아니라는 사실은 모든 분들이 아는 바입니다!—20여 년을 목회자로서, 설교자로서, 성경신학자로서 살아온 한 개인의 경험에서 나오는 이야기이기 때문입니다. 이 말은 내가 독자들에게 가르치고 말해야 한다는 직업적 의무감 때문이 아니라 내가 느끼고 경험해 왔던 것들을 여러 독자들—특별히 목회자들과 장래 설교자가 될 신학생들—과 함께 나누고 싶은 소망에서 기인한 것입니다.

설교는 단순 반복의 동작인가?

현금 한국의 설교자들 대부분은 자신들이 신자들에게 설교하고 있다는 사실에 수긍할 것입니다. 그리고 설교자를 비롯하여 대부분의 청중들(교인들) 역시 복음의 중심적인 주장들과 선언들을 충격적인 선언과 파격적인 도전으로 받아들이는 대신, 종교 생활을 위한 당연한 원리들로 간주하고 있다는 사실에 대해서 고개를 끄덕일 것입니다.

이것은 복음의 위대한 주장들이 더 이상 심각하게 인식되거나 혹은 의문시되지 않는 시대에 우리들이 살고 있다는 말이기도 합니다. 복음의 기초적이며 근본적인 주장들에 흔들리거나 고뇌하거나 번민하면서 신앙의 본질과 의미를 추구하려는 구도자가 많지 않다는 의미이기도 합니다.

규정된 종교적 행위들에 대해서는 익숙해 있고, 전통적으로 받아들여진 신앙 형식에 대해서는 정통하면서도, 사람들은 그 시작부터 '전무후무한 위대한 스캔들'로 알려진 복음으로부터 그 폭발적인 위력을 제거해 버린 채, 복음을 일련의 종교적 원리들로 축소하여 주머니 속 소지품으로 간직하고 다닌 지 오래된 것 같습니다. 더 이상 사람들은 복음의 선포에 대해 놀라워하지도 않고, 기이히 여기지도 않고, 충격 속에서 헤매지도 않습니다.

'소식' news으로 알려진 복음이 더 이상 충격적인 소식일 수가 없게 된 사회 속에서 우리는 살고 있는 것입니다. 월터 부르그만의 말을 빌리자면, "복음은 매우 널리 알려지고 간직된 진리이긴 하지만, 그러나 너무나 크게 축소된 진리입니다. 복음은 단조롭고 밋밋해졌으며, 별 볼 일 없는 사소한 것이 되어 버렸으며, 텅 비고 공허하게 되었습니다."[1]

불행하게도, 이러한 세계 가운데, 즉 진리가 철저하게 축소된 상황

가운데 살면서 그러한 사고와 가치관을 더욱 강화시켜 주는 데 일조하고 있는 사람들이 현대의 많은 설교자라는 것입니다. 이것은 매우 슬픈 현상이며, 치료되어야 할 중병이기도 합니다.

설교 – '말씀'과 '사건'

설교 행위는 신앙이 가시화되는 사건입니다. 비록 수많은 사람들이 그들이 실제로 듣는 설교들에 대해 많은 실망과 좌절을 경험하지만, 그럼에도 불구하고 설교 행위, 다시 말해서 말씀 선포 행위는 역사가 기독교에 대해 본질적이고 필수적인 것처럼 그러합니다. 특별히 '말씀과 사건'이 실질적으로 '~과'라는 조사에 의해 연결된다는 성서의 단순한 언어학적 증거를 제쳐 두고라도,[2] 인간의 경험이 대부분 '언어적' linguistic이라는 것을 우리는 다시금 상기할 필요가 있습니다.

그리고 한 걸음 더 나아가, 우리가 기독교의 성육신의 가르침을 진지하게 생각하기 시작한다면, 우리는 하나님의 최종적 언어 행위가 성육신이라는 사건 행위였다는 것을 쉽게 인식할 수 있을 것입니다. 이것은 또한 언어 행위 speech act 가 역사에 참여한다는 것을 의미하며, 이 사실

이야말로 기독교 신앙의 지속적인 핵심이라 할 수 있습니다.

언어 행위로서 설교가 인간의 역사에 참여한다는 사실은 설교자들에게 많은 것을 생각하도록 자극할 것입니다. 사실상 매주 듣는, 혹은 매주 시행하는 우리들의 설교가 인간 역사와 경험으로부터 가장 멀리 떨어져 있다는 것을 스스로 종종 경험하기 때문입니다. 아주 극소수의 청중들만이 설교가 '사건적' eventful 이었다고 묘사할 것입니다. 심지어 설교는 종종 예배의 활기찬 흐름을 가로막는 장애물처럼 보이기까지 합니다. 그렇다면 이러한 이유는 무엇일까요?

활력을 잃은 설교 – '성서 실증주의'와 '무인격주의'

여러 이유가 있겠지만 두 가지 측면만을 부각시켜 보겠습니다. 하나는 '성서 실증주의' biblical positivism 이고, 또 다른 하나는 일종의 '무인격주의' impersonalism 라고 할 수 있습니다. 본문에만 집착하는 일과 주관적이며 무인격적인 설교는 사실상 동전의 양면일 뿐입니다. 두 가지 모두 공동체의 신앙 경험 안에 그 뿌리를 두고 있지 않습니다.

전자의 경우, 설교자는 성경의 진리 체계를 청중들에게 증명하려고 노력합니다. 물론 이런 것 자체가 잘못일 수는 없을 것입니다. 그러나 문제는 성경의 진리를 몇 가지 축소된 형태의 원리들로 환원시켜, 그 살과 피를 제거한다는 것입니다. 이러한 행위는 살과 피를 갖고 인간 역사 속에서 인간과 함께 사역하시는 하나님의 행위를 마르고 건조한 진리 체계로 축소시키고, 그 생명성과 활력을 빼앗아 갑니다. 또한 이런 경우, 일반적으로 설교자는 청중들이 이미 성경에 관심을 갖고 있는 것으로 간주하고 설교를 시작합니다.

예를 들어, 설교의 초두에 "오늘 읽은 본문은…" 혹은 "성경이 말씀하기를…"으로 나가는 경우가 그러합니다. 이럴 경우, 설교는 성서 실증주의에 넘겨지게 됩니다. 다시 말해, 기독교인들의 삶의 경험들을 본문들과의 관계로 축약 및 환원시키는 것입니다. 이러한 현상은 자연스럽게 두 번째 측면으로 이어집니다. 즉 성서 실증주의에 넘겨진 설교 안에는 일종의 일방적인 처방, 그것도 무인격적인 처방은 있을지 몰라도 인격적인 진단과 처방은 찾아보기 힘들게 되는 것입니다. 가장 인간적인 문제에 대한 대답으로서의 설교가 얼굴도 없이 기계처럼 작동한다는 것입니다.

이것은 삶의 가장 원초적인 경험들―즐거움, 슬픔, 고뇌, 갈망, 기쁨, 좌절 등—속에 서 있는 청중들에게 좌절과 분노, 무정과 비애를 느끼도록 할 것입니다. 구원을 갈망하고, 은총을 바라는 청중들에게 설교의 내용은 비인격적으로 남아 있을 것입니다. 설교를 통한 정직하고 인간적인 만남은 보이지 않고, 오히려 그런 만남이 침해당하기까지 합니다. 심지어 '개인적' 예화마저도 설교자와 청중이 살고 있는 현재 상황과는 동떨어진 상태로 남거나, 아니면 그가 발견한 성경의 원리들을 강화해 주는 '조작된 도구' fabricated illustration 로 전락합니다. 이렇게 해서 '개인적' 혹은 '인간적' 인 예화마저도 가장 비인격적으로 되어 버립니다. 이것을 설교의 '무인격주의' 라고 부르는 것입니다.

사람의 얼굴을 가진 설교자

설교자는 일차적으로 '책의 사람' 이라는 점을 강조하더라도—물론 여기서 '책' 이란 '그 책' The Book이다—동시에 그는 '사람의 사람' 이기도 합니다. 누군가 잘 표현했듯이 '설교는 성경에 대해 말하는 것이 아니라 성경으로부터 회중에 대해 말하는 것' 입니다. 그리고 설교자는 저 세상이 아니라 이 세상에 살고 있는 사람들을 위하여 부르심 받은 자들입니다. 또한 가장 인간적인 사람이 되도록 요청된 자들이기도 합니다. 인간 삶에 대한 원초적 이해가 없는 설교자들은, 인간 속에 들어오시고 인간의 역사 안에서 행동하시는 하나님의 '인간 사랑'을 이해하고 전달할 자격을 얻을 수 없을 것입니다. 미국의 문필가며 목사인 프레드릭 뷰크너 Frederick Buechner 는 설교자가 받드는 인격적 대상으로서 청중에 대한 깊은 애정과 이해에 관해 다음과 같이 쓰고 있습니다. 그의 글을 상당히 길게 인용하더라도 독자 여러분은 이해하리라 생각합니다.

우리는 하나님을 믿습니다. 즉 우리는 신앙을 갖습니다. 왜냐하면 여러 일들이 우리에게 발생하고 또 계속해서 일어나기 때문입니다. 우리는 열심히 일하기도 하고 때때로 게으름을 피우기도 합니다. 사랑하기도, 꿈을 꾸기도 합니다. 놀라울 정도로 좋은 때가 있기도 하지만, 생각만 해도 끔찍한 시간들도 있습니다. 다른 사람들에 의해 잔인하게 상처입기도 하지만 동시에 다른 사람에게 상처를 입히기도 합니다. 화날 때가 있고, 지루할 때도 있고, 무서워 두려워 할 때도 있고, 어떤 열망으로 마음 졸일 때도 있습니다.

즉 이와 같은 '인간적인 일' 들을 행하는 자들이 바로 다름 아닌 우리들입니다. 우리의 신앙이 단지 진열장이나 행운을 가져다 주는 부적이나 화재 보험이 아니라면, 그 이유는 신앙이란 바로 이와 같이 풍성하고도 다양한 인간 경험의 혼합물과 축적물로부터 자라가기 때문입니다. 성서 신앙의 하나님은 바로 이러한 순간들 속에서 우리를 만나는 하나님이십니다. 그렇습니다. 이런 순간들 속에서 우리는 그저 가장 인간적일 수밖에, 가장 우리적일 수밖에 없습니다.

그런데 그러한 순간들, 경험들, 구체적 삶들 속에서 만나는 분이 우리의 신앙의 하나님이십니다. 만일 우리가 이러한 순간들과 '만나지도 닿지도' 못한다면, 우리가 때때로 우리에게, 우리 둘레에, 우리 안에서 일어나고 있는 이러한 순간들과 사건들을 직시하지 못한다면, 우리는 하나님과의 만남도 상실하게 되는 위험에 빠지게 될 것입니다.

불행하고 슬프게도, 자신들과 그리고 하나님과도 '만나지도 못하고 닿지도 못하는' 사람들은 누구보다도 목사가 아닌가 생각합니다. 목사로서 내 자신이 특별히 이 사실을 마음속 깊이 생각하고 있습니다. 목사들이 다른 사람들보다 더욱 그러하다는 뜻은 아닙니다. 내가 말하려고 하는 것은, 목사들은 다른 사람들보다 이것을 좀 더 공개적으로 한다는 데('만나지도 닿지도 못하는') 심각한 문제가 있다는 것입니다. 사실상 이 말은 가장 역설적인 말입니다.

첫째, 무엇보다도 목사들은 성경의 모든 책들과 가장 가까운 사람들이 아닙니까? 그러나 성경은 어떤 책입니까? 다시 말해서, 성경의 절대적이고 중심적이고 통일된 주제가 무엇입니까? 하나님께서 역사적 경험들 속에 자기 자신을 드러내 보이신 분이라는 것이 성경의 가장 중심적 주제가 아닙니까! 둘째로, 그들은 회중들로 하여금 한 인간으로서 '기도'라고 알려진 가장 깊고도 친밀한 방식으로 그리고 영혼을 찾는 심각한 '찾음' searching으로 그 자신들의 경험들을 조사하도록 권고하는 자들이 아닙니까? 셋째로, 그들의 설교에서, 만일 그들이 설교를 옳게 한다면, 그들은 무엇보다도 현란한 좋은 소식, 즉 하나님이 이 세상을 너무도 사랑하시기 때문에 계속적으로 이 세상에 사는 우리의 삶 가운데 깊은 관심을 가지시고 그 안에서 일하시고 사역하심으로써 그분의 깊은 사랑 안에서 우리를 자기에게로 점점 더 가까이 끌어들이고 계신다는 좋은 소식의 선포자들이 아닙니까!

다시 말해서 목사의 사역 대부분은 우리에게 다음과 같은 사실을 기억나게 하는 것 아닙니까? 이 세상에는 우리에게 일어나는 일들보다도 더 중요할 정도로 우리의 관심을 쏟게 만드는 일들은 없다는 사실 말입니다.

그러나 다시금, 그들은 그들 스스로가 그렇게 하고 있다는 어떤 조짐도 보여 주지 못한다는 것입니다. 그들의 설교와 선포에 있어서 거의 찾아 볼 수 없는 것은, 그들이 다른 사람들과 함께 즐거워하고 고통하고 있다는 것입니다.

만일 그들이 그들의 경험들로부터 어떤 이야기들을 끄집어낸다 하더라도, 이런 경우는 종종 설교의 요점을 예증하기 위한 도구일 뿐이거나, 혹은 마치 넘어가지 않는 약을 넘기는 데 도움을 주기 위한 보조 수단으로만 사용한다는 것입니다. 많은 경우에 그것들―예를 들어, 그리스도를 사랑한다는 것이 진정 무엇인지, 영적으로 도산하는 것처럼 느껴지는 게 무엇인지, 온갖 종교적 사업으로 배부르고 있다는 것이 무엇인지에 대해―은 본질적이고 진정한 그리고 일차적이면서 살과 피를 담고 있는 '진정한 이야기' authentic story 가 아닙니다.

다른 사람들처럼, 목사들도 그러한 순간들을 만나고 경험할 것임에 틀림없습니다. 그러나 너무도 종종 그들은 그러한 경험들을 신뢰하지도, 그것으로부터 물을 긷지도, 그것들에 관해 말하지도 않습니다. 그 대신 그들은 여러 가지 이유로 그것들을 제쳐 놓습니다. 숨기고 비밀로 간직합니다. 아마 그것들이 다른 사람들과 나누기에는 너무도 사적인 것처럼 보인다는 이유 때문에, 혹은 너무나도 사소한 일이거나 모호한 것처럼 보이기 때문에, 혹은 종교적이지 않거나 경건해 보이지 않기에, 혹은 그것을 말하면 권위가 없는 것처럼 보이기 때문이라고 생각할지도 모릅니다.

어쩌면 그들의 살과 피의 경험들을 통하여 그들에게 하나님이 말씀하시려는 것이 너무 깊고 신비롭고 능력이 있기 때문에, 하나님에 관한 그들의 모든 설교적 선언들 homiletic pronouncements이 상대적으로 너무 공허하고 빈약해 보이기 때문일 수도 있지 않을까요? 그렇다면 설교자들이 만나는 유혹은 설교적 선언들에 그냥 집착하는 일뿐입니다.

그것들(설교적 선언들)은 공허해 보일 수도 있습니다. 그러나 자신이나 회중들에게는 적어도 매우 친숙한 것들이 아닙니까! 아마 이런 이유 때문에 설교적 선언들은 점점 자라 갈 것입니다. 동시에 회중들도 설교적 선언들을 자연스럽게 기대하면서 나오게 됩니다.

또 그런 것들로부터 위안을 얻기도 합니다. 그러한 설교적 선언들을 선포하는 설교자들은 생각을 자극하고 덕을 쌓는 여러 가지 방식으로 회중들을 붙잡아 놓을 수 있습니다. 그래서 회중들도 너무도 자주 그것을 들어왔기 때문에 아무도 위협받거나 불안하다고 느끼지는 않게 된다는 말입니다.

목사들은 엄청나게 위험천만한 일들을 감행하고 있는 것입니다. 다시 말해서 그들 삶 속에 있는 현존에 대해, 즉 '하나님의 현존'에 대해 증인으로 서지 않으면, 또한 그들이 봉사하고 있는 회중들의 삶 속에 계시는 '현존하는 하나님'에 대해 그러하지 않으면 그들은 엄청난 위험을 감행하고 있는 것입니다. 이 살아 계신 하나님, 그들이 알고 있다고 생각하는 모든 것을 초월하시고, 그들이 그분에 대해 말하는 모든 것을 넘어서는 그런 하나님, 모든 비범한 놀라움으로 가득 차 있는 그런 살아 계신 하나님이 회중과 목사들의 삶의 중앙에 현존하고 있다는 사실에 대해 증거하지 않는다면, 목사는 엄청나게 위험한 일을 치르고 있는 것입니다.

사실상, 목사들은 점점 전문인들이 되는 경향이 있습니다. 즉 기관적인 종교의 모든 기술들을 마스터하고 종교적인 문제들에 관해서는 '최대한의 권위'와 동시에 '개인적인 최소한의 참여'를 가지고 말하는 그러한 전문인들이 되어 가고 있는 것입니다.

그들은 설교를 종종 핏기 없이 외치며, 또 마치 새것처럼(진국이 없는 것처럼) 외칩니다. 그들이 외치는 신앙은 그들의 삶에 뿌리를 두지도, 양육되지도, 도전되지도 않은 것처럼 보입니다. 그들이 선포하는 신앙은 마음대로 떠다니는 배처럼, 2차적인 것처럼, 열정이 없는 것처럼 보일 뿐입니다.

다시 말해 그들의 외침은 다 타 버린 외침일 뿐입니다. 그들은 지겨움에 매번 외치고 있을 뿐입니다. 그들의 목소리는 매우 기계적이고, 인간적 얼굴이 없는 소리일 뿐입니다.

분명히 목사들은 이런 의미에서의 전문인들이 되도록 부르심을 받은 것은 아닙니다. 하나님도 아시겠지만, 나는 믿습니다. 그들은 들의 백합화들을 생각하도록 부르심을 받았고, 나의 형제들 중 가장 작은 자들을 생각하도록 부르심을 받았고, 길가에 떨어져 있는 죽은 참새들을 생각하도록 부르심을 받은 자들입니다. 그들이 목사이건, 크리스천이건, 장차 크리스천이 될 사람들이건, 그들이 지녀야 할 자격이 한 가지 있다면, 그들은 자기 자신들을 깊이 생각해 보도록 부르심을 입었다는 것입니다.

즉 그들이 사랑하고 있는 것이 무엇인지, 그들이 두려워하고 있는 것이 무엇인지, 그들이 부끄러워하고 수치스럽게 생각하고 있는 것이 무엇인지, 그들로 하여금 구역질나게 하는 것이 무엇인지, 그들의 심장과 가슴에 즐거움을 가져오는 것이 무엇인지에 대해 생각하도록 부르심을 받았다는 사실을 기억해야 할 것입니다. 나는 믿습니다. 목사들을 비롯하여 모든 사람들 역시 나사렛 예수를 생각하도록 부르심 받았다는 것을. 그분을 통하여 하나님은 이 세상에 실제적으로 사심으로써 인간의 삶이 얼마나 중대한 문제인가를 보여 주시지 않았습니까! 그분은 실질적으로 죽으심으로써 인간의 죽음을 거룩하게 하시지 않았습니까! 목사들은 바로 '우리와 함께' 살고 죽으시는, '우리를 위하여' 살고 죽으시는, 아니 '우리임에도 불구하고' 살고 죽으시는 나사렛 예수를 생각하도록 부르심 받은 것입니다.

나는 믿습니다. 우리는 우리의 매일매일의 삶들을 바라보도록 - 오래 전에 일어났던 일들이나, 오늘 아침에 일어났던 일들이나 - 이 모든 일들이 위대한 드라마, 즉 그 안에서 영혼들이 잃어버린 바 되고 구원받는 바 되는 그러한 위대한 드라마의 한 부분임을, 아니 매우 중요한 한 부분임을 기억하도록 부르심을 받은 것입니다. 이런 이유 때문에 우리의 날마다의 삶을 추적하는 것은, 단지 우리의 삶에 대한 이해를 풍요롭게 하거나 혹은 우리의 설교를 발전시키려는 수단만이 아닙니다. 오히려 이러한 일은 진정으로 신성하고 거룩한 작업입니다.

··· 이 책에서 나는 나의 부모, 내 자녀들, 그리고 내 자신에 관한 비밀들을 말하고 있습니다. 이렇게 하는 것이 과거의 흔적들을 간직하는 길일 것입니다. 더욱이 이것은 좀 더 정직한 일일 뿐만 아니라, 나는 전혀 비밀이 없는 사람처럼 가장하는 것보다 훨씬 흥미 있는 일이라고 믿기 때문입

니다. 나는 내 비밀을 가지고 있을 뿐 아니라, 내 자신이 비밀입니다. 그리고 여러분들도 여러분들의 비밀입니다. 우리들의 비밀은 인간들의 비밀들입니다. 우리가 기꺼이 그 비밀들을 다른 사람들과 함께 나눌 수 있을 정도로 다른 사람을 신뢰할 수 있을 때, 비로소 '인간적'이 된다는 게 무엇인지에 관한 비밀을 알게 될 것입니다.[3]

이제 설교자가 이러한 태도와 마음을 가지고 설교 안에서 하나님과 조우遭遇하고 사람들과 만나기 시작한다면, 설교는 매우 능력 있는 언어 행위가 될 것입니다. 설교자들을 위한 최근의 한 강연에서 뷰크너는 위의 사실을 다음과 같은 요약적 문장으로 권면하고 있습니다.[4]

· 당신의 인생살이에 있어서 정말로 문제가 되는 것들에 대해서 설교하십시오.
· 당신의 일상적 삶에 귀를 기울이십시오. 예기하지 않았던 눈물이 흐르는 순간들에 주의를 기울여 보십시오.
· 당신 자신의 이야기를 말하십시오. 당신 자신의 이야기가 그들의 이야기이기 때문입니다. 그리고 그것이 성경의 이야기이기 때문입

니다.
- 어떤 설교자들은 대답들은 많이, 질문들은 적게 갖고 있습니다. 그러나 복음은 언제나 '신비'라는 사실을 기억하십시오.
- 공상이나 망상이 아닌 당신의 '상상력'을 사용하십시오.
- 우리가 의무적으로 말해야만 하는 것이 아니라 우리가 절절하게 느끼는 것을 말하십시오.[5]

|일러두기|
- 이 책의 성경 본문은 개역개정과 표준새번역을 기본으로 하여 저자가 부분적으로 사역私譯한 것임을 알려드립니다.

창조 1

하나님은 바다 괴물도 창조하셨습니다
창세기 1:1-21

님이 천지를 창조하셨다. 땅이 혼돈하고 공허하며, 어둠이 깊음 위에 있고, 하나님의 영은 물 위에 움직이고 계셨다. 하나님이 말씀하시기를 "빛이 생겨라" 빛이 생겼다. 그 빛이 하나님 보시기에 좋았다. 하나님이 빛과 어둠을 나누셔서, 빛을 낮이라고 하시고, 어둠을 밤이라고 하셨다. 저녁이 되고 아침이 되니, 이는 첫째 날이었다. 하나님이 말씀하시기를 "물 한가운데 창공이 생겨, 물과 물 사이가 갈라져라" 하셨다. 하나님이 이처럼 창공을 만드시고서, 물을 창공 아래에 있는 물과 창공 위에 있는 물로 나누시니, 그대로 되었다. 하나님이 창공을 하늘이라고 하셨다. 저녁이 되고 아침이 되니, 이튿날이 지났다. 하나님이 말씀하시기를 "하늘 아래에 있는 물은 한 곳으로 모이고, 뭍은 드러나거라" 하시니, 그대로 되었다. 하나님이 뭍을 땅이라고 하시고, 모인 물을 바다라고 하셨다. 하나님 보시기에 좋았다. 하나님이 말씀하시기를 "땅은 푸른 움을 돋아나게 하여라. 씨를 맺는 식물과 씨 있는 열매를 맺는 나무 그 종류대로 땅 위에서 돋아나게 하여라" 하시니, 그대로 되었다. 땅은 푸른 움을 돋아나게 하고, 씨를 맺는 식물을 그 종류대로 나게 하고, 씨 있는 열매를 맺는 나무를 그 종류대로 돋아나게 하였다. 하나님 보시기에 좋았다. 저녁이 되고 아침이 되니, 사흗날이 지났다. 하나님이 말씀하시기를 "하늘 창공에 빛나는 것들이 생겨서, 낮과 밤을 가르고, 계절과 날과 해를 나타내는 표가 되어라. 또 하늘 창공에 있는 빛나는 것들은 땅을 환히 비추어라" 하시니, 그대로 되었다. 하나님이 두 큰 빛을 만드시고, 둘 가운데서 큰 빛으로는 낮을 다스리게 하시고, 작은 빛으로는 밤을 다스리게 하셨다. 또 별들도 만드셨다. 하나님이 빛나는 것들을 하늘 창공에 두시고 땅을 비추게 하시고, 낮과 밤을 다스리게 하시며, 빛과 어둠을 가르게 하셨다. 하나님 보시기에 좋았다. 저녁이 되고 아침이 되니, 나흘날이 지났다. 하나님이 말씀하시기를 "물은 생물을 번성하게 하고, 새들은 땅 위 하늘 창공으로 날아다녀라" 하셨다. 하나님이 커다란 바다 짐승들과 물에서 번성하는 움직이는 모든 생물을 그 종류대로 창조하시고, 날개 달린 모든 새를 종류대로 창조하셨다. 하나님 보시기에 좋았다.

God Created Sea Monsters

하나님이 '큰 물고기'(바다 괴물)와 물에서 번성하여 움직이는
모든 생물을 그 종류대로, 날개 있는 모든 새를 그 종류대로 창조하시니
하나님이 보시기에 좋았더라.

_창세기 1: 21

Q. "전능하사 천지를 만드신 아버지 하나님을 믿는다"는 것이 무슨 의미입니까?
A. 우리의 주님 예수 그리스도의 영원하신 아버지를 믿는다는 것입니다. …
나는 그분을 전적으로 신뢰하기 때문에 영혼과 육체에 필요한 모든 것을
나에게 공급해 주실 것이라는 사실을 의심치 않습니다.
그리고 이 슬픔 많은 세상을 살 때에 내게 닥쳐오는 모든 역경을
나에게 좋은 것으로 바꾸어 주실 것이라는 사실도 의심하지 않습니다.

_하이델베르크 신앙교육서 제9주일

창세기 1:21을 보면,
'하나님께서 바다의 큰 물고기를 창조하셨다'라고 번역되어 있습니다. 물론 하나님이 큰 물고기를 창조하셨을 것입니다. 하나님이 아니면 누가 만들었겠습니까? 그러나 이 말은 우리에게 큰 충격을 주거나 크게 놀랄 만한 일이 못 됩니다. 왜냐고요? 하나님이 창조하신 것이 어디 큰 물고기만 있는지요? 하나님은 코끼리, 독수리, 고래 등 외에도 수천 수만 가지의 동물들을 만드시지 않았습니까?

그러나 이 구절을 표준새번역으로 읽으면 약간의 충격을 받을 것입니다. 표준새번역에서는 "하나님께서 커다란 바다 짐승들을 만드셨다"로 번역했기 때문입니다. '바다 짐승들'이라니요? 그런데 다시 현대 외국어 번역 성경들(예를 들어 NRSV, NEB, JPS)을 읽는다면 더 놀랄 만한 문구가 눈에 들어올 것입니다.[1] 그 성경들에서는 '바다의 큰 물고기'가 아니라 '커다란 바다 괴물들' Great Sea Monsters이라고 합니다.

두렵고 무서운 바다 괴물들

'하나님이 커다란 바다 괴물들을 창조하셨다'는 것입니다. 놀랍지 않습니까? 만일 하나님이 엄청나게 큰 바다 괴물들을 창조하신 것이 사실이라면, 창세기의 창조 이야기는 우리가 전통적으로 알아 왔던 창조 이야기와는 전혀 다른 종류의 이야기가 될 것입니다. 바다 괴물들은 무시무시한 짐승들이니까요. 밤에 파도가 출렁이는 바닷가에는 가지 마십시오. 갑자기 괴물이 나타나 여러분을 잡아먹을지도 모릅니다.

히브리인들에게 있어 바다 괴물들은 혼돈과 혼란의 피조물이었습니다. 적어도 그들에게 있어, 일렁이는 바다 속에 산다고 믿었던 바다 괴물은 혼돈과 혼란에 속한 피조물이지 하나님의 피조물은 결코 아니었던 것입니다.

바다 괴물들은 바다에 사는 생물체들 가운데 가장 두려운 존재들이었고 그래서 사람들은 바다 괴물을 저주했습니다. 바다 괴물들은 태고의 신비적 생물들이었습니다. 마치 공룡과 같은 태고적 괴물들이라 생각하면 좋을 것입니다. 수백만 년 전 이 지구상에 살면서 온 땅을 주름잡던 엄청난 크기의(큰 것은 보통 6층 건물 정도의 크기라고 함) 공룡처럼, 바다 괴물들도 상상을 초월할 정도로 두렵고 무서운 존재였습니다. 악몽 속에 나타나는 그런 괴물들처럼 말입니다.

바다 괴물들은 어뢰들을 가득 장착한 적군의 유보트 U-boat 나 잠수함입니다. 출렁거리는 바다에서 갑자기 나타나 사람을 죽일 것입니다.

창세기 1장의 저자가 앞으로 나와 우리에게 말합니다. "자, 들어 보시오. 여러분을 위한 좋은 소식이 여기 있습니다. 여러분에게 기쁜 소식이 있습니다. 하나님이 온 천지 만물을 다 창조하셨습니다. 그분이 창조하시지 않은 것은 아무것도 없습니다." 그리고 그는 하나님이 창조하신 것들을 일일이 언급하면서 힘차게 창조의 아름다움을 말하고 있습니다.

그런데 21절에 와서 그는 갑자기 "하나님이 바다 괴물도 만드셨습니다"라고 외치는 것입니다. 얼마나 놀라운 선언입니까? 등골이 오싹해지는 큰 바다 괴물을 하나님이 만드셨다니 말입니다. 바다 괴물과 기쁜 소식이라니요? 바다 괴물 창조와 좋은 소식福音이 함께 갈 수 있는 것이었던가요?

그는 이것이 나쁜 소식이 아니라 좋은 소식이라고 합니다. 참으로 헷갈리는 말이 아닐 수 없습니다. 그의 말을 다시 들어 보십시오. 그리고 생각해 보십시오.

- 그 바다 괴물들도 이스라엘 하나님의 손에서 나왔습니다!
- 그 바다 괴물들도 하나님의 선하신 창조 세계의 일부분입니다!

이스라엘 백성이 이 말을 들었을 때 어떤 반응을 보였을까요? 그들은 아마 다음과 같이 반응했을 것입니다. "휴, 천만다행이군요. 좀 찜찜하기는 하지만 바다 괴물도 하나님 손에서 나왔다니 정말 다행입니다."

자, 이 정도면 이제 많은 것이 올바른 번역에 달려 있다는 사실을 알게 되었을 것입니다. 일반적 번역인 '바다의 큰 생물들' 혹은 '바다의 큰 물고기'라는 말을 들었을 때, 두려움과 공포 가운데 살고 있던 사람들에게 히브리어 원문이 충격적으로 '좋은 소식'이었을 것이라는 사실을 전혀 예측하지 못했을 것입니다. 그러나 '큰 바다 괴물들'이라는 말을 듣는 순간, 정신이 들기 시작하면서 귀가 열리게 됩니다. 비로소 우리는 좋은 소식, 복음을 듣는 순간에 도달하게 된 것입니다.

신앙적 질문에 직면한 유대인들

창세기 1장의 최초 독자들은 누구였을까요? 그들은 바로
- 바벨론 사람들의 포로가 되어 이역만리 타국에서 살아가는 유대인들이었습니다.
- 그들은 삶에 안전감을 갖다 준다고 생각했던 모든 것을 잃어버린 사람들이었습니다.
- 땅과 성전과 왕조를 모두 상실하고 이국 땅에서 불안과 염려로 움츠러든 삶을 살고 있던 사람들이었습니다.

그들은 본국에서 추방당하여 강제로 이역만리 이국 땅 바벨론에 살고 있었습니다. 더불어 바벨론 세계에 의해 삼키우게 될지도 모른다는

절박한 위기감이 그들 마음속 깊이 드리워져 있었습니다. 그 당시 수천 수만의 유대인들이 바벨론의 이교주의異敎主義라는 태고 적 바다에 빠져 죽어 가고 있었습니다. '하나님의 백성'이라는 정체성을 서서히 죽이는 무서운 바다 괴물들이 바벨론 도처에 자리잡고 있었습니다. 승진과 안정이라는 달콤한 유혹으로, 협박과 소외라는 무서운 채찍으로, 바벨론의 이교주의는 하나님의 백성을 무서운 바다 속으로 몰아넣고 있었던 것입니다.

그렇다면, 유대인들이 바벨론의 시련에서도 견디고 생존할 수 있도록 그들을 도운 사람이 누군지 아십니까? 그러한 신앙적 시련의 시기에 누가 도움을 줄 수 있었을까요? 한번 추측해 보십시오. 누구겠습니까? 바로 제사장들입니다. 포로로 잡혀간 유대인들의 두려움을 가라앉히고 진정시켰던 이들은 다름 아닌 제사장들이었습니다. 제사장들은 잘 교육받고 훈련된 사람들이었습니다. 그들은 오랜 신앙적 전통과 신학적 유산에 정통하고, 무엇보다도 하나님을 두려워하는 사람들이었습니다.

제사장들이 했던 일은 이스라엘의 과거 역사를 낭독하고 또 다시 낭독하는 것이었습니다. 그렇게 한 것은, 다음과 같은 질문들의 답을 발견하기 위해서였습니다.

- 왜 이스라엘은 포로로 잡혀가 추방되는 엄청난 재난을 당해야만 했는가?
- 왜 이스라엘은 한 이방 국가의 군사력에 무너져야만 했는가?
- 이러한 일들이 일어날 때, 왜 하나님은 아무런 도움도 주지 않고 가만히 계셨는가?
- 이스라엘의 하나님은 저 이방 국가를 물리치실 만큼 강하지 않단 말인가?
- 바벨론의 신들은 이스라엘의 하나님보다 더 강하단 말인가?

이러한 질문들은 바벨론에 잡혀간 유대인들이 직면했던 심각한 신앙적 물음들이었습니다. 창세기 1장은 이러한 질문들에 대한 제사장들의 대답입니다. 창세기 1장은 선포합니다.

- 이스라엘의 하나님은 아직도 모든 것을 통제하고 계신다.
- 그분은 그 어떤 다른 신들보다 더 강하신 분이다.
- 그분은 그 어떤 강력한 제국보다 더 강하신 분이다.
- 그분은 온 세상을 다스리신다.
- 세계는 그분의 것이다. 그분이 만드셨기 때문이다.

온 세상, 온 우주는 그분의 성전聖殿이라고 말할 수 있습니다. 제사장들이 성전 안에서 하나님의 일을 질서 있고 절도 있게 하듯이, 창조된 모든 것(피조물)은 우주라 불리는 하나님의 성전 안에서 각각의 역할을 수행함으로써 하나님의 영광을 반영합니다. 창조된 것들은 각각 그 종류대로 제각기 하나님의 영광을 드러냅니다.

- 풀들
- 나무들
- 해
- 달
- 별들
- 새들
- 물고기들…

이것들은 '우주적 성전' cosmic temple 에서 각각 그 종류대로 하나님의 영광과 하나님의 지혜를 반영하고 드러냅니다.[2] 하나님이 창조하신 바다 괴물도 예외는 아닐 것입니다. 바다 괴물들도 우주의 성전 안에서 그들의 일상적인 의무들을 수행할 것입니다. 바다 괴물들도 하나님의 영광과 지혜를 보여 줄 것입니다.

그렇다면 어떻게? 글쎄요, 그것은 '신비'로 남아 있습니다. 우리가 알 수 없는 어떤 방식으로 그렇게 할 것입니다. 그것은 다음과 같은 하나님의 장엄한 선언 속에 잘 표현되어 있습니다.

> 내 생각은 너희 생각과 다르며
> 내 길은 너희 길과 달라서
> 하늘이 땅보다 높음같이
> 내 길은 너희 길보다 높으며
> 내 생각은 너희 생각보다 높으니라(사 55:8-9).

모든 것이 주님 손에 있습니다

창세기 1장은 종종 잘못 읽혀지고 있습니다. 창세기 1장은 하나님이 이 세상을 건설해 가시는 과정을 차근차근 순서대로 기술한 기사로 잘못 읽혀지고 있는 것입니다. 그러나 창세기 1장은 그런 일에 대해 밝은 빛을 던져 주지는 않습니다.

- 창세기 1장은 일종의 '송영' 誦詠 이라고 할 수 있습니다.[3]
- 창세기 1장은 일종의 '신앙고백' 이라고 할 수 있습니다. "땅은 주님의 것이며 그 가운데 있는 모든 것도 주님의 것입니다" (시 24편).
- 창세기 1장은, 심지어 바다 괴물들을 포함하여 이 세상 안에 있는 모든 것이 주님의 것이라는 신앙고백을 담고 있습니다.

창세기 1장은 당시 사람들에게 알려졌던 모든 것을 다 기록하고 있습니다. 창세기 1장은 말합니다.

- 보이는 것들과 보이지 않는 것들이 모두 다 창조주 하나님의 작품이다.
- 인간이나 짐승들이나 그 어느 것들이라도 당신들이 두려워할 것은 아무것도 없다.
- 모든 것은 하나님의 손으로 지어진 피조물이며 그분의 통제 아래 있다. 그래서 당신들은 이 세상에서 안전함을 느낄 수 있다.

그러나 여기에 문제가 있습니다. 너무도 많은 비극적인 일들이 발생하는 이 세상에서 어떻게 안전함을 느낄 수 있다는 말입니까? 이 세상은 살기에 좋은 장소일지 모릅니다. 그러나 동시에 이 세상은 너무나 비극적인 곳이기도 합니다. 모든 아름다운 나무들 안에는 소멸의 씨앗들이 잠재해 있기 때문입니다.

- 사슴이 눈속에 빠져 허우적거리다 굶어 죽습니다.
- 토끼가 여우한테 잡혀 갈기갈기 찢겨 죽습니다.
- 지진과 홍수로 수많은 사람들이 집을 잃고 노숙자가 됩니다.
- 암은 수백만 명의 목숨을 앗아갑니다.
- 어떤 아기는 장애자로 태어납니다.
- 물리면 죽게 되는 무서운 독사들과 독거미들이 있습니다.
- 태풍과 해일이 일어납니다.
- 생태계에는 천적이라는 것이 있어 먹고 먹히고, 물고 물립니다.
- 〈동물의 왕국〉이라는 TV프로그램을 보고 있노라면, 참으로 안타깝고 끔찍스러운 장면이 종종 나옵니다. 연약한 동물들이 강한 동물들한테 먹이로 잡혀 잔인하게 죽는 일이 있습니다.
- 한 물고기가 자기보다 작은 물고기를 잡아먹습니다. 그러자 조금 후에 더 큰 물고기가 나타나 그 물고기를 잡아먹습니다.
- 어떤 곤충들은 다른 곤충의 몸 속에 구멍을 파고 그 안에 알을 깝

니다. 그러면 그 속에서 구더기 같은 유충이 자라게 되고 결국 그 곤충은 고통스럽게 서서히 죽어 갑니다.
· 아니면 치명적인 침을 지닌 전갈이나 거미를 보십시오.

자연이 가르치는 교묘함은 얼마나 소름끼칩니까! 자연의 세계만큼 잔인한 세계는 없습니다. 그런데 주 하나님이 그 안의 모든 것을 만드셨다는 것입니다. 우리가 부르는 '창조 찬송' creation hymn 가운데는 다음과 같은 가사들이 들어 있습니다.

참 아름다워라 주님의 세계는
저 아침 해와 저녁 노을 밤 하늘 빛난 별
망망한 바다와 늘 푸른 봉우리
다 주 하나님의 영광을 잘 드러내도다

참 아름다워라 주님의 세계는
저 산에 부는 바람과 잔잔한 시냇물
그 소리 가운데 주 음성 들리니
주 하나님의 큰 뜻을 내 알 듯 하도다
−찬송 78장 중에서

저 높고 푸른 하늘과
수없이 빛난 별들을 지으신 이는 창조주
그 솜씨 크고 크셔라
날마다 뜨는 저 태양
하나님 크신 권능을 만백성 모두 보라고 만방에 두루 비치네

해지고 황혼 깃들 때
동천에 달이 떠올라
밤마다 귀한 소식을 이 땅에 두루 전하네
행성과 항상 모든 별 저마다 제길 돌면서
창조의 기쁜 소식을 온 세상 널리 전하네

엄숙한 침묵 속에서
뭇 별이 제 길 따르며 지구를 싸고 돌 때에
들리는 소리 없어도 내 마음 귀가 열리면
그 말씀 밝히 들리네
우리를 지어내신 이 대 주재 성부 하나님
-찬송 75장 중에서[4]

사실입니다! 하나님이 이 모든 것들을 지으셨습니다. 그런데 왜 이러한 자연 안에 우리를 역겹게 하는 일들이 그렇게도 많이 일어난단 말입니까?

자연 속에 나타나시는 하나님

신앙 교육을 통해 우리는 하나님이 자신을 두 가지 방식으로 드러내신다고 배웠습니다. 첫 번째는 성경 안에서, 그리고 두 번째는 자연 안에서. 하나님은 이 두 가지 방식으로 자신을 계시하신다는 것입니다.

그렇습니다. 우리는 하나님이 '성경'의 각 페이지에서 그분 자신이 누구인지 알리셨다고 배웠습니다. 또한 하나님은 '자연'이라는 책의 각 페이지에서 자신이 누구인지를 알리셨다고 배워 왔습니다.

그런데 이것이 사실입니까? 우리는 하나님을 배우려고(하나님을 알기 위해) 자연의 세계 속으로 들어가는 순간, 다음과 같은 사실을 발견하게 되지 않습니까?

- 자연은 마치 황혼처럼 애매모호하고 불투명하다.
- 자연은 한 입으로 양면兩面을 모두 말하는 버릇이 있다.
- 자연은 어느 날 우리를 향해 미소 짓지만, 다른 날에는 우리를 죽이려고 달려들기도 한다.

다른 말로 하자면, 자연은 바다 괴물의 고향이기도 하다는 사실을 발견하게 된다는 것입니다. 어찌 보면 '있어서는 안 될 괴물'이 있는 곳이 자연이라 불리는 우리의 고향이라는 것입니다.

만일 하나님이 자연 안에서 자신을 우리에게 나타내셨다고 한다면, 왜 그분은 자연 안에서는 성경에서와는 전혀 다른 방식으로 우리에게 다가오시는 것일까요?

벨기에 신앙고백서Belgic Confession 의 제2항에는 자연을 가리켜 "아름다운 책이다. 그 안의 모든 크고 작은 피조물들은 마치 편지들과 같아서 우리로 하여금 하나님의 보이지 않는 것들을 깊이 생각하도록 만든다. 즉 하나님의 영원하신 능력과 그분의 신성을 깊이 생각하도록 만드는 편지와 같다"고 합니다. 벨기에 신앙고백서는 "자연은 우리에게 하나님의 영원하신 능력과 그분의 신성을 계시한다"고 말합니다.[5]

그렇습니다. 자연은 하나님의 영원하신 능력과 신성을 장엄하게 드러냅니다. 그렇다면 하나님의 긍휼은 어떻게 된 것입니까? 하나님의 은혜와 사랑과 친절하심은 어떻게 된 것입니까? 자연은 이러한 것들도 계시하고 나타냅니까?

하나님의 은혜와 사랑도 없이, 그저 하나님의 능력과 신성에 대해 아는 것이 우리에게 무슨 유익이 있다는 말입니까? 자연은 '아름다운 책'일 수 있습니다. 그러나 자연은 동시에 '잔인한 책'이기도 합니다. 흥미로운 사실은, 우리가 부르는 창조에 관한 찬송들은 바로 이러한 측면, 즉 잔인한 측면을 무시하고 있다는 것입니다.

- 왜 이 세상은 포식자들, 약탈자들, 잡아먹는 것들에게 추격당하고 있는 것입니까?
- 왜 이 세상은 혼돈의 세력들에 의해 얼룩져 있고 뒤엉켜 있는 것입니까?
- 왜 사방에서 괴물들이 일어나는 것입니까?
- 왜 이 세상은 이렇게 두려운 장소인 것입니까?

우리 가운데는 이 질문들에 대해 "우리의 첫 조상들의 타락 때문입니다"라고 말할 분들이 있을 것입니다. 맞습니다. 어느 정도는 맞는 말입니다. 그러나 전부 맞는 말은 아닙니다. 왜냐하면 이 세상에는 사람들과는 전혀 관계없이 일어나는 불행이나 재앙들이 많기 때문입니다.

- 홍수
- 지진
- 태풍
- 화산 폭발
- 용암 분출
- 악성 바이러스
- 미생물균들

두 얼굴을 가지신 분

16세기의 종교개혁자 마틴 루터는 이러한 문제들과 끊임없이 씨름했습니다. 그는 이런 문제를 다루면서 다음과 같은 유익한 구분을 하였습니다. 그에 의하면 하나님은 두 손을 갖고 계시다는 것입니다.

- 하나는 내리치는 두려운 손, 하나님의 왼손
- 또 다른 하나는 영접하는 친절한 손, 하나님의 오른손

하나님이 바다 괴물을 창조하셨다면, 그리고 모든 것들 뒤에 심지어 병과 죽음 뒤에 하나님이 계시다면, 그런 하나님은 두렵고 무섭지 않겠습니까?

만일 우리가 자연에서 하나님의 얼굴을 읽어야만 한다면, 우리가 읽는 하나님의 얼굴은 아주 무시무시할 것입니다. 우리는 자비로우시고 친절하시고 긍휼이 풍성하신 하나님에 대해 많이 말해 왔습니다. 그러나 우리가 주변을 둘러보면 하나님은 그 자비로운 얼굴을 잃어버리신 것 같습니다. 아니면 우리가 우리 주위를 바라볼 때 하나님의 자비로운 얼굴을 인식할 수 없기 때문인가요?

그러나 루터는 "사실상 하나님은 그렇지 않습니다!"라고 말합니다. 다시 말해서 그는 다음과 같이 말합니다.

- 하나님은 우리에게 좋지 못하게 대하실 때가 있습니다. 그러나 하나님은 그러한 불행을 의도하시지는 않습니다.
- 하나님의 얼굴은 무섭습니다. 그러나 그것은 가면이지 결코 하나님의 진정한 얼굴은 아닙니다.

그렇다면, 하나님이 정말로 어떤 분이신지 알기 원한다면 우리는 그리스도를 바라보아야 할 것입니다. 예수 그리스도의 얼굴에서 하나님의 진정한 얼굴을 볼 수 있기 때문입니다.

루터는 "진정으로 살기 위해 우리에게는 두 가지 일이 필요합니다"라고 말합니다. 먼저 우리는 시편이 필요합니다. 왜냐하면 그곳에서 우리는,

- 하나님의 다스리심에 대해 삶의 쓰라림과 달콤함을 발견할 것이고

- 하나님의 다스리심에 대해 번민과 황홀을 발견할 것이며,
- 하나님의 다스리심에 대해 탄식과 찬양 또한 발견할 것이기 때문입니다.

그러나 우리에게는 복음서도 필요합니다. 왜냐하면 그곳에서 우리는 하나님의 진정한 얼굴을 볼 수 있기 때문입니다. 그렇습니다. 우리는 예수 그리스도의 얼굴 안에서 하나님의 친절한 얼굴을 볼 수 있습니다. 앞에서 잠깐 마틴 루터가 말한 하나님의 오른손과 왼손에 대해 언급한 적이 있습니다. 유익한 교훈적 비유입니다. 교회 안에서는 하나님의 오른손에 대해 많이 듣습니다. 다시 말해서 "주님은 자비로우시고 은혜로우시고 긍휼을 베푸시는 분이다"라는 사실에 대해 많이 듣습니다. 그리고 우리는 그 사실을 믿습니다.

그러나 교회 바깥에서 그리고 우리의 일상적 삶에서, 우리는 쓰라린 일격을 당하기도 합니다. 추하고 잔인한 얼굴을 지닌 바다 괴물들에게 공격당하기도 하고 유린당하기도 합니다. 그런 일을 당한 후에 우리는, "이것은 하나님의 왼손일 거야" "이것은 하나님의 가면일 거야" "하나님의 진정한 얼굴은 친근하고 따스한 얼굴인데…"라고 말하는 것이 쉽지 않음을 알게 됩니다. 아마 이렇게 말하기란 정말로 어려울 것입니다. 그러나 그렇게 말할 수 있어야 합니다.

이것이 루터가 말하고 있는 바입니다. 이것은 기본적으로 칼빈과 하이델베르크 신앙교육서 Heidelberg Catechism 가 말하고 있는 바입니다. 그들은 모두 똑같은 말을 하고 있습니다. 그들은 말합니다.

- 하늘과 땅을 지으신 분, 보이는 것과 보이지 않는 모든 것을 창조하신 분, 바다의 괴물과 바이러스를 만드신 분, 전능하신 하나님 아버지, 바로 그분은 당혹스런 수수께끼입니다.

왜냐하면 우리는 그분의 목적들과 의도들을 깊은 어두움 가운데

더듬어서 찾기 때문입니다. 그러나, 그러나…
· 그분은 신뢰할 수 있는 분입니다. 아니, 우리는 그분을 신뢰해야만 합니다.
왜냐하면 우리는 예수 그리스도의 얼굴 안에서 그분의 진정한 얼굴을 보았기 때문입니다. 아멘.

소명 2

축복하기 위해 부르심 받은 사람들
창세기 12:1-3; 18:1-33

이 주님께 가까이 가서 아뢰었다. "주님께서 의인을 기어이 악인과 함께 쓸어 버리시렵니까? 그 성 안에 의인이 쉰 명이 있으면, 어떻게 하시겠습니까? 주님께서는 그 성을 기어이 쓸어 버리시렵니까? 의인 쉰 명을 보시고서도, 그 성을 용서하지 않으시렵니까? 그처럼 의인을 악인과 함께 죽게 하시는 ~~것은~~ 하실 일이 아닙니다. 의인을 악인과 똑같이 보시는 것도, 주님께서 하실 일이 아닌 줄 압니다. 세상을 심판하시는 분께서는 공정하게 판단하셔야 ~~하지~~ 않겠습니까?" 주님께서 대답하셨다. "소돔 성에서 내가 의인 쉰 명만을 찾을 수 있으면, 그들을 보아서라도 그 성 전체를 용서하겠다." 아브라함이 다시 아뢰~~었다~~. "티끌이나 재밖에 안 되는 주제에, 제가 주님께 감히 아룁니다. 의인이 쉰 명에서 다섯이 모자란다고 하면, 어떻게 하시겠습니까? 다섯이 모자란다고, 성 전~~체를 멸하~~시겠습니까?" 주님께서 대답하셨다. "내가 거기에서 마흔다섯 명만 찾아도, 그 성을 멸하지 않겠다." 아브라함이 다시 한 번 주님께 아뢰었다. "거기에서 ~~마흔 명을~~ 찾으시면, 어떻게 하시겠습니까?" 주님께서 대답하셨다. "그 마흔 명을 보아서, 내가 그 성을 멸하지 않겠다." 아브라함이 또 아뢰었다. "주님! 노하지 ~~마시고, 제가~~ 말씀드리는 것을 허락하여 주시기 바랍니다. 거기에서 서른 명만 찾으시면, 어떻게 하시겠습니까?" 주님께서 대답하셨다. "거기에서 서른 명만 찾아~~도, 그 성을~~ 멸하지 않겠다." 아브라함이 다시 아뢰었다. "감히 주님께 아룁니다. 거기에서 스무 명만 찾으시면, 어떻게 하시겠습니까?" 주님께서 대답하셨다. "~~스무 명을~~ 보아서라도, 내가 그 성을 멸하지 않겠다." 아브라함이 또 아뢰었다. "주님! 노하지 마시고, 제가 한 번만 더 말씀드리게 허락하여 주시기 바랍니다. 거~~기에서 열 명~~만 찾으시면, 어떻게 하시겠습니까?" 주님께서 대답하셨다. "열 명을 보아서라도, 내가 그 성을 멸하지 않겠다." 주님께서는 아브라함과 말씀을 마치~~시고 떠나~~가시고, 아브라함도 자기가 사는 곳으로 돌아갔다.

Called To Bless

주께서 아브람에게 말씀하셨다.

"너는 네가 살고 있는 땅과 네가 난 곳과 너의 아버지의 집을 떠나서,

내가 보여 주는 땅으로 가거라.

내가 너로 큰 민족이 되게 하고 너에게 복을 주어서,

네가 크게 이름을 떨치게 하겠다. 너는 복의 근원이 될 것이다.

너를 축복하는 사람에게는 내가 복을 베풀고,

너를 저주하는 사람에게는 내가 저주를 내릴 것이다.

땅에 사는 모든 민족이 너로 말미암아 복을 받을 것이다."

_창세기 12:1-3; 참조 18:1-33

대학교에서 다양한 종교들에 관해 공부하는 종교학과 학생이 있었습니다. 그는 힌두교, 불교, 이슬람교, 기독교 등을 비교 연구하는 비교 종교학을 공부하는 중이었습니다. 그가 그 학과를 지원한 동기는 이 네 가지 종교들을 자세히 연구한 다음에 어느 종교가 가장 우월한지 결정하고, 그 종교를 선택하여 믿겠다는 아주 순진한 마음에서였습니다.

그러나 종교들을 비교 연구하여 종교 간의 우열을 가릴 수 있을까요? 힌두교, 불교, 이슬람교의 경우는 그것이 가능할지도 모릅니다. 그러나 그러한 비교종교학적 방법이 기독교에는 전혀 통하지 않습니다. 왜 그러냐고요? 여기에는 분명한 대답이 있습니다.

기독교는 비교의 결과로 등장하는 종교가 아니기 때문입니다. 기독교는 공부나 연구를 통해서 나오는 결론이 아닙니다. 그리스도를 믿는 신앙은 그러한 방식으로 오는 것이 아닙니다.

신앙의 주도권은 누구에게 있는가

그렇다면, 그리스도를 믿는 신앙은 언제 옵니까? 기독교 신앙은 언제 생깁니까? 그때가 언제입니까? 하나님과 예수 그리스도에 대한 신앙이 생기게 되는 것은,
- 어떤 힘이 우리를 꼼짝 못하게 붙들 때입니다.
- 말로 표현하기 힘든 어떤 세력이 우리를 꽉 붙잡을 때입니다.
- 어떤 목소리가 우리를 강력하게 부를 때입니다.
- 어떤 힘(성령)에 의해 우리가 사로잡히게 될 때입니다.

마치 이 장에서 우리가 읽은 말씀에서와 같을 때입니다.
· 하나님이 아브라함을 붙잡으십니다.
· 하나님은 아브라함을 부르십니다.

신앙의 주도권을 잡은 당사자는 아브라함이 아닙니다. 주도권을 쥐고 있는 분은 하나님이십니다. "여호와께서 아브람에게 이르시되 너는 너의 본토 친척 아비 집을 떠나 내가 네게 지시할 땅으로 가라." 아브라함이 하나님을 찾은 것이 아니었습니다.
· 하나님이 아브라함을 찾으셨습니다.
· 하나님이 아브라함을 부르셨습니다.
· 하나님이 아브라함을 택하셨습니다.
 (이것이야말로 기독교 신앙의 본질이며 핵심입니다.)

· 하나님이 아브라함을 부르시고 그에게 사명을 주셨습니다.
· 부르심에는 반드시 사명이 따르기 마련입니다.
· 소명과 사명은 언제나 함께 가기 때문입니다.
· 하나님이 아브라함에게 말씀하십니다.
 "내가 너로 큰 민족을 이루게 하리라.
 내가 너에게 복을 주고,
 내가 네 이름을 위대하게 하여
 내가 너로 '복' blessing¹이 되게 하리니…
 너를 인하여 땅의 모든 민족이 '복'을 받게 될 것이다."
 (주어는 반복적으로 하나님이십니다. '내가…', '내가…')

· 하나님이 아브라함을 부르셨습니다.
 '성공'으로 부르신 것이 아닙니다.

'복'으로 부르신 것입니다.

하나님의 부르심과 택함을 받는 순간부터 그는 '복 덩어리'였던 것입니다.

아브라함 이후 거의 이천 년이 지난 후에도 이러한 법칙들은 유효합니다. 이천 년이 지난 후, 이와 동일한 원리를 예수님이 그의 제자들에게 말씀하셨습니다.

> 너희가 나를 선택한 것이 아니라
> 내가 너희를 선택하여 세웠으니
> 이는 너희로 가서 과실을 맺게 하고
> 또 너희 과실이 항상 있게 하려 함이라(요 15:16).

왜 과실이 항상 있게 하려 하십니까? 다른 사람들에게 주기 위함이 아닙니까? 이에 대해서도 예수님이 제자들에게 말씀하셨습니다.

> 이 세상에서 너희의 사명은 다른 사람들을 '축복'하는 것이다.
> 즉 너희 원수를 사랑하며,
> 너희를 미워하는 자를 선대하며,
> 너희를 저주하는 자를 위하여 축복하며,
> 너희를 모욕하는 자를 위하여 기도하는 것이다(눅 6:27-28).

- 예수님이 그의 제자들을 택하신 것처럼, 하나님이 아브라함을 택하신 것입니다.
- 예수님이 그의 제자들에게 그들을 저주하는 사람들도 축복하라고 말씀하셨던 것처럼, 하나님이 아브라함에게 이 땅의 모든 민

족과 나라들의 '복'이 되라고 하신 것입니다.

강권적이고 일방적인 부르심

하나님의 선택은 강권적입니다. 하나님의 부르심은 일방적입니다. 하나님이 부르시면 어느 누구도 그 부르심을 거역할 수 없습니다. 하나님의 부르심은 우리를 사로잡습니다. 그분의 선택은 우리를 꼼짝 못하게 합니다.

다른 사람들을 축복해야만 하는 운명, 다른 사람들을 위한 복의 근원이 되는 사명, 이것은 그야말로 '신들린 운명'이며, 우리의 정체성이기도 합니다.

사시사철 열매를 맺는 나무로 우리가 택함을 받았다는 것, 심지어 우리를 저주하는 자들을 축복하기 위하여 우리가 선택받았다는 것은,

- 우리가 그런 일을 하다가 힘들고 지친다고 해서 우리 마음대로 그런 일을 그만둘 수는 없다는 것을 의미합니다.
- 그것은 우리의 소명이요 사명입니다.
  - 선택받았다는 것은 자기 마음대로 할 수 없음을 의미합니다.
  - 선택받았다는 것은 평생 그 일을 위해 살도록 되어 있다는 것을 의미합니다.
  - 선택받았다는 것은 자기 마음대로 크리스천이기를 포기할 수 없다는 것을 의미합니다.
  - 선택받았다는 것은 마음대로 비 기독교인이 될 수 없다는 것을 의미합니다.

그러므로 우리가 아브라함의 하나님에 대해 등을 돌린다는 것, 우리가 예수님과의 관계를 그만 끊으려 한다는 것은, 예수님이 십자가에 달

리시던 전날 밤의 제자들처럼 된다는 것을 의미합니다.
- 가룟 유다처럼 예수님을 배반하고 떠나는 사람이 된다는 것을 의미합니다.
- 베드로처럼 예수님을 부인하는 자가 된다는 것을 의미합니다.
- 예수님을 버리고 떠나 버린 제자들 중의 하나처럼 된다는 것을 의미합니다.

그렇습니다. 예수님과의 관계를 명예롭게 청산할 길은 결코 없습니다. 예수님과의 관계를 끊을 수 있는 길이 있다면 오로지 불명예스럽게 끊는 길밖에 없습니다. 그리고 그러한 불명예스런 관계 단절에는 아마 다음과 같은 세 가지가 있을 것입니다.
- 가룟 유다처럼 예수님을 '배반' 하거나,
- 베드로처럼 예수님을 '부인' 하거나,
- 다른 제자들처럼 예수님을 '버리는 것' 입니다.

그러나 기억하십시오.
하나님이 아브라함을 부르실 때처럼 하나님이 우리를 부르신 것은, 예수님이 그의 제자들을 부르실 때처럼 우리를 선택하신 것은,
- 그 부르심과 그 선택이 여러분의 평생에 유효하다는 것을 의미합니다.
- 그 누구도, 그 무엇도 당신을 향한 하나님의 부르심과 선택을 무효화시킬 수 없음을 의미합니다.

이 사실을 사도 바울만큼 강력하게 고백하는 사람은 없을 것입니다. 누가 우리를 그리스도의 사랑에서 끊을 수 있겠습니까? 환난입니까? 아니면 어려움입니까? 핍박입니까? 그렇지 않으면 굶주림입니까? 헐벗음입

니까? 위험입니까? 아니면 칼입니까? … 나는 확신합니다. 죽음이나 생명이나, 천사들이나 하늘의 권세자들이나, 현재 일이나 장래 일이나, 어떤 힘이나, 가장 높은 것이나 깊은 것이나, 그 밖의 어떤 피조물이라도 우리를 우리 주 그리스도 예수 안에 있는 하나님의 사랑에서 끊을 수 없습니다 (롬 8:35, 38-39, 쉬운성경).

이처럼 우리를 향하신 하나님의 선택적 사랑과 부르심은 강력하고 강권적이므로 아무도 그것을 무효화시킬 수 없습니다.
하나님이 아브라함에게 말씀하셨습니다.
· 내가 너에게 복을 주리니 너는 '복' 이 될 것이다.
· 너를 인하여 세상의 모든 민족이 '복' 을 얻게 될 것이다.

이제 하나님의 부르심을 받은 아브라함의 정체성이 분명해졌습니다. 그리스도의 부르심을 받은 제자들의 정체성이 분명해졌습니다. 하나님의 부르심을 받아 선택받은 교회의 정체성이 분명해졌습니다.
· '복' 이 되기 위함입니다.
· 교회는 '복' 그 자체입니다.
· 그리고 그 '복' 은 항상 다른 사람을 위하여 있습니다.

'아브라함과 복'에 관한 몇 가지 질문들

질문 1 : 왜 세상의 모든 민족이 이런 복을 '필요' 로 한단 말입니까?
대답 : 그들은 죄와 죽음의 저주 아래 살고 있기 때문입니다.

질문 2 : 어떻게 아브라함이 세상의 민족들과 백성들을 축복한단 말입니까? 아브라함이 그들을 위해 무엇을 한단 말입니까?

대답 : 그가 그들을 위해 중재 intercede 하기 때문입니다. 그가 하나님과 그들 사이로 가서 중재 역할을 감당한다는 말입니다. 중보자라고 할 수 있을 것입니다.

질문 3 : 이러한 사실을 어디서 찾아볼 수 있습니까?
대답 : 창세기 18장입니다. 창세기 18장에는 다음과 같은 내용이 기록되어 있습니다. 어느 날 날이 저물어 가는 때 세 사람의 나그네가 아브라함을 찾아왔습니다. 아브라함이 그들에게 저녁을 대접하였습니다. 그 후 그들이 갈 길을 채비하고 있었습니다. 아브라함은 그들 중 한 명이 주님인 줄 알게 되었습니다. 바로 그 나그네가 아브라함에게 다음과 같이 말하였습니다. "세상의 모든 민족이 너를 인하여 복을 받을 것인데, 내가 어찌 내가 행하려는 일을 네게 숨기랴." 그분의 말은 분명했습니다. "내가 결코 내 계획을 네게 숨기지 않으리라. 왜냐하면 내가 너를 택하였기 때문이다."
　하나님은 소돔을 멸망시키려 하셨습니다. 그러나 그러기 전에 하나님은 아브라함에게 일의 전개 상황을 말씀하고 계십니다. 그분이 시간을 내서 자신이 무엇을 하시려고 하는지에 관해 아브라함에게 직접 설명하고 계신 것입니다. 이것은 참으로 놀라운 일입니다. 하나님이 자신의 계획을 일일이 아브라함에게 브리핑하고 계시다는 사실 말입니다. 그만큼 하나님이 아브라함을 믿고 있다는 의미입니다.
　이것은 하나님이 아브라함을 '택하셨다'는 뜻도 됩니다. "내가 하려는 일에 대해 아브라함에게 숨기랴? 내가 그를 택하였고, 그를 인하여 세상의 모든 민족이 복을 받도록 하였는데 어찌 내가 그에게 내 의도를 숨기랴?" 이것이야말로 '선택

'받음'의 최상의 의미가 아니고 무엇이겠습니까?

질문 4 : 도대체 무슨 이유로 아브라함은 소돔에 대한 하나님의 계획까지 알 수 있는 특권을 가지게 되었단 말입니까?
대답 : 아브라함을 부르신 하나님의 소명 때문입니다. 아브라함을 부르신 하나님의 소명 때문에 아브라함은 하나님이 하시려는 계획에 대해 자신의 의견을 개진할 수 있는 특권을 가지게 되었습니다. 아브라함을 부르신 하나님의 소명 때문에 아브라함은 하나님의 의견과 다를 수도 있는 자기 의사를 제안할 수 있게 된 것입니다. 심지어 하나님의 결심마저도 바꿀 수 있는 의사 표현의 힘이 주어졌던 것입니다. 이것은 참으로 놀라운 일입니다!

아브라함의 중재

소돔은 아브라함에게 정말 많은 것을 의미하였습니다. 아브라함의 조카 롯과 그의 가족들이 그곳에 살고 있었습니다. 또한 아브라함은 소돔에 살고 있던 많은 사람들을 알고 있었습니다. 그들은 아브라함에 의해 목숨이 건져진 사람들이었습니다(참조. 창 14:16).
그런데 하나님이 바로 이 도시를 멸망시키시겠다는 것입니다. 그러나 하나님이 아브라함에게 이 사실을 말씀하셨을 때는 아직 최종적인 결심을 굳히시기 전이었습니다. 하나님은 이 문제를 어떻게 처리할지 심각하게 고민하시던 중이었습니다. 하나님이 "내가 내려가 살펴보리라" 하신 것은, 아직도 협상의 여지가 남아 있다는 것을 말합니다. 아브라함에게 이 문제에 대한 '그(아브라함)의 입장'을 개진할 수 있는 시간이 있다는 것을 의미합니다.

그래서 아브라함이 하나님께 질문합니다. "하나님, 악한 자들과 함께 의로운 사람들을 멸망시키려 하십니까?" 이 질문은 사실상 "하나님, 도대체 당신은 어떤 종류의 신이란 말입니까?" 하고 정면으로 도전하는 것이기도 합니다. "당신은 악인과 의인을 구별도 못하는 그런 신이란 말입니까?" 하는 힐문이기도 할 것입니다.

아브라함은 소돔의 사람들이 멸망받을 만한 사람들이 아니라고 말하는 게 아닙니다. 그들은 멸망받아 마땅한 악한 자들이었습니다. 여기서 아브라함이 하나님께 말하려고 하는 바는 다음과 같은 것입니다.

"만일 당신께서 유황불을 소돔 성 위에 비처럼 쏟아 부어 그들의 죄를 갚으신다면, 얼마간의 무고한 사람들도 악한 자들과 함께 억울하게 죽게 되는 것이 아니겠습니까? 하나님, 당신은 죄 없는 순진한 어린아이들도 악한 어른들과 함께 멸망시키려 하신다는 말입니까? 그럴 수는 없습니다! 어찌 의로운 자들을 악한 자들과 함께 죽이려 하십니까? 그럴 수는 없어요! 온 세상의 재판장이신 당신께서 의롭게 일을 처리하셔야 하지 않겠습니까?"

이렇게 말함으로써, 아브라함은 소돔 사람들을 위하여 중재하기 시작한 것입니다.

- 만일 소돔 성에 50명의 무고한 사람들이 산다면, 그들을 위해서라도 주님은 온 도시를 용서하시지 않겠습니까?
- 만일 45명의 의로운 사람들이 소돔 성에 남아 있다면…
- 만일 40명이…
- 만일 30명이…
- 만일 20명이…

"주님, 제가 다시 한번 간청하여 말씀드린다 해도 화내지 마십시오. 한번만 더 말씀드리겠습니다. 만일 10명의 의로운 자들이 소돔

성에 있다면… 그렇다면 어찌 하시렵니까?"

그러나 아브라함은 이제 감히 10명 이하로 더 내려갈 수는 없었습니다. 이 정도면 하나님이 어떤 분이신지 충분히 알았기 때문입니다.
아브라함은 다음과 같은 질문으로 시작했습니다. "온 세상의 재판장이신 분이 의롭게 일을 처리해야 하지 않겠습니까?"
얼마 동안 주님 앞에 서서 간청드렸던 아브라함이 여기에 서 있습니다. 그러나 그의 얼굴은 홍조를 띠었습니다. 하나님이 일을 의롭게 처리하지 않으실지도 모른다는 두려움이 이제 서서히 그의 마음에서 사라지기 시작한 것입니다. 왜냐하면,

· 하나님은 대답하실 때마다
  50명을 위해서라도…
  45명을 위해서라도…
  40명을 위해서라도…
  30명을 위해서라도…
  20명을 위해서라도…
  "나는 결코 이 도시를 멸망시키지 않으리라"고 말씀하셨기 때문입니다.

· 또 그러한 대답이 돌아올 때마다
  하나님의 얼굴은 점점 더 부드러워졌고,
  하나님의 은총은 점점 더 밝아오기 시작했으며,
  온 세상의 민족들에게 복을 주시리라는 하나님의 약속은 점점 더 확실하고 뚜렷하게 다가오기 시작했던 것입니다.

그렇습니다. 숫자가 10으로 떨어졌을 즈음에, 아브라함은 더 이상 그

밑의 숫자를 얘기해야 할 필요를 느끼지 못했습니다. 그는 이제 분명하게 알게 된 것입니다. "소돔 사람들의 운명은 정의롭고 공정한 분의 손에 달려 있다"는 사실을 말입니다.

이상의 예가 잘 보여 주듯이,
- 하나님이 아브라함을 선택하신 것은, 아브라함의 중보를 통하여 아브라함의 세상에 속한 사람들에게 '복'을 주시려 함입니다.[2]
- 하나님이 우리를 선택하신 것은, 우리의 중재를 통하여 우리가 사는 세상의 사람들에게 '복'을 주시기 위함입니다.

우리는 세상을 향한 '복의 채널'들입니다.
우리는 세상을 향한 '축복의 통로'들입니다.

또 다른 예: 요셉 이야기

창세기 39장의 요셉 이야기를 한번 생각해 보십시오. 요셉의 주인인 보디발은 요셉에게 자신의 집과 재산 전체를 관리하는 일을 맡겼습니다. 그때부터 하나님은 요셉 때문에, 요셉으로 인하여, 보디발의 온 집에 복을 주셨습니다. 보디발이 이 사실을 알든 모르든 상관없습니다. 분명한 것은 요셉으로 인하여 그의 온 집이 복을 받게 되었다는 사실입니다.

이 사실은 우리에게 무엇을 보여 줍니까?
- 우리는 우리의 직장과 일터에서 엄청난 차이를 만들어 낼 수 있다는 사실을 말해 줍니다.
- 우리 주위에 있는 사람들에게 우리가 어떤 복을 주게 되는가를 보여 줍니다.
- 우리 자신들이 우리가 만나는 사람들, 우리와 함께 일하는 사람들에게 '복'이 된다는 사실을 보여 줍니다.

하나님이 요셉을 인하여 보디발의 집에 복을 주셨습니다.
- 요셉 안에서, 아브라함을 향해 주셨던 하나님의 약속이 사실로 되었습니다.
- 요셉을 통해서, 요셉 때문에, 하나님이 보디발의 가족에게 복을 주신 것입니다.
- 그러나 요셉이 보디발의 집을 떠나자, 하나님의 복도 그 집을 떠나게 되었습니다.
- 요셉이 감옥에 들어가자, 하나님의 복도 그 감옥 안으로 들어갔습니다.
- 감옥 안에서도, 요셉은 하나님의 복의 통로가 되었습니다.
- 감옥 안에서도, 하나님은 요셉을 통하여 사람들에게 복을 주셨습니다.

요셉이 감옥에서 풀려나 애굽 제2인자의 자리에 올랐을 때도, 요셉은 계속해서 하나님의 '복의 통로'가 되었습니다. 오직 애굽뿐만 아니라, 주변의 모든 나라들에도 하나님의 복을 전달하는 유일한 채널이 되었습니다.

극심한 기근과 굶주림 때문에 주변 국가들의 백성이 애굽으로 몰려들게 되었습니다. 그리고 그들의 생명은 전적으로 '요셉의 손'에 달려있게 되었습니다. 요셉이 그들에게 식량을 공급해 주기 때문입니다.
- 요셉을 통하여, 온 백성이 먹을 것을 얻게 되었습니다.
- 요셉을 통하여, 그들이 배부름을 얻게 되었습니다.
- 요셉을 통하여, 땅의 모든 민족이 '복'을 얻게 된 것입니다(창 41:56-57).[3]

그래서 창세기 41장의 끝 부분에 이를 즈음, 우리는 창세기 12:2-3에서 하나님이 아브라함에게 주신 약속이 이미 문자적으로 성취되고 있음을 보게 됩니다. 참으로 신기하고 놀라운 일입니다.

하나님의 선택과 축복

- 성경의 이야기는 하나님이 어떤 사람들을 선택하여 다른 사람들을 축복하신다는 하나님의 이야기입니다.
- 성경의 이야기는 어떤 사람은 선택하고, 어떤 사람은 지옥에 보낸다는 하나님의 이야기가 아닙니다. 성경의 이야기는 절대 그런 이야기가 아닙니다.
- 성경의 이야기는, 어떤 사람들을 선택하여 죄와 죽음의 저주 아래 사는 사람들에게 복 주시려는 하나님의 이야기입니다. 이것이 '하나님의 선택'이 갖는 참다운 의미이며 목적입니다.
- 성경의 이야기는, 선택받은 사람들을 통하여 모든 사람에게 은혜의 손길을 내미시는 하나님의 이야기입니다.

유진 피터슨은 그의 한 책에서, 얼마나 많은 교회들이 하나님의 부르심의 본질인 '축복의 통로'이기를 포기하고 오히려 '성공의 중심부'가 되기를 추구하는지에 대해 말하고 있습니다. 그는 말하기를 이러한 교회들은,
- 좀 더 많은 고객들(교인들)을 유치하는 일에 집착하고 있으며,
- 그들의 고객들(교인들)의 마음에 행복감을 주려는 일에만 신경을 쓰고 있으며,
- 어떻게 하면 고객들(교인들)이 다른 경쟁자(경쟁 교회들!)들에게 가지 않도록 할까 전전긍긍하고 있으며,
- 어떻게 하면 상품을 잘 포장하여 고객들이 돈을 좀 더 많이 쓰도록

할까 고민하는 데 온갖 노력을 아끼지 않고 있다는 것입니다.

너무도 슬픈 현상입니다. 참으로 우리 교회들이 회개해야 할 실질적 문제입니다.

- 하나님이 우리를 크리스천으로 부르셨을 때는, '성공'으로 부르신 것이 아닙니다. 하나님이 우리를 크리스천으로 부르셨을 때는, '복'이 되라고 부르신 것입니다.
- 하나님이 교회를 부르셨을 때는, 우리가 '성공'이 되라고 부르신 것이 아닙니다. 하나님이 교회를 부르셨을 때는, 우리가 '복'이 되라고 부르신 것입니다.

"너를 통하여, 너를 인하여, 너 때문에 세상의 모든 사람이 복을 받게 될 것이다!" 이것이 하나님이 우리를 선택하신 이유입니다.

- 한 사람이 파티의 전체 분위기를 살릴 수 있듯이,
- 한 사람이 가정의 전체 분위기를 새롭게 만들 수 있듯이,
- 한 사람이 직장의 전체 분위기를 신나게 할 수 있듯이,
- 한 사람이 모든 사람을 위한 '복'이 될 수 있는 것입니다.

하나님은 우리에게 그러한 사람이 되라고 지금도 부르고 계십니다.
하나님은 우리에게 그러한 교회가 되라고 지금도 부르고 계십니다.

- 당신은 '복의 근원'입니다. 복의 근원이 되십시오.
- 하나님은 당신을 많은 사람들에게 '복'이 되도록 부르셨습니다. 다른 사람을 위한 '복'이 되십시오.

· 이것이 당신이 부르심을 받은 이유이며, 이루어 나가야 할 사명이기도 합니다. 아멘.

선택 3

하나님의 선택은 이야기입니다
창세기 12장

브람에게 말씀하셨다. "너는, 네가 살고 있는 땅과, 네가 난 곳과, 너의 아버지의 집을 떠나서, 내가 보여 주는 땅으로 가거라. 내가 너로 큰 민족이 되에게 복을 주어서, 네가 크게 이름을 떨치게 하겠다. 너는 복의 근원이 될 것이다. 너를 축복하는 사람에게는 내가 복을 베풀고, 너를 저주하는 사람에 저주를 내릴 것이다. 땅에 사는 모든 민족이 너로 말미암아 복을 받을 것이다." 아브람은 주님께서 말씀하신 대로 길을 떠났다. 롯도 그와 함께 길을 브람이 하란을 떠날 때에, 나이는 일흔다섯이었다. 아브람은 아내 사래와 조카 롯과 하란에서 모은 재산과 거기에서 얻은 사람들을 거느리고, 가나안 겨 길을 떠나서, 마침내 가나안 땅에 이르렀다. 아브람은 그 땅을 지나서, 세겜 땅 곧 모레의 상수리나무가 있는 곳에 이르렀다. 그 때에 그 땅에는 들이 살고 있었다. 주님께서 아브람에게 나타나서서 말씀하셨다. "내가 너의 자손에게 이 땅을 주겠다." 아브람은 거기에서 자기에게 나타나신 주님께 서 바쳤다. 아브람은 또 거기에서 떠나, 베델의 동쪽에 있는 산간지방으로 옮겨 가서 장막을 쳤다. 서쪽은 베델이고 동쪽은 아이이다. 아브람은 거기 을 쌓아서, 주님께 바치고, 주님의 이름을 부르며 예배를 드렸다. 아브람은 또 길을 떠나, 줄곧 남쪽으로 가서, 네겝에 이르렀다. 그 땅에 기근이 들었 이 너무 심해서, 아브람은 이집트에서 얼마 동안 몸붙여서 살려고, 그리로 내려갔다. 이집트에 가까이 이르렀을 때에, 그는 아내 사래에게 말하였다. " 당신이 얼마나 아리따운 여인인가를 잘 알고 있소. 이집트 사람들이 당신을 보고서, 당신이 나의 아내라는 것을 알면, 나는 죽이고 당신은 살릴 것이 가 당신은 나의 누이라고 하시오. 그렇게 하여야, 내가 당신 덕분에 대접을 잘 받고, 또 당신 덕분에 이 목숨도 부지할 수 있을 거요." 아브람이 이집트 을 때에, 이집트 사람들은 아브람의 아내를 보고, 매우 아리따운 여인임을 알았다. 바로와 대신들이 그 여인을 보고 나서, 바로 앞에서 그 여인을 칭찬 어 그 여인은 바로의 궁전으로 불려 들어갔다. 바로가 그 여인을 보고서, 아브람을 잘 대접하여 주었다. 아브람은 양 떼와 소 떼와 암나귀와 수나귀 과 낙타까지 얻었다. 그러나 주님께서 아브람의 아내 사래의 일로 바로와 그 집안에 무서운 재앙을 내리셨으므로, 바로가 아브람을 불러서 꾸짖었다. " 는 나를 이렇게 대하느냐? 저 여인이 너의 아내라고 왜 일찍 말하지 않았느냐? 어찌하여 너는 저 여인이 네 누이라고 해서 나를 속이고, 내가 저 여 로 데려오게 하였느냐? 자, 네 아내가 여기 있다. 데리고 나가거라." 그런 다음에 바로는 그의 신하들에게 명하여, 아브람이 모든 재산을 거두어서 그 네 나라 밖으로 나가게 하였다.

Election Is A Story

야웨께서 아브람의 아내 사래의 연고로
바로와 그 집에 큰 재앙을 내리신지라.

_창세기 12:17

많은 크리스천들에게 있어서 '하나님의 선택' God' selection에 관한 교리는 일종의 치통과 같습니다. 치통을 앓고 있는 치아를 건드리면 심한 통증을 느낍니다. 그래서 사람들은 될 수 있는 한 그 치아를 건드리지 않고 그대로 내버려 둡니다. 아픈 치아로는 음식도 씹지 않습니다. 많은 교인들에게 있어서 선택 교리가 바로 그렇다는 것입니다.

선택받은 인생

'선택'에 대해 말한다는 것은, 많은 크리스천들에게는 곧 통증의 수반을 의미합니다. 선택에 관해 말하고 싶다면 차라리 그것을 빼냈어야 할 것입니다. 아니면 다른 쪽 치아로 음식을 씹는 편이 나을 것입니다.
한편, 또 다른 크리스천들에게 있어서 '선택'은 마치 컴퓨터의 프로그램과도 같습니다. 그들은 말하기를,
· 하나님은 모든 것을 프로그램화시키셨다.
· 하나님은 모든 일들이 일정한 프로그램에 의해 돌아가도록 정해 놓으셨다.
· 하나님은 나에게 모든 일들이 정해진 대로 일어나게 하신다.

예를 들어,
· 바지에 커피를 흘리다.
· 복권에 당첨되다.
· 임신하다.

· 운전하다가 사고를 당해 차가 완전히 망가지다.

이런 일들은 모두 하나님에 의해 미리 프로그램화되어 있다는 것입니다. 다른 말로 설명하자면, 내가 임신했을 때
· 하나님이 나를 프로그램화시키셨다는 것입니다.
· 하나님이 내 몸 속에 소프트웨어를 집어넣으셨다는 것입니다.

컴퓨터 몸체에 해당하는 하드웨어만 있을 때의 컴퓨터는 아무것도 아닙니다. 그러나 그 안에 소프트웨어를 집어넣으면 컴퓨터가 작동하게 됩니다. 이와 같이 하나님이 내 삶 속에 일정한 프로그램을 집어넣으셨다는 것입니다. 그러므로 '나'라는 존재는 내 자신과 삶에 대해 아무런 통제 능력을 갖고 있지 못하고, 그것은 우리가 흔히 말하는 팔자소관, 즉 운명이라는 것입니다.

장로교 목사님이 한 분 계셨습니다. 그는 이와 같은 '컴퓨터 선택론'을 철저하게 신봉하는 분이었습니다. 어느 날 그가 자전거를 타고 가다가 넘어져서 한쪽 다리가 부러졌습니다. 그러자 그는 "하나님 감사합니다. 그대로 되었군요!" 하고 말했답니다.

다른 한편으로, 어떤 분들은 선택을 '교리'라고 믿습니다. 즉 하나님이 모든 일에 대해 영원 전부터 이미 결정하셨다고 가르치는 '교리'입니다. 소위 하나님의 '영원한 작정' eternal decree 교리라는 것이 그것입니다. 이러한 교리의 논리에 따르면 다음과 같은 질문들은 매우 중요한 것이 됩니다.

· 누가 한 팀이 되고 누가 그 팀에서 빠질 것인가?
· 누가 하늘에 갈 것이고, 누가 가지 못할 것인가?
· 누가 구원을 받고, 누가 구원을 받지 못할 것인가?

선택에 관한 그들의 의견들은 매우 논리적입니다. 따라서 매우 강력하기도 합니다.
- 그들의 주장들은 증거 본문들로 가득 차 있기 때문에 견고해 보입니다.
- 그들은 어떤 공격도 능히 막아 낼 준비가 되어 있습니다.
- 그들은 성경에 관한 한, "이야기 story 가 먼저이고 그 다음에 교리 doctrine 입니다" 라는 말에 쉽게 설득되지 않습니다.

그러나 곰곰이 생각해 보십시오. 어떤 교리이든지 그 교리들은 언제나 이야기로부터 추출된 뼈대들입니다. 다시 말해서 원래 교리라는 것은 이야기가 논쟁적으로 구성된 형태입니다. 그러므로 이야기로부터 그 안의 생명의 즙들이 탈수된 형태라고 할 수 있습니다.
- '이야기' 는 일차적이고 필수적입니다.
- '교리' 는 이차적이고 임시로 그때그때마다 사용되는 것입니다.

선택에 관한 '이야기' 는 마치 광야에서 마시는 한 잔의 '물' 과 같습니다.
- 그러나 선택에 관한 '교리' 는 물의 화학 공식인 'H2O' 라고 할 수 있습니다.
- 우리는 공식 없이는 살 수 있습니다.
- 그러나 우리는 이야기(물) 없이는 살 수 없습니다.

선택 이야기를 둘러싼 비극은, 대부분의 크리스천들이 그 이야기가 갖고 있는 힘과 능력, 그리고 그 이야기가 가져다 주는 영광을 잃어버렸다는 데 있습니다.

'선택 이야기'의 정체

그렇다면 선택이라고 불리는 이야기의 정체는 무엇입니까? 어디서 우리는 그 이야기를 발견할 수 있습니까? 그렇습니다. 우리가 읽은 창세기 본문에서 발견할 수 있습니다.

선택에 관한 말씀 요청이 있다면 다음의 '이야기'를 들려드려도 될 것입니다.

대략적으로 4000년 전, 그러니까 하나님이 온 지구상의 언어를 혼란하게 하시고 그들을 지면 사방에 흩어 놓으신 지 한참 후, 다음과 같은 심각하고 중요한 질문이 부상했습니다.

- 하나님은 인류와 계속적으로 관계를 맺으실 것인가?
- 하나님은 인류를 영원히 저버리셨는가?

바로 이 순간, 즉 온 인류의 영적 죽음의 순간에 하나님은 인류의 무덤 앞에 서서 큰 소리로 외치셨습니다. "아브라함아 나와라!" 마치 나사로의 무덤 앞에서 큰 소리로 "나사로야, 나와라!"고 외치시던 예수님처럼 말입니다. 그러자

- 죽었던 자가 나왔습니다.
- 하나님은 아브라함을 죽은 자들로부터 일으켜 세우셨습니다.
- 하나님은 아브라함을 선택하시고 그를 통하여 땅의 모든 족속들에게 복을 주시겠다고 약속하셨습니다.
- 하나님은 아브라함에게 말씀하셨습니다.

  "너를 축복하는 자를 내가 축복하고,
  너를 저주하는 자를 내가 저주할 것이다.
  너를 통하여 땅의 모든 민족과 나라가 복을 받게 될 것이다."

이렇게 말씀하심으로써, 하나님은 이 세상에서 이루어 갈 자신의 정책을 바꾸셨습니다. 바로 이 순간까지 하나님의 정책은 땅의 모든 민족을 직접적으로 다루시는 것이었습니다. 중재자 없이 말입니다. 그러나 이러한 정책은 아무런 결과를 얻지 못했습니다. 그래서 정책을 계속해서 앞으로 밀고 나갈 수가 없었습니다.

인류의 악함이 땅에 가득 차고 편만하였을 때, 그리고 그들이 생각하는 모든 생각과 성향이 지속적으로 악할 뿐이었을 때, 하나님은 땅에 인류 지으신 것을 후회하시고 마음속으로 슬퍼하셨습니다.

그래서 하나님은 말씀하셨습니다. "내가 창조한 인류를 이 지면에서 다 없애 버릴 것이다. 내가 그들을 만든 것을 심히 후회하기 때문이다."

- 그렇다면 하나님의 심판이 인류의 상태를 호전시켰는가?
- 홍수가 도덕적 기후를 온화하게 하였는가?

아닙니다! 전혀 그렇지 못했습니다. 대홍수 이후로 인간의 죄는 다시금 증가하였습니다. 심지어 그들은 말했습니다. "오라, 우리가 우리를 위하여 도시를 건설하자. 그 꼭대기가 하늘에까지 닿는 거대한 탑을 쌓자. 우리의 이름을 만천하에 내어 보자."

이에 대해 하나님이 대답하셨습니다. "오라, 우리가 내려가서 그들의 언어를 혼잡하게 하자. 그들이 서로의 말을 알아듣지 못하게 될 것이다." 그래서 하나님은 온 지면의 사람들을 흩어져 살게 하셨습니다. 인류를 흩어 놓으심으로써, 온 지구상의 사람들을 향한 하나님의 심판은 철저한 것처럼 보입니다.

그러자 다시 심각한 질문이 제기되기 시작하였습니다.

- 도대체 이 인류는 어떻게 될 것인가?
- 누가 그들을 자멸로부터 구할 수 있을 것인가?

하나님의 선택, 아브라함

창세기 12장은 이러한 질문에 대한 대답을 제공합니다. 창세기 12장에서 하나님은 이 세상의 사람들을 다루실 방식을 결정합니다. 그러나 이전처럼 직접 다루시는 것이 아니라 간접적으로, 아브라함을 통하여, 이스라엘을 통하여 다루시기로 합니다.

하나님이 아브라함에게 말씀하십니다.

> 너를 축복하는 자에게는 내가 복을 내리고
> 너를 저주하는 자에게는 내가 저주하리니
> 땅의 모든 족속이 너를 인하여 복을 얻을 것이니라.

바로 이 시점부터, 창세기는 다음과 같은 질문에 대해 반복적으로 대답하고, 설명하고 있습니다. "하나님은 아브라함과 그의 자손들을 통하여 이 세상의 사람들에게 복 주실 것이라고 하신 그 약속을 지키실 것이며, 또한 지키실 수 있을 것인가?"[1]

창세기의 이야기들을 살펴보면, 하나님이 그 약속을 지키실 수 없음을 나타내는 증거들이 사방에 깔려 있는 것처럼 보입니다. 예를 들어, 우리는 다음과 같은 이야기들을 듣게 됩니다.

- 아브라함은 무자 無子 하였다. 그리고 그의 아내 사라의 태는 닫혀 있었다.
- 사라와 아브라함은 자녀를 가질 것인가?
- 약속을 성취하기 위한 시발점이 있을 것인가?
- 약속의 창시자는 사라의 태를 열 것인가?
- 아니면 약속의 창시자는 창세기 12:10-20의 경우에서처럼 아브라함의 부정직함과 겁쟁이와 같은 태도에 의존해야 하는가?

창세기 12:10-20에서 우리는 기근 때문에 아브라함과 사라가 애굽으로 내려갔다는 소식을 접하게 됩니다.

그들이 애굽에 들어가려 할 때 아브라함이 사라에게 말합니다. "당신은 아름다운 여인이오. 애굽 사람들의 눈이 멀지는 않았을 것이오. 그들이 당신을 보면 당신을 빼앗아 가려 할지도 모르오. 그들이 내가 당신의 남편이라는 사실을 알게 되면 그들은 나를 죽이고 당신을 취해 갈지도 모르오. 그러므로 당신은 그들에게 내 누이라고 말하시오. 그러면 당신 때문에 내게 어려운 일이 생기지는 않을 것이오. 당신으로 인하여 내 목숨이 살아남을 수도 있을 것이오."

왜 하나님은 아브라함을 선택하셨을까?
- 그가 믿음직스럽고 신실하기 때문에 그를 택하신 것일까? 천만의 말씀입니다. 결코 아닙니다!
- 우리는 곧, 아브라함이 자신의 목숨을 구하기 위해 거짓말하는 겁쟁이, 치사한 인간이라는 사실을 알게 됩니다.

그렇다면 아브라함은 하나님의 약속을 얼마나 많이 믿었던 것일까요? 하나님의 능력을 얼마나 깊이 신뢰하고 있었을까요?
- 아브라함이 우리보다 더 깊이 하나님을 신뢰하였을 것이라고는 생각되지 않습니다.
- 그 사람이나 우리나 다 같이 보통 사람이기 때문입니다.

이것으로 충분치 않다면 아브라함이란 인간이 어떤 사람인지 좀 더 들어 보십시오. 그 다음 이야기는 이렇게 계속됩니다. 바로가 사라를 그의 후궁으로 들이고 아브라함은 약정에 의해 많은 물질적 혜택을 받게 되었습니다. 일종의 리베이트rebate 라 할 수 있을 것입니다. 사라로 인하여 바로가 아브라함을 잘 대우해 준 것입니다. 양과 소와 나귀들,

낙타들과 노비들을 아브라함에게 주었습니다. 우리의 아버지 아브라함은 부자가 되었습니다. 그러나 우리의 어머니 사라는 다른 사람의 아내가 되었습니다.

그렇다면,
- 선택의 이야기는 그 시작부터 허우적거리고 버둥거리는 내용이 됩니까?
- 아브라함과 사라의 이야기는 아담과 하와의 이야기처럼 되어 가는 것입니까?

도대체 하나님의 그 아름다운 약속은 아브라함의 인생 어디에 있는 것입니까? 하나님이 아브라함을 큰 민족으로 만들고, 그의 이름을 크게 하고, 그를 통하여 세상을 축복하시겠다는 그 약속은 도대체 어디에 있는 것일까요?

그러나 우리는 그 다음 문단을 읽어야 합니다. "하나님께서 아브람의 아내 사래의 연고로 바로와 그 집에 큰 재앙을 내리신지라." 매우 충격적인 내용입니다. 도대체 바로가 무슨 잘못이 있습니까? 그는 정직한 왕이었습니다. 그는 사라를 아브라함의 누이로 알았으며, 따라서 그녀를 자기의 후궁으로 삼을 수 있다고 생각했습니다. 아브라함이 그렇게 해도 좋다고 하지 않았습니까? 그런데 그 정직한 바로가 부정직한 아브라함 때문에 큰 재앙을 받게 된 것입니다.

놀란 바로, 두려움에 휩싸인 바로는 아브라함을 불러 그에게 도덕적 추궁을 합니다.
- 어찌하여 당신은 사라가 당신의 아내라고 나에게 말하지 아니하였는가?
- 왜 당신은 '그녀는 나의 누이입니다'라고 말했는가?
- 왜 당신은 내게 거짓말을 하였는가?

· 자, 여기 당신의 아내가 있으니 데리고 떠나라. 당장 내 앞에서 사라져라!

참으로 흥미로운 결말입니다. 창세기 12장에 나오는 아브라함의 선택 이야기는 이런 식으로 끝을 맺고 있습니다. 우리는 여기서 '아브라함의 선택 이야기'가 거의 '사라를 잃어버릴 뻔한 아브라함의 이야기'로 끝을 맺고 있다는 사실에 주목할 필요가 있습니다.

긍정적이고 좋은 소식, 선택

만일 하나님이 간섭하지 않으셨다면,
하나님이 바로의 정직함을 통해서 일하지 않으셨다면,
아마 우리의 어머니 사라는 없을 것이고
이 세상을 위한 희망도 없을 것입니다.

선택을 교리로 생각한다면,
선택을 하나님의 영원한 작정으로 생각한다면,
다시 말해 선택을
하나님이 어떤 사람은 구원에 이르게 하시고 어떤 사람들은 구원하지 않기로 작정하신 것이라고 생각한다면,
역사로부터 떼어 내어 별개로 생각한다면,
인간 역사의 변덕스럽고 다양한 사건들과 별개 문제로 생각한다면,

선택은 빈혈을 가져오는 그 무엇이며
두렵고 경악할 그 무엇이며
치통처럼 고통스러운 그 무엇이 될 것입니다.

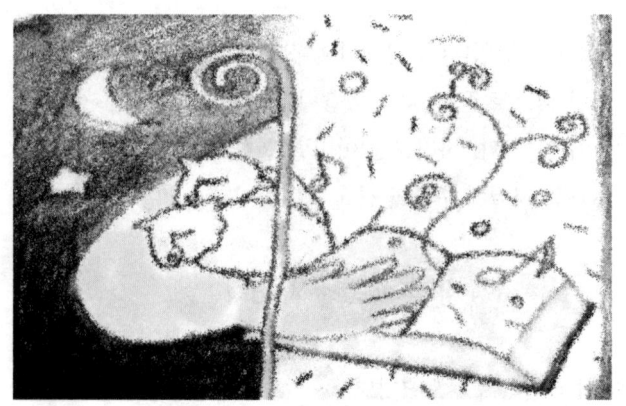

하나님은 때때로 자신의 백성이 저지른 실수와 잘못에도 불구하고 그들을 통하여 세상 사람들에게 복을 주실 것입니다.
복을 주시는 주체는 하나님이십니다.

그러나 선택을 '이야기'로 생각한다면, 다시 말해 우리가 12장에서 읽은 것과 같은 종류의 이야기로 생각한다면,
- 선택은 매우 긍정적인 그 무엇입니다.
- 선택은 좋은 소식입니다. 결코 경악할 소식이 아닙니다.
- 선택은 하나님이 의도적으로 대부분의 사람들은 버리시고 소수만을 택하신다고 말하지 않습니다.
- 선택은 말합니다. "하나님은 어떤 사람들을 택하셨다. 하나님은 아브라함과 그의 후손들을 택하시어, 그들을 통해 모든 사람에게 복을 주려고 하신다."

또 선택은 말합니다.
- "하나님은 아브라함을 택하신다. 비록 그가 바보 같고 얼간이 같고 무능하고 저질이라 할지라도 그를 택하신다."
- "자기의 아내 사라를 한 번이 아니라 두 번이나 팔았음에도 불구하고 하나님은 아브라함을 선택하신다."

애굽에서 일어난 사건 이후에 사람들은 아마 이렇게 생각할지도 모릅니다.
- 아브라함은 단단히 교훈을 배웠을 것이다.
- 아브라함은 자신의 거짓말이 아니라 하나님을 의지하는 법을 배웠을 것이다.

그러나 그는 그렇지 않았습니다.
여덟 장 뒤에 보면, 즉 창세기 20장에서 아브라함은 다시금 사라에 대해 거짓말을 합니다. 이번에는 그 배경이 애굽이 아니라 가자 지역과 가까운 그랄 지역입니다.

- 다시금 아브라함은 아내인 사라를 자신의 누이라고 말합니다.
- 다시금 사라는 후궁으로 끌려 들어갑니다.
- 다시금 하나님이 개입하시어 선택받은 백성을 출산하는 어머니가 존재토록 하셨습니다.

- 하나님은 아브라함을 통하여, 우리를 포함한 아브라함의 자손들을 통하여, 세상 사람들에게 복을 주실 것입니다. 복을 주시는 주체는 하나님이십니다.
- 그러나 하나님은 때때로 자신의 백성이 저지른 실수와 잘못에도 불구하고 그들을 통하여 세상 사람들에게 복을 주실 것입니다. 복을 주시는 주체는 하나님이십니다.
- 이것은 교회가 불안전하고, 때로는 추하고, 사람들의 잘못으로 점철되었음에도 불구하고 교회가 존속하는 결정적 이유가 하나님의 영이 그 안에 계신 것과 같은 이치입니다.

그렇다면 우리는 선택받을 만한 사람들입니까?

우리는 세상을 축복하시려는 하나님의 통로로 선택받을 자격이 있는 것입니까?

창세기부터 계시록에 이르기까지 이에 대한 일관된 대답은 단연코 "아니오!"입니다. 우리는 선택받을 자격이 없습니다. 우리 모두는 아브라함이 서 있던 곳에 함께 서 있는 자들입니다. 사라를 팔아 바로의 후궁이 되게 했던 바로 그 자리에 말입니다.

성경에서, 하나님의 선택을 깊이 생각하면 할수록 우리의 마음은 겸손과 겸허한 곳으로 인도됩니다. 그리고 하나님의 '선택'은 결국 '송영'으로 인도합니다. 바울과 함께 이렇게 찬양해 봅시다.

깊도다, 하나님의 지혜와 지식의 부요함이여! 그의 판단은 측량치 못할 것이며 그의 길은 찾지 못할 것이로다. 누가 주의 마음을 알았느뇨? 누가 그의 모사가 되었느뇨? 누가 주께 먼저 드려서 갚으심을 받겠느뇨? 이는 만물이 주에게서 나오고 주로 말미암고 주에게로 돌아감이라. 영광이 그에게 세세에 있으리로다. 아멘(롬 11:33-36).

전복 4

하나님은 왜 야곱을 사랑하시는가
창세기 25:19-34

브라함의 아들 이삭의 족보이다. 아브라함이 이삭을 낳았고, 이삭은 마흔 살 때에 리브가와 결혼하였다. 리브가는 밧단아람의 아람 사람인 브두엘의 딸 사람인 라반의 누이이다. 이삭은 자기 아내가 임신하지 못하므로, 아내가 아이를 가지게 해 달라고 주님께 기도하였다. 주님께서 이삭의 기도를 들어 그의 아내 리브가가 임신하게 되었다. 그런데 리브가는 쌍둥이를 배었는데, 그 둘이 태 안에서 서로 싸웠다. 그래서 리브가는 "이렇게 괴로워서야, 내가 □겠는가?" 하면서, 이 일을 알아보려고 주님께로 나아갔다. 주님께서 그에게 대답하셨다. "두 민족이 너의 태 안에 들어 있다. 너의 태 안에서 두 백성 □이다, 한 백성이 다른 백성보다 강할 것이다. 형이 동생을 섬길 것이다." 달이 차서, 몸을 풀 때가 되었다. 태 안에는 쌍둥이가 들어 있었다. 먼저 나온 □이 붉은데다가 온몸이 털투성이어서, 이름을 에서라고 하였다. 이어서 동생이 나오는데, 그의 손이 에서의 발뒤꿈치를 잡고 있어서, 이름을 야곱이라 □ 리브가가 이 쌍둥이를 낳았을 때에, 이삭의 나이는 예순 살이었다. 두 아이가 자라, 에서는 날쌘 사냥꾼이 되어서 들에서 살고, 야곱은 성격이 차분한 □서, 주로 집에서 살았다. 이삭은 에서가 사냥해 온 고기에 맛을 들이더니 에서를 사랑하였고, 리브가는 야곱을 사랑하였다. 한 번은, 야곱이 죽을 끓이 □ 에서가 허기진 채 들에서 돌아와서, 야곱에게 말하였다. "그 붉은 죽을 좀 빨리 먹자, 배가 고파 죽겠다." 에서가 '붉은' 죽을 먹고 싶어 하였다고 해서, □돔이라고도 한다. 야곱이 대답하였다. "형은 먼저, 형이 가진 맏아들의 권리를 나에게 파시오." 에서가 말하였다. "이것 보라, 나는 지금 죽을 지경이다. □게 맏아들의 권리가 뭐 그리 대단한 거냐?" 야곱이 말하였다. "나에게 맹세부터 하시오." 그러자 에서가 야곱에게 맏아들의 권리를 판다고 맹세하였다. □과 팥죽 얼마를 에서에게 주니, 에서가 먹고 마시고, 일어나서 나갔다. 에서는 이와 같이 맏아들의 권리를 가볍게 여겼다.

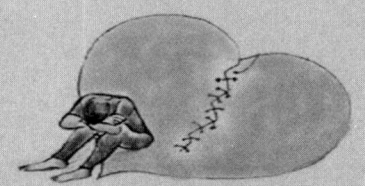

Jacob God Loved. Why?

이삭은 자기 아내가 임신하지 못하므로

아내가 아이를 가지게 해 달라고 주께 기도하였다.

주께서 이삭의 기도를 들어주시니, 그의 아내 리브가가 임신하게 되었다.

그런데 리브가가 쌍둥이를 배었는데 그 둘이 태 안에서 서로 싸웠다.

… 주께서 그에게 대답하셨다. "두 민족이 너의 태 안에 들어 있다.

너의 태 안에서 두 백성이 나뉠 것이다. 한 백성이 다른 백성보다 강할 것이다.

형이 동생을 섬길 것이다."

_창세기 25:21, 23

대부분의 사람들은 성공과 출세를 위해 예배합니다. 출세와 성공의 제단은 항상 사람들로 붐빕니다. 대부분의 사람들은 인생을 피라미드로 바라봅니다.

피라미드의 맨 꼭대기에 있는 사람들은 성공한 사람들입니다. 그리고 중간층에는 야망으로 뭉친 사람들이 있습니다. 그들은 정상의 자리에 오르려고 부단히 애쓰는 사람들입니다. 그리고 맨 밑바닥에는 실패자들, 희생자들, 낙제생들, 처진 사람들, 포기한 사람들이 있습니다. 이것이 피라미드식 인생관입니다. 대부분의 사람들은 인생을 이런 식으로 바라봅니다.

그러나 복음은 이러한 피라미드를 뒤집어 놓습니다. 거꾸로 보는 것입니다. 복음은 맨 아래에 깔려 있는 사람들을 꺼내 똑바로 일으켜 세웁니다. 실패자들, 희생자들, 낙제생들, 처진 사람들, 포기한 사람들을 말입니다.

복을 구하는 야곱

야곱의 이야기들이 그렇습니다. 그의 이야기들은 열등한 자, 패배자를 세워 줍니다. 그래서 야곱의 이야기들은 복음이 된 것입니다. 야곱의 이야기는 우리에게 정말로 '좋은 소식' good news 을 전합니다. 이러한 사실은 왜 야곱 이야기들이 성경에 포함되게 되었는지를 설명해 줍니다.

야곱과 그의 쌍둥이 형 에서가 그토록 다투고 싸운 것은 '성공'이라고 불리는 것 때문입니다. 물론 창세기에 '성공'이라는 단어가 나오지

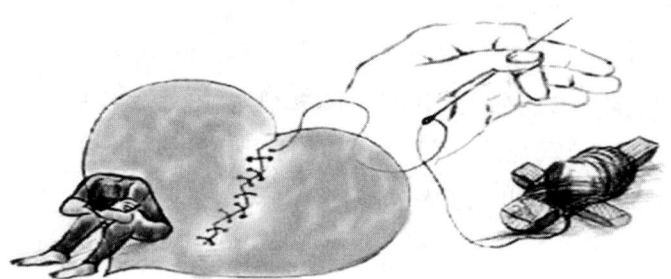

복음은 세상의 피라미드를 뒤집어 놓습니다.
맨 아래에 깔려 있는 사람들을 꺼내 똑바로 일으켜 세웁니다.
뒤처진 사람들, 포기한 사람들을 말입니다.

는 않습니다. 창세기는 '성공'이라는 단어 대신 '복'이라는 단어를 사용합니다. '복', 이것이 창세기 전편에 흐르는 가장 강력한 이슈입니다. 야곱이 그의 아버지 이삭에게 뭐라고 말했는지 떠올려 보십시오.

아버지, 나는 당신의 큰아들 에서입니다.
자, 일어나셔서 제가 사냥에서 잡아온 고기를 드십시오.
그리고 제게 '당신의 복'을 빌어 주십시오(창 27:19).

후에 야곱이 행한 일을 들은 에서는 가슴을 치며 통탄하였습니다. 큰 소리로 울며불며 아버지께 간청했습니다. "제발 저를 축복해 주세요. 제발 저를 축복해 주십시오, 아버지!"
야곱과 에서가 살던 시대에 '복을 빈다'는 것은 우리가 사는 세상에서의 '성공하다'와 그 뜻이 일맥상통합니다.
- '복'이 신비로운 것인 만큼 성공도 신비롭습니다.
- 알다가도 모를 것이 '복'이라면 성공도 그렇습니다.
- 우리는 성공을 살 수 없습니다.
- 공부한다고 해서 성공하는 것도 아닙니다.
- 어떤 사람은 성공하는데 다른 사람은 성공하지 못합니다.
- 성공에는 지름길도, 공식도 없습니다.
- 성공을 얻기 위한 기술이 있는 것도 아닙니다.
- '성공 비결'의 요람이 있어 볼 수 있는 것도 아닙니다.

시편의 시인은 모순투성이의 세상살이를 탄식합니다(시 73편).
- "왜 악한 자가 번영하고 성공합니까?"
- "왜 그들의 육체는 건강하고 매끄럽단 말입니까?"
- "왜 그들은 다른 사람들이 겪는 어려움을 모른단 말입니까?"

성공은 알다가도 모를 신비입니다. 성공은 신기루와 같아서 잡힐 듯 하면서도 잡히지 않습니다. 창세기가 '복' 이라고 부르는 것이 바로 그러합니다.

- '복' 은 신비로운 힘입니다.
- '복' 은 통제하거나 마음대로 조작할 수 없습니다.
- '복' 은 장악할 수 있는 그 무엇도 아닙니다.
- 오히려 '복' 이 통제할 것입니다.

창세기의 대부분은 '복' 에 관해서 말하고 있습니다.
- 창세기 12장은 '큰 복' 에 대한 이야기를 하고 있습니다. "내가 너에게 복을 주어 네가 다른 사람들에게 복이 되게 할 것이다."
- 창세기 49장은 야곱이 그의 자녀들을 축복하는 내용입니다.
- 그리고 창세기 12장과 49장 사이에는 복을 얻기 위한 치열한 투쟁과 갈등의 이야기가 있습니다. 야곱과 에서 사이에 벌어지는 대립과 경쟁의 이야기입니다.

복을 놓고 다투며 싸우는 그들을 누가 비난할 수 있겠습니까? 우리 모두 복에 관한 한 자유로울 수는 없을 것입니다. 복 받지 않고 이 세상을 살고 싶은 사람이 어디 있겠습니까? 아무도 없을 것입니다. 복은 누구든지 받고 싶어합니다.

세상의 모든 사람들은 '복' 이라 불리는 떡덩이에서 작은 조각 하나라도 더 얻기를 원합니다. 그러나 우리 주변에는 나누어 먹을 떡이 정해져 있기 때문에, 누가 떡의 큰 조각을 갖고 누가 작은 조각을 갖고, 누가 남은 찌꺼기를 가질 것인가를 결정해야 합니다. 이를 위해 사람들은 인류의 시작만큼이나 일찍부터 일정한 규칙들을 만들어 놓았습니다.

사람들에 의하면, 이러한 규칙들은 반드시 필요합니다. 그렇지 않으면 이 세상에는 지속적인 싸움과 피 흘림이 있을 것이라고 그들은 주장합니다. 인간의 삶이 산산조각 나지 않고 질서정연하게 유지될 수 있으려면, 엄격한 규칙이 있어서 누가 더 갖고 누가 덜 갖고 누가 가장 적게 가져야 하는가를 정해 주어야 한다는 것입니다.

이렇게 해서 '장자의 권한'이라는 것이 생겨나게 되었습니다. 장자권은 많은 권한들 중의 하나가 아닙니다. 다른 권한들을 통제할 수 있는 유일한 권한이라고 생각하면 좋을 것입니다. 고대 사회에서 큰아들이 갖는 권한은 사회적·법률적 제도를 통틀어 가장 중요한 골격을 이룹니다.

먼저 태어난 아들은 행운을 잡은 사람이라 할 수 있습니다.

· 아무도 빼앗아 갈 수 없는 권리를 지니고 있기 때문입니다.
· 아무도 그가 갖고 태어난 권리에 대해 이의를 제기할 수 없기 때문입니다.

세상 규칙을 뒤엎는 소식

큰아들은 가장 좋고, 가장 크고, 가장 많은 몫을 차지합니다. 그래서 큰아들로 태어나면 참 좋은 것입니다! 그러나 큰아들로 태어나고 싶다고 그것이 어디 마음대로 되는 일입니까?

여러분이 만일 둘째 아들로 태어났다고 합시다. 아니면 딸로 태어났다고 합시다. 참 안됐습니다! 이것이 고대 사회의 일반적인 풍속이었고 전통이었습니다.

이러한 장자권에 대한 규칙은 장자로 태어나지 않은 사람에게는 커다란 손해를 끼치거나 불이익을 가져다 줍니다. 장자로 태어나지 않은 사람은 종이나 하인이 될지도 모릅니다. 그렇지 않으면 빈곤 가운데서 허덕여야 할지도 모릅니다.

그렇다면 이제, 야곱과 에서의 이야기가 성경에 들어 있는 이유가 분명해졌습니다. 그 이야기가 성경에 기록되어 있는 이유는,
- 만일 야곱처럼 정말 열심히 일하고, 인생 길 앞에 열려져 있는 무한한 가능성들을 집요하게 노력하고 추구하면 반드시 성공할 수 있다는 것을 보여 주기 위해서가 아닙니다.
- 둘째 아들이라도 노력하면 반드시 그 역경을 물리치고 성공할 수 있다는 것을 말하기 위함도 아닙니다.
- 아무리 장애가 많다 하더라도 불굴의 의지를 갖고 노력하면 성공은 반드시 찾아온다는 것을 가르치기 위해서도 아닙니다.
- '하늘은 스스로 돕는 자를 돕는다' 는 세간의 경구를 확인시켜 주기 위해서도 아닙니다.

야곱과 에서의 이야기가 성경 안에 들어 있는 이유는, 그 이야기가 '좋은 소식', 아니 '현란한 소식' 이라고 불리는 복음을 담고 있기 때문입니다.
- 하나님은 패배자, 희생자, 열등한 자를 생각해 주신다는 것,
- 하나님은 운 좋은 큰아들 주변의 불행한 형제 · 자매들을 눈여겨보신다는 것,

이것이 복음이요 좋은 소식입니다.

야곱과 에서의 이야기는,
- 하나님은 특권을 가진 큰아들의 위치를 뒤엎어 버리시고,
- 두 번째로 태어난 아들에게 특별한 호의를 보여 주신다는 충격적인 소식을 담고 있는 복음입니다.

야곱과 에서의 이야기는,
- 형인 에서가 아니라 동생인 야곱이 하나님의 큰 복을 받는 수혜자

가 되었다는 좋은 소식입니다.
- 형인 에서가 아니라 동생인 야곱이 하나님이 아브라함에게 주셨던 복, 곧 "내가 너에게 이 땅을 주리라. 내가 너를 큰 민족을 이루게 하리라. 너를 축복하는 자를 내가 복 주리라. 내가 너를 통하여 땅의 모든 백성을 복 주리라"는 복의 수혜자가 되었다는 좋은 소식을 담은 복음입니다.

만일 야곱이 그에게 주신 약속을 이루기 위해 하나님을 의지했더라면, 그는 인생을 좀 더 즐겁게 살았을 것입니다. 야곱은 하나님이 그에게 주시려고 했던 복을 위해 투쟁하지 않아도 되었을 것입니다. 왜냐하면 하나님은 그에게 복을 '선물' divine gift 로 주시려고 했기 때문입니다. 그러나 그는 그것을 기다리지 못하고, 성급하게 그 복을 자기 뜻대로 쟁취하려고 투쟁했습니다. 참으로 안타까운 일입니다. 가만히 있었으면 될 것을 말입니다. 선물은 주는 자 마음대로입니다. 주는 사람이 주고 싶은 사람에게 주는 것이 선물입니다. 신의 선물인 '복' 역시 마찬가지입니다.

하나님의 선택과 사랑

잠시 중요한 문제를 언급하겠습니다. 성경 인물에 관한 것입니다. 성경에 등장한 인물들에 대해 우리는 어떻게 이해해야 할 것인가 하는 문제입니다. 대부분의 경우,
- 사람들은 구약 성경의 이야기들을 도덕적 관점에서 읽습니다.
- 사람들은 구약 성경의 이야기들을 읽으면서 몇 가지 중요한 도덕적 교훈을 얻으려고 합니다.
- 사람들은 보통 구약 성경에 등장하는 어떤 인물들을 우리가 본받

아야 할 모델로 생각하곤 합니다.

그러나 여기에 문제가 있습니다.
- 이런 인물들은 결코 우리가 본받아야 할 모델들로 의도된 사람들이 아닙니다.
- 아브라함은 우리가 따라야 할 모델이 아닙니다.
- 아브라함은 자기 아내를 애굽 왕 바로의 빈궁嬪宮으로 팔았던 치사한 인간입니다.

야곱 역시 우리가 뒤따라야 할 모델도, 그렇다고 영웅도 아닙니다.
- 그가 얼마나 간사하고 이기적인 인간입니까?
- 앞을 보지 못하는 아버지를 속이고 형의 장자권을 치사한 방식으로 탈취한 비열한 인간 아닙니까?
- 성공을 위해서라면 명예도 체면도 인륜도 기꺼이 버릴 각오를 한 세속적인 인간이었습니다.

그러므로 야곱과 에서 사이에 발생한 이야기는 도덕적 잣대로 읽어서는 안 되는 것입니다.
- 그와 에서 사이에 일어난 갈등은 도덕적 갈등이 아닙니다.
- 좋은 사람과 나쁜 사람 사이의 갈등도 아닙니다.
- 야곱과 에서 사이의 갈등은 하나님의 복을 놓고 다투는 두 경쟁자 간의 갈등입니다.
- 그들은 하나님이 이미 그 복을 받을 사람을 결정하셨다는 사실도 모른 채 다투었습니다.
- 하나님이 선택한 자들이라고 해서 하나님이 선택하지 않은 사람들보다 도덕적으로 우수한 것이 아닙니다.

예를 들어,
- 아브라함은 애굽의 왕보다 도덕적으로 낫던 것이 아니었습니다.
- 이삭이 이스마엘보다 도덕적으로 훌륭했던 것도 아니었습니다.
- 야곱이 형 에서보다 도덕적으로 탁월했던 것도 아니었습니다.

- 하나님이 아브라함과 이삭과 야곱에게 복을 주신 것은 그들이 복을 받을 만했기 때문이 아닙니다.
- 하나님이 야곱을 사랑하신 것은 그가 사랑받을 만한 인물이었기 때문이 아닙니다.
- 하나님이 야곱을 사랑하신 것은 하나님이 '그러한' 분이셨기 때문입니다.

인간을 향한 하나님의 사랑은 인간의 의지나 노력, 분발이나 수고에 달려 있지 않다고 성령은 바울을 통해 로마서 9장에서 말씀하십니다. 그것은 '자비와 긍휼을 베푸시는 하나님'께 달려 있습니다.

성경은 하나님이 바로에게 다음과 같이 말씀하고 있다고 보고합니다. "내가 너를 일으켜 세운 것은 네가 위대해서가 아니라, 네 속에 '나의 능력'이 있다는 사실을 보여 주기 위함이고, 그렇게 함으로써 내 이름이 온 세상에 널리 선포되게 하기 위함이다."

그렇습니다. 그런 이유 때문에 하나님은 자비를 베푸시려고 택한 자에게는 자비를 베푸시고, 강퍅하게 하시려고 택한 자에게는 강퍅한 마음을 주시는 것입니다.

야곱과 에서의 이야기는 사실상 그들에 관한 이야기가 아닙니다. 그 이야기는 에서가 아닌 야곱을 선택하신 '하나님에 대한 이야기'입니다.

'갈등의 사람'으로 부르심

이 사실을 마음에 두고, 다시금 이번 장 성경 본문의 첫 부분을 읽어 봅시다.

이삭은 자기 아내가 임신하지 못하므로 아내가 아이를 가지게 해 달라고 주께 기도하였다. 주께서 이삭의 기도를 들어주시니, 그의 아내 리브가가 임신하게 되었다. 그런데 리브가가 쌍둥이를 배었는데 그 둘이 태 안에서 서로 싸웠다. 그래서 리브가는 "이렇게 괴로워서야, 내가 어떻게 견디겠는가?" 하면서 이 일을 알아보려고 주께로 나아갔다. 주께서 그에게 대답하셨다. "두 민족이 너의 태 안에 들어 있다. 너의 태 안에서 두 백성이 나뉠 것이다. 한 백성이 다른 백성보다 강할 것이다. 형이 동생을 섬길 것이다(창 25:21-23, 표준새번역).

"형이 동생을 섬길 것이다." 얼마나 파격적이고 혁명적인 선언입니까! 우리의 고정관념과 전통적 인습을 깨부수는 듯한 말씀입니다. 매우 전복顚覆적인 말씀입니다.

하나님이 리브가에게 말씀하십니다.
- 형이 동생을 섬기리라.
- 큰 자가 작은 자를 섬기리라.
- 장자인 에서가 둘째로 태어난 야곱을 섬기리라.

이렇게 말씀하심으로써, 하나님은 고대 중동의 사회적 · 법률적 제도 자체를 완전히 뒤집어엎어 버리고 계십니다. 사람들이 가지고 있던 전통과 인습, 구태의연한 사고방식을 180도 바꾸고 계십니다.

그렇습니다. 하나님은 바로 이런 분이십니다. 그는 모든 전통적 지혜를 전복시키시는 분입니다. 그렇기 때문에, 야곱의 삶은 처음부터 쓰라린 갈등 그 자체입니다. 출생 이전부터 하나님은 야곱을 갈등의 사람으로 작정하셨던 것입니다. 다시 말해서, 하나님은 야곱의 인생이 갈등으로 점철되도록 이미 작정하셨다는 것입니다.

이 갈등은 리브가의 임신 중에 시작되었습니다. 야곱과 에서는 어머니 리브가의 태 안에서 이미 자리다툼을 시작했던 것입니다.

- 야곱이 문제를 가지고 있었던 것이 아닙니다.
- 야곱 자체가 문제입니다.
- 야곱이란 인물 자체가 풀어야 할 문제입니다.
- 그는 '문제'로 태어난 것입니다.
- 더욱이 야곱은 갈등을 초래하고 있습니다.
- 그는 스스로에게 갈등거리이며 그를 둘러싼 주위 사람들에게도 문젯거리입니다.

하나님이 자신의 복을 전달하는 채널로 에서 대신 야곱을 선택하기로 결정하신 일 때문에, 야곱은 쓰라린 갈등과 고통스런 다툼 속으로 들어가게 된 것입니다.

- 에서와의 갈등
- 그의 외숙부인 라반과의 갈등
- 레아와 라헬 간의 갈등 속에서 갈등
- 자기 자녀들과의 갈등
- 심지어 하나님과의 갈등

야곱이 가는 곳마다, 그가 만나는 사람들마다, 갈등이 초래됩니다. 그러나 … 이 갈등은 야곱이 만들고 있는 것이 아닙니다. 그가 만들고 다니는 갈등들은 야곱이 출생하던 때에 하나님이 하신 말씀, "형이 동생을 섬길 것이다"에 의해 초래된 태생적 갈등들입니다.

우리는 야곱을 우리의 조상이라고 합니다. 마치 아브라함과 이삭을 우리의 조상이라고 부르듯이 말입니다. 왜 그렇게 말합니까? 왜 우리는 야곱을 우리의 조상이라고 부릅니까? 무슨 이유로 우리는 야곱을 우리의 조상이라고 부르는 것입니까? 그 이유는, 그가 겪었던 동일한 갈등을 그리스도의 제자들로서 우리도 겪고 있기 때문입니다. 그리스도가 다음과 같이 말씀하신 적이 있습니다.

만일 세상이 너희를 미워한다면, 그것은 세상이 너희를 미워하기 전에 먼저 나를 미워한 것인 줄 알라. 만일 너희가 세상에 속하였으면 세상이 너희를 사랑할 것이다. 그러나 너희는 세상에 속한 자가 아니요 내가 세상에서 택한 자들이기 때문에, 세상이 너희를 미워하느니라(요 15:18-19).

그렇습니다. 나의 제자가 되라는 예수님의 부르심은, 우리를 야곱이 처했던 갈등과 동일한 환경 속에 놓습니다. 그들은 예수님의 택함을 받은 제자들이기 때문에 세상과 갈등하고, 세상으로부터 미움을 받게 된다는 말씀입니다.

"큰 자가 작은 자를 섬기리라", "형이 동생을 섬기리라." 이 말씀들은 우리가 알고 있는 모든 전통적인 지혜와 인습들을 뒤엎어 버립니다.

- 이 말씀은 모든 세속적 지혜를 전복시킵니다.
- 이 말씀은 우리들에게, 우리는 이 세상이 움직여 가는 방식에 사로잡혀 있지 않다고 말합니다.
- 이 말씀은 여자들에게, 이 세상이 지금처럼 구성되고 진행되는 방식에 그들이 사로잡혀 있지 않다고 말합니다.
- 이 말씀은 여자들에게, 교회들이 지금처럼 구성되고 운영되는 방식에 그들이 인질로 잡혀 있지 않다고 말합니다.

―리브가가 살던 세상의 인습적인 지혜는, 먼저 태어난 아들이 항상 먼저이고 특별한 사랑을 받아야 한다고 주장합니다.
―리브가가 살던 세상이 보여 주던 인습적인 지혜는, 남자들에게는 자연적인 권한과 누구도 빼앗을 수 없는 권리가 주어졌다고 주장합니다.

큰 자가 작은 자를 섬기리라

그러나 리브가에게 하신 하나님의 말씀 "큰 자가 작은 자를 섬기리라"는

- 이러한 주장들에 대해 강한 의문 부호를 붙입니다.
- 첫 번째로 태어난 아들의 권리에 대해 강한 의문을 제기합니다.
- 사회의 근본적인 확신을 뒤흔들어 버립니다.

그런데 이러한 근본적인 의문 제기는 많은 사람들의 감정을 건드릴 것입니다. 정서적인 반발을 불러일으킬지도 모릅니다. 우리는 이러한 것을 경험으로 잘 알고 있습니다. 그러나 전통과 인습과 확신을 건드리고 뒤엎는 일을 하시는 분이 바로 이 장의 본문 가운데 나타난 하나님이십니다.

하나님은 야곱을 '갈등의 사람'으로 부르셨습니다. 왜냐하면 하나님 자신이 '갈등의 하나님' 이시기 때문입니다.

"큰 자가 작은 자를 섬기리라"는 말씀을 하심으로써, 하나님은 이 세상이 알고 있는 모든 배열arrangement 들을 뒤엎으시겠다는 것입니다. 어떤 배열입니까?

- 어떤 사람들은 자동적으로 가장 높은 곳에 놓고, 다른 사람들은 자동적으로 맨 밑바닥에 놓는 배열입니다.

- 교회에서 남자들은 자동적으로 리더십 위치에 놓고 여자는 그러한 위치에서 배제하는 배열일 수도 있습니다.
- 먼저 포도원에 들어왔으므로 당연히 더 많은 임금을 받도록 만든 제도일 수도 있습니다.

이러한 모든 상황에 대해 하나님은 엄히 말씀하십니다.
- 강한 자가 약한 자를 섬기리라.
- 혜택 받고 있는 자들이 혜택을 받지 못한 자들을 섬기리라.
- 건강한 자가 지체장애우를 섬기리라.
- 우세한 자가 열세한 자를 섬기리라.
- 남자가 여자를 섬기리라.
- 주인이 종을 섬기리라.
- 유명한 자가 별 볼일 없는 사람을 받들리라.
- 유명 스타가 무명 스타를 섬기리라.
- 큰 자가 작은 자를 섬기리라.
- 형이 동생을 섬기리라.

우리는 이러한 하나님의 파격적인 은총에 입을 다물 뿐입니다. 전혀 예기치 않은 방식으로 사람을 선택하시고 자신의 백성으로 삼으시는 하나님의 일 솜씨에 그저 놀랄 뿐입니다.
그래서 우리에게는 '하나님의 부르심'을 보라는 바울의 말씀이 새롭게 들려오는 것입니다.

형제들아, 너희를 부르심을 보라. 육체를 따라 지혜 있는 자가 많지 아니하며 능한 자가 많지 아니하며 문벌 좋은 자가 많지 아니하도다. 그러나 하나님께서 세상의 미련한 것들을 택하여 지혜 있는 자들을 부끄럽게 하려 하시고, 세상의 약한 것들을 택하여 강한 것들을 부끄럽게 하려 하시며, 하나님께서 세상의 천한 것들과 멸시받는 것들과 없는 것들을 택하여 있는 것들을 폐하려 하시나니 이는 아무 육체라도 하나님 앞에서 자랑하지 못하게 하려 하심이라. … 그러므로 자랑하는 자는 주 안에서 자랑하라(고전 1:26~31). 아멘.

축복 5

하나님이 우리를 '선택'하신 이유
창세기 39:1-5; 41:53-57

이집트로 끌려갔다. 요셉을 이집트로 끌고 내려간 이스마엘 사람들은, 바로의 신하인 경호대장 이집트 사람 보디발에게 요셉을 팔았다. 주님께서 요셉과 함께 계셔서, 앞길이 잘 열리도록 그를 돌보셨다. 요셉은 그 주인 이집트 사람의 집에서 살게 되었다. 그 주인은, 주님께서 요셉과 함께 계시며, 요셉이 하는 일마다 주님께서 돌보신다는 것을 알았다. 주인은, 요셉이 눈에 들어서, 그를 심복으로 삼고, 집안 일과 재산을 모두 요셉에게 맡겨 관리하게 하였다. 그가 요셉에게 자기의 집안 일과 그 모든 재산을 맡겨서 관리하게 한 그 때부터, 주님께서 요셉을 보시고, 그 이집트 사람의 집에 복을 내리셨다. 주님께서 내리시는 복이 그 주인의 집 안에 있는 것이든지, 밭에 있는 것이든지, 그 주인이 가진 모든 것에 미쳤다.…이집트 땅에서 일곱 해 동안 이어가던 풍년이 지나니, 요셉이 말한 대로 일곱 해 동안의 흉년이 시작되었다. 온 세상에 기근이 들지 않은 나라가 없었으나, 이집트 온 땅에는 아직도 먹거리가 있었다. 그러나 마침내, 이집트 온 땅마저 굶주림에 빠지자, 그들은 바로에게 먹을 것을 달라고 부르짖었다. 바로는 이집트의 모든 백성에게 "요셉에게로 가서, 그가 시키는 대로 하여라" 하였다. 기근이 온 땅에 들었으므로, 요셉은 모든 창고를 열어서, 이집트 사람들에게 곡식을 팔았다. 이집트 땅 모든 곳에 기근이 심하게 들었다. 기근이 온 세상을 뒤덮었으므로, 다른 나라 사람들도 요셉에게서 곡식을 사려고 이집트로 왔다.

What Election Is For?

요셉의 주님께서 요셉과 함께 계셔서,

앞길이 잘 열리도록 그를 돌보셨다.

요셉은 그 주인 이집트 사람의 집에서 살게 되었다.

그 주인은, 주님께서 요셉과 함께 계시며,

요셉이 하는 일마다 잘 되도록 주님께서 돌보신다는 것을 알았다.

_창세기 39:2-3

이집트 온 땅의 백성이 굶주림에 빠지자

그들은 바로에게 먹을 것을 달라고 부르짖었다.

바로는 이집트의 모든 백성에게 "요셉에게로 가서 그가 시키는 대로 하여라"

하였다. 온 땅에 기근이 들었으므로, 요셉은 모든 창고를 열어서

이집트 사람들에게 곡식을 팔았다.

이집트 땅 모든 곳에 기근이 심하게 들었다.

기근이 온 세상을 뒤덮고 있었으므로 다른 나라 사람들도

요셉에게서 곡식을 사려고 이집트로 왔다.

_창세기 41:55-57

요셉의 이야기는 매우 깁니다. 요셉의 길고 긴 인생 여정은 13장에 걸쳐 전개됩니다. 창세기에 기록된 다른 이야기들은 대부분 기껏해야 20절에서 30절에 불과하지만 요셉의 이야기는 거의 400절에 이릅니다. 더욱이 요셉의 이야기는 그에 관한 여러 가지 이야기들을 모아놓은 것이 아니라 하나의 통일된 이야기로 구성되어 있다는 점에서 참으로 놀랍습니다. 한 장을 읽으면 그 다음 장으로 계속 이야기가 전개되어 갑니다. 다른 장들과 달리, 개별적이고 독립된 이야기를 담고 있는 장은 한 장도 없습니다. 이것이 요셉 이야기의 특성입니다.

그럼에도 불구하고 한 가지 의아한 점이 있습니다. 그것은 요셉 이야기 전체를 다 읽었다 해도 독자들은 "도대체 이 이야기는 무엇을 말하고 있는 것일까?" "무슨 목적을 갖고 있는 것일까?" "이 이야기의 요점은 무엇인가?" 하는 질문에 정확하게 답을 내리지 못한다는 것입니다.

우선, 요셉 이야기의 핵심을 파악하기 위해 연상되는 몇 가지 단서를 짚어 보도록 하겠습니다.

믿음의 눈으로 미래를 본 요셉

먼저 요셉 이야기의 요점은 그가 입었던 '의복'들과 관련 있는 것일까요? 요셉 이야기는 여러 번에 걸쳐 의복에 관해 언급하고 있습니다.

· 형들 마음에 질투와 증오를 불러일으켰던 요셉의 색동옷
· 형들의 죄를 숨기고 있던, 피로 물든 요셉의 의복
· 보디발 아내의 손에 남겨진 요셉의 겉옷

· 요셉이 애굽의 제2인자가 되던 날 바로로부터 하사받은 의복

요셉의 이야기는 바로 이러한 요셉의 옷에 관한 이야기인가요? 아니면, 요셉의 이야기는 '꿈'들에 관한 이야기인가요?
· 요셉이 열일곱 살 되었을 때 꾸었던 꿈들
· 요셉으로 하여금 형들의 미움을 사게 만들었던 그 꿈들
· 바로 황제의 술 맡은 관리와 빵 굽는 관리가 꾸고 요셉에게 말해 주었던 꿈들
· 초췌한 일곱 마리 소와 살진 일곱 마리 소가 나일 강으로부터 올라오는 것에 대한 바로의 꿈

요셉 이야기를 전체적으로 놓고 볼 때 도대체 무엇이 이야기의 주제이고 핵심인지 정확하게 발견하기가 참으로 어렵다는 것을 알게 됩니다. 즉 이야기가 전개되어 가면서 여러 가지 사건들이 발생하고, 그리고 여러 중심 인물들이 등장합니다. 그러나 그 중 한 사건이나 한 인물에 중심이나 초점을 맞추어 전체 이야기를 일관성 있게 이해하지는 못합니다.

요셉은 수많은 문제들과 난관들, 그리고 위기들을 지나게 됩니다. 그는 또한 수많은 사람들을 만나고 그들을 겪게 됩니다. 그렇기 때문에 우리는 요셉 이야기의 중심 주제가 정확히 무엇인지를 확신할 수 없게 되는 것입니다.

혹시 신약 성경이 요셉 이야기에 관해 어떤 밝은 빛을 던져 주고 있는 것은 아닐까요? 신약 성경은 요셉에 관해 단 한 번 말하고 있습니다. 히브리서 11장입니다.
· 믿음으로, 아벨은 하나님께 희생 제물을 드렸습니다.
· 믿음 때문에, 에녹은 '데려감'을 얻었으며, 그래서 그는 죽음을 경

험하지 않았습니다.
- 믿음으로, 노아는 방주를 지었습니다.
- 아브라함은 그가 부르심을 받았을 때 믿음으로 순종했습니다.
- 믿음으로 야곱은 요셉의 아들들 하나하나에게 축복했습니다.

그리고 히브리서 11장은 요셉에 대해서 말하기 시작합니다.

히브리서 11장은 야곱의 다른 아들들 11명에 대해서는 아무 언급도 하지 않습니다. 심지어 요셉의 친동생 베냐민이 애굽에 억류될지도 모를 지경에 이르렀을 때 그의 생명을 대신 보증서겠다고 나선 형 유다에 대해서도(참조. 창 43장) 전혀 언급하지 않고 있습니다.

히브리서 11장은 오로지 요셉만을 언급하고 있습니다. "믿음으로 요셉은…"

- 믿음으로 요셉이 무엇을 했다는 것입니까?
- 요셉이 믿음으로 무엇을 어떻게 했기에 우리가 본받을 만한 신앙적 모델이 된다는 말입니까?

자, 다음의 세 가지 가능한 답들 중 맞는다고 생각되는 답 하나를 선택해 보십시오.

첫째, 히브리서 11장은 다음과 같이 말하고 있다.

"믿음으로 요셉은 보디발의 아내의 성적 유혹을 물리쳤다. 왜냐하면 그는 그의 애굽 주인인 보디발보다 하나님을 더 두려워했기 때문이다."

둘째, 히브리서 11장은 다음과 같이 말하고 있다.

"믿음으로 요셉은 바로의 꿈들을 해석했다. 그렇게 함으로써 그는 많은 사람들이 기근과 기아로 죽어 갈 상황에서 구원해 냈다."

셋째, 히브리서 11장은 다음과 같이 말하고 있다.

"믿음으로 요셉은 그의 형님들에게 복수하지 않았다. 왜냐하면 그는 하나님이 그들의 사악함을 통해서 많은 사람들이 생존할 수 있도록 하시는 것을 보았기 때문이었다."

이상의 세 가지 대답들 중 어느 것이 가장 성경적인 대답이라고 생각하십니까? 세 가지 진술 중 어느 진술이 히브리서 11장에서 말하고자 하는 내용과 일치한다고 생각하십니까? 답은? 아무것도 아닙니다. 위에서 든 어느 대답도 성경에서 말하고자 하는 내용이 아닙니다.

그렇다면… 히브리서 11장이 말하고 있는 바는 이것입니다. "믿음으로 요셉은 임종시에 이스라엘 자손들의 떠날 것(출애굽)을 말하고 또 자기 해골을 위하여 명하였으며"(22절).

믿음으로 요셉은 그의 생의 마지막에 이스라엘인들이 출애굽 할 것을 언급하고 있으며, 또한 믿음으로 요셉은 자신의 장례식에 대해 지시했던 것입니다. 다시 말해서 그는 이스라엘인들이 출애굽 할 것이라는 사실을 '믿음으로' 말하고 있는 것이며, 또한 그는 그들이 출애굽 할 때 자신의 뼈도 함께 가지고 나갈 것이라고 '믿음으로' 말하고 있는 것입니다. 참으로 대단한 믿음입니다. 그는 제3의 눈, 즉 믿음의 눈으로 전혀 불가능한 세계(애굽에서 반드시 나간다는 사실)를 분명한 세계를 바라보듯이 바라보고 있는 것입니다.

- 그렇다면 출애굽을 언급하는 것이 어떻게 믿음의 행동이 된다는 말입니까?
- 어떻게 해서 자신의 장례식에 관해 얘기하고 준비하도록 한 것이 신앙의 행동이란 말입니까?
- 도대체 무엇이 핵심입니까?
- 신앙의 위대성은 어느 곳에 있다는 말입니까?

이러한 질문에 대답하기 전에 먼저 다시 한번 생각해 보십시오.

- 요셉이 말하고자 하는 핵심이 정확하게 무엇입니까?
- 지금 요셉은 무엇을 말하려고 하는 것입니까?

요셉은 이스라엘인들에게
- 그들의 '하나님의 선택'을 일깨워 주고 있습니다.
- 다시 말해서, 아브라함 안에서 그들이 선택받은 사실을 상기시키고 있습니다.
- 하나님이 아브라함에게 주신 약속들을 기억하게 하는 것입니다.

하나님은 아브라함을 선택하시면서, 즉 이 세상의 모든 민족 가운데서 아브라함을 선택하시면서, 다음과 같이 말씀하셨습니다. "너는 네 나라를 떠나 내가 네게 보여 줄 땅으로 가라!"
- 내가 너를 큰 민족이 되게 할 것이다.
- 내가 너에게 복을 줄 것이다.
- 내가 너의 이름을 크게 할 것이다.
- 너의 평판이 널리 온 천지에 퍼지게 할 것이다. 그리하여 너는 '복'이 될 것이다.
- 나는 너를 축복하는 사람들에게 복을 줄 것이다.
- 너를 통하여, 그리고 네 안에서 지구상의 모든 가족이 복을 받게 될 것이다.

요약하자면, 하나님이 아브라함에게 다음 세 가지를 주시기로 약속하고 계신 것입니다.
- 번성의 약속("내가 너로 큰 민족을 이루게 하리라")
- 땅의 약속("네 후손들에게 내가 이 땅을 주리라")
- 사명의 약속("너를 통하여 땅의 모든 민족이 복을 얻게 될 것이다")

요셉이 그의 생애 마지막 순간에 말하고 있는 바는,
- 이스라엘이 역사 안에서 그가 받은 사명을 성취하기 위해서는,
- 이스라엘이 하나님에 의해 선택받은 사실에 충실하기 위해서는, 이스라엘은 반드시 현재의 애굽 땅에서 벗어나 하나님이 약속하신 '약속의 땅'을 향한 길에 올라야 한다는 것입니다.

이스라엘이 '선택받음'과 '맡겨진 사명'에 충실하고 신실하려 한다면, 우선 반드시 출애굽이 있어야 한다는 것입니다.
- 요셉은 이스라엘이 애굽에 눌러앉을까 두려워하는 것입니다.
- 요셉은 이스라엘이 애굽에 안주할까 걱정스러웠던 것입니다.
- 요셉은 이스라엘이 애굽에 의해 흡수될까 두려웠던 것입니다.
- 요셉은 이스라엘이 애굽을 향한 그의 사명을 망각할까 두려웠던 것입니다.

그래서 요셉은 믿음으로 그의 생애 마지막 순간에 이스라엘인들의 출애굽에 대해 언급했습니다.

축복과 풍요의 통로가 된 요셉

어쩌면 어떤 분들은 다음과 같은 질문을 할지도 모르겠습니다. "자, 좋습니다. 히브리서 11:22의 그 부분은 이제 분명해졌습니다. 즉 출애굽에 관한 부분 말입니다. 그러나 또 다른 부분에 대해서는 어떻게 이해해야 합니까? 믿음으로 요셉은 그의 생애 마지막 순간에 그의 뼈에 대해 지시하고 있다고 말하는 부분 말입니다. 자신의 죽은 뼈들에 대해, 즉 자신의 시신에 대해 이런 저런 지시를 내리는 행동이 어떻게 믿음의 행위가 된다는 말입니까? 어떻게 신약 성경은 그런 지시를 내리는

행위를 믿음의 행위라고 말하는 것이죠?"

창세기 마지막 장의 끝 부분인 50:25에서 임종 직전의 요셉은 이스라엘인들에게 자기 유골을 애굽에서 약속된 땅으로 메고 올라갈 것을 엄숙하게 맹세시킵니다. 그리고 바로 그 다음 절, 즉 창세기의 마지막 절에서 우리는 요셉이 죽어 사람들이 그의 시신에 염을 하고 관에 넣었다는 기사를 읽게 됩니다.

출애굽기 13:19에 따르면, 약 400년 후에 모세는 자기 유골을 애굽에서 약속된 땅으로 메고 올라갈 것을 엄숙하게 맹세시켰던 요셉의 유언에 따라 요셉의 유골을 메고 애굽을 탈출했다고 기록하고 있습니다.

그리고 여호수아 24:32에서 우리는 이스라엘인들이 애굽에서 가지고 나온 요셉의 뼈들을 세겜에 묻었다는 소식을 접하게 됩니다. 야곱이 하몰 자손으로부터 구입한 토지에 묻었다는 것입니다.

그렇다면 왜 이렇게 요셉의 뼈들에 대해 야단법석을 떨고 있는 것일까요? 요셉의 뼈들은 뼈 이상의 의미를 갖고 있기 때문입니다.

· 그것들은 '목소리'를 갖고 있습니다.
· 그것들은 '메시지'를 지니고 있습니다.
  – 그것들은 아브라함에게 주신 '하나님의 약속'에 대해 말하고 있습니다.
  – 그것들은 이스라엘에게 '선택받은 일'에 대해 상기시켜 주고 있습니다.
  – 그것들은 이스라엘에게, 하나님이 그들을 선택하신 것은 그들을 통해 이 세상 모든 민족에게 하나님의 복을 전달시키시려는 것임을 상기시켜 주고 있습니다.

히브리서 11장에 의하면 요셉 이야기의 초점은,
· 아브라함과 그의 후손을 뽑으신 하나님의 '선택' 입니다.

- 이스라엘을 큰 민족으로 만드시고, 이스라엘에게 땅을 주시고, 지구상의 모든 민족에게 하나님의 복을 전달하는 도구가 되게 하시겠다는 하나님의 약속입니다.

창세기 39:1-5을 보십시오.
- 여기서 요셉은 그가 받은 '하나님의 선택'[1]을 그대로 살아가고 있는 모습을 보여 주고 있습니다.
- 여기서 요셉은 자신의 '선택받음'의 사실(환경)을 진심으로 받아들여 신실하게 살아가고 있습니다.
- 여기서 하나님은 요셉 때문에 보디발의 집에 복을 주십니다.

요셉은 쉽게 그의 본성에 따라 행동할 수도 있었을 것입니다. 요셉은 그의 애굽인 상전을 증오할 수도 있었을 것입니다. 외국인을 증오하는 것은 그리 어렵지 않습니다. 특히 그들이 나를 노예로 삼아 부릴 때는 더욱 그럴 것입니다.

그러나 본문의 내용은 일반적으로 매우 상상하기 어려운 내용입니다. 아니, 전혀 상상할 수 없는 내용입니다. 보디발이 요셉을 그의 집을 다스리고 관리하는 책임자로 삼은 그때부터 여호와 하나님은 요셉을 인하여 보디발의 집에 복을 주셨다고 말하고 있기 때문입니다. 노예로 팔려 온 요셉이라는 청년 때문에 보디발의 집이 복을 받게 되었다는 것입니다. 이것은 놀라운 비밀입니다. 아니, 우리의 정체성에 관한 비밀을 내포하고 있는 말씀입니다.

여호와 하나님의 복은 보디발이 소유하고 있던 모든 것 위에 내렸습니다. 그래서 보디발은 그의 전 재산을 요셉의 손에 맡겼습니다. 요셉이 그에게 있는 한 보디발은 전혀 걱정할 일이 없게 되었습니다.

그러나 요셉이 보디발의 집을 떠나자마자 하나님의 복도 역시 떠나게 됩니다.
요셉이 감옥에 갇혀 있을 때도 마찬가지였습니다.
· 감옥에서도 하나님은 요셉과 함께 하셨습니다.
· 감옥에서도 하나님은 요셉을 통하여 그분의 복들을 다른 이들에게 전달하셨습니다.

이러한 사실은 성경에서 다음과 같이 읽게 됩니다. "교도소장이 감옥에 있던 모든 죄수들을 요셉에게 맡겼으며 감옥에서 일어나는 모든 일을 요셉이 감독하도록 맡겼다. 요셉에게 모든 것을 맡긴 교도소장은 아무런 걱정도, 아무런 간섭도 하지 않았다. 왜냐하면 하나님께서 요셉과 함께 하셨기 때문이었다."
· 이것이 실질적으로 작동하고 있는 '선택'입니다.
· 이런 사실은 선택이 얼마나 실제적이고 일상적인 실체인가를 보여 줍니다.
· 이런 사실은 우리의 선택이 우리의 직장에서 엄청난 차이를 만들어 낸다는 것을 보여 줍니다.

감옥에서 석방되고 애굽 왕실에서 제2인자의 자리까지 올라갔을 때에도, 요셉은 계속해서 하나님의 복을 전달하는 통로로 남아 있었습니다. 애굽인들뿐만 아니라 그 주변의 다른 나라 사람들에게도 복을 전달하는 도구가 되었던 것입니다.

창세기 41장에서는 애굽뿐 아니라 그 주변 나라들에도 심한 기근이 있었다는 소식을 접하게 됩니다. 그러나 애굽 땅만은 풍부한 식량이 있었습니다.

그때 기근이 너무도 심하였기 때문에 '온 세상'[2] 모든 사람들이 식량과 곡물을 구입하기 위해 애굽의 요셉에게로 왔습니다.

- 요셉을 통하여, 세상의 '모든 민족'이 기근에서 벗어나 배부름을 얻게 되는 것입니다.
- 요셉을 통하여, 세상의 '모든 백성'이 복을 받게 된 것입니다.

왜 그렇습니까?
- 아브라함에게 주신 하나님 약속의 직접적인 성취요 실현이기 때문입니다.

어떤 약속이었습니까?
- 아브라함과 그의 후손을 통하여 세상의 모든 민족이 복을 얻게 된다는 약속이 아니겠습니까!

그렇습니다!
- 성경의 하나님은 선택하시는 하나님입니다.
- 성경의 하나님은 한 백성을 선택하신 후 그들을 통하여 그분의 은혜와 신실하심을 세상에 전달하기 원하시는 하나님입니다.
- 성경의 하나님은 한 백성을 선택하신 후 그들을 통하여 땅의 모든 백성을 축복하기를 바라시는 하나님입니다.
  - 이런 이유 때문에 성경은 '이스라엘의 이야기'를 들려줍니다.
  - 이런 이유 때문에 성경은 '요셉의 이야기'를 들려줍니다.
  - 이런 이유 때문에 성경은 '그리스도의 이야기'를 들려줍니다.
  - 이런 이유 때문에 성경은 '교회의 이야기'를 들려줍니다.

하나님의 도구로 택함 받은 우리

베드로 사도는 말씀하십니다.
- 교회는 '택함'을 받은 종족이다.

- 교회는 '선택받은' 민족이다.
- 교회는 숭고한 제사장적 사역의 사명을 위하여 '선택' 받았다.

제사장적 사역을 위해 부르심召命을 받았다는 뜻은 무엇입니까?[3]
- 하나님의 복을 전달하는 '도구'가 되기 위해 부르심을 받았다는 뜻입니다.
- 세상을 향한 하나님의 '복의 소리' (복음)가 되기 위해 선택받았다는 뜻입니다.
- 하나님이 우리를 위해 밤낮으로 만들어 가시는 놀라운 차이점들을 다른 사람들에게 전하기 위해 우리가 택함을 받았다는 뜻입니다.

그렇습니다! 당신 안에서, 당신을 통하여 이 세상 모든 나라와 민족이 복을 받을 것입니다! 이것이 우리가 하나님의 택함을 받은 목적입니다. 이것이 하나님이 그리스도 안에서 우리를 택하신 이유입니다.
- 한 사람 때문에 가정 전체의 분위기가 망쳐질 수 있는 것처럼,
- 한 사람 때문에 직장 분위기가 썰렁해질 수 있는 것처럼,
- 한 사람 때문에 교회의 분위기가 냉랭해지거나 서먹서먹해질 수 있는 것처럼,
- 한 사람 때문에 모든 사람이 복을 받을 수 있습니다.
- 한 사람이 모든 사람을 위한 복의 근원이 될 수 있는 것입니다.
- 하나님은 바로 내가 그런 사람이 되기를 원하십니다.
- 하나님은 바로 내가 그런 사람이 되라고 부르신 것입니다.
- 하나님은 바로 내가 그런 사람이 되라고 택하신 것입니다.

그렇습니다! 당신 안에서, 당신을 통하여 이 세상 모든 나라와 민족들이 복을 받을 것입니다![4]

아브라함의 하나님, 요셉의 하나님.
그들을 통해 흘러나왔던 복들이
우리를 통해서도 흘러가게 해 주십시오.
그렇게 되어 이 세상의 치료와 구원이
넘치게 임하기를 간절히 소원합니다.
예수 그리스도 우리 주님의 이름으로 기도 드립니다. 아멘.

부르심 6

공중에는 부르심이 가득 차 있습니다
출애굽기 3:1-12

장인 미디안 제사장 이드로의 양무리를 치더니 그 무리를 광야 서편으로 인도하여 하나님의 산 호렙에 이르매 여호와의 사자가 떨기나무 불꽃 가운데 나타나시니라 그가 보니 떨기나무에 불이 붙었으나 사라지지 아니하는지라 이에 가로되 내가 돌이켜 가서 이 큰 광경을 보리라 떨기나무가 어찌하여 타는고 하는 동시에 여호와께서 그가 보려고 돌이켜 오는 것을 보신지라 하나님이 떨기나무 가운데서 그를 불러 가라사대 모세야 모세야 하시매 그가 가로되 내가 여기 있나이다 하나님이 가라사대 이리로 가까이 하지 말라 너의 선 곳은 거룩한 땅이니 네 발에서 신을 벗으라 또 이르시되 나는 네 조상의 하나님이니 아브라함의 하나님, 이삭의 하나님, 야곱의 하나님이니라 모세가 하나님 뵈옵기를 두려워하여 얼굴을 가리우매 여호와께서 가라사대 내가 애굽에 있는 내 백성의 고통을 정녕히 보고 그들이 그 간역자로 인하여 부르짖음을 듣고 그 우고를 알고 내가 내려와서 그들을 애굽인의 손에서 건져내고 그들을 그 땅에서 인도하여 아름답고 광대한 땅, 젖과 꿀이 흐르는 땅 곧 가나안 족속, 헷 족속, 아모리 족속, 브리스 족속, 히위 족속, 여부스 족속의 지방에 이르려 하노라 이제 이스라엘 자손의 부르짖음이 내게 달하고 애굽 사람이 그들을 괴롭게 하는 학대도 내가 보았으니 이제 내가 너를 바로에게 보내어 너로 내 백성 이스라엘 자손을 애굽에서 인도하여 내게 하리라 모세가 하나님께 고하되 내가 누구관대 바로에게 가며 이스라엘 자손을 애굽에서 인도하여 내리이까 하나님이 가라사대 내가 정녕 너와 함께 있으리라 네가 백성을 애굽에서 인도하여 낸 후에 너희가 이 산에서 하나님을 섬기리니 이것이

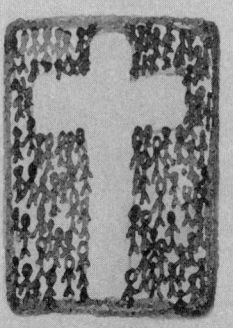

Air Full Of Calls

하나님이 떨기나무 가운데서 그를 불러 가라사대,
"모세야! 모세야!" 하시매 그가 가로되, "내가 여기 있나이다."
하나님이 가라사대, "이리로 가까이 하지 말라. 너의 선 곳은 거룩한 땅이니
네 발에서 신을 벗어라." 또 이르시되,
"나는 네 조상의 하나님이니 아브라함의 하나님, 이삭의 하나님,
야곱의 하나님이니라."

_출애굽기 3:4-6

그리스도인들로서

한평생 우리가 날마다 직면하게 되는 유혹이 있습니다. 그것은 인생을 구경꾼처럼 사는 것입니다. 즉 자신이 어떻게 크리스천의 삶을 살 것인가에 관심을 두기보다는, 오히려 다른 사람들이 어떻게 기독교인처럼 생활하고 있는가 관찰하며 지켜보는 자가 되려는 유혹 말입니다.

어느 신학자가 잘 지적했듯이, 우리 시대는 점점 더 '구경꾼들의 시대', '방관자들의 세대'가 되어 가고 있는 듯합니다. 팔짱을 낀 채 "어디 얼마나 잘하나 한번 보자" 혹은 "아하, 저렇게 사는군!" 하며 때로는 냉소적인 태도로, 때로는 방관자적인 모습으로 다른 사람의 삶을 구경하는 이들이 많아지는 그런 시대 말입니다.

우리의 경험들은 더 이상 우리 자신들의 경험이 아닙니다. 그것들의 대부분은 다른 사람들의 것입니다. 우리는 우리 자신의 삶 대부분을, 버스를 타고 사파리 공원을 구경하는 관람객처럼 살 때가 많습니다. 사파리 공원에 가면 무서운 야수들을 직접 보지만, 버스에 타고 있기 때문에 보호받을 수 있습니다. 이처럼 위험천만한 삶을 직접 경험하는 대신에 언제나 방어 벽을 쳐 두고 바라보기만 하려는 습성이 생기게 된 것입니다.

오늘날 많은 기독교인들은 일차적인 경험을 하지 않는, 일종의 대리 체험을 통한 마음의 감동을 중요시 여기는 그리스도인들이 되어 가고 있습니다.

말하자면 강인한 사랑을 직접적으로 경험하지 못하는 나약한 그리스도인들이 되어 가고 있는 것입니다.

소명이란 무엇인가

복음서에 의하면, 예수님을 따랐던 대다수의 사람들이 바로 그러했습니다. 그들은 예수님을 쳐다봤습니다. 그리고 그의 말씀을 들었습니다. 그리고 그에게 박수를 치며 찬사를 보냈습니다. 그렇습니다! 이와 동일한 일들이 오늘날에도 우리 가운데 일어나고 있습니다. 사람들은 신앙에 대해 말하기도 하고, 방송을 통해 신앙을 중계하기도 하고, 신앙에 대한 책을 읽기도 하고, 신앙에 대해 노래하기도 하고, 또한 재정적으로 신앙을 후원하기도 합니다.

그러나 여기에 한 가지 심각한 문제가 있습니다. 그들은 신앙을 '행行하지' 않습니다. 문자 그대로 신앙의 길로 '걸어가지' 않는 것입니다. 더 큰 문제는, 그들은 그러한 길을 걸어가도록 '부르심'(소명)을 받은 실질적 경험이 없는 사람들이라는 데 있습니다. 그리스도인들과 교회는 바로 이러한 하나님의 부르심에 대해 깊은 이해를 가져야 할 것입니다. 그리고 그러한 부르심을 그들의 삶 가운데서 실질적으로 경험하고, 그 부르심의 길로 걸어가야 할 것입니다. 소명이란 무엇입니까? 우리를 부르시는 하나님의 의도와 목적은 무엇입니까? 왜 하나님은 우리 각각의 교회들을 태어나게 하셨습니까?

많은 사람들이, '소명'이란 오로지 목회자들만이 받는 그 무엇이라고 생각하는 것 같습니다.

- 그렇다면, 정육점 주인이나 제과점 주인이나 양초를 만드는 사람들은 어떻습니까?
- 아니면 간호사나 의사들, 전기 기술자들, 자동차 수리공들, 선생님들이나 사무직 근로자들은 어떻습니까?
- 이들 모두는 자기들의 뜻과 결정에 따라 그들의 직업을 갖게 된 것일까요?

· 그들 중 아무도 소명을 받지 않았다는 것입니까?
· 왜 목사만이 소명을 받는다고 말합니까?
· 하나님으로부터 부르심을 받았다는 것은 정확하게 무엇을 의미하는 것입니까?

모세와 타오르는 가시덤불에 관한 이야기는 하나님에 의해 부르심을 받는다는 것이 무엇을 의미하는지에 관해 우리의 이해를 도울 것입니다. 본문은 하나님의 소명에 관한 이야기입니다.

어느 날이었습니다. 모세는 분명히 불타고 있지만 결코 타지 않는 한 가시덤불로부터 눈을 뗄 수가 없었습니다. 그 기이한 광경에 완전히 압도되었습니다. 그는 놀랐습니다. "도대체 무슨 일인가? 어떻게 이런 일이 있을 수 있단 말인가? 내가 이 비밀을 알아내리라!"

마치 어떤 신비한 것에 자신도 모르게 끌려 들어가듯이, 모세는 그 가시덤불 가까이 나아갔습니다. 그때 하나님이 그 덤불 속에서 모세를 부르셨습니다. "모세야, 모세야, 더 이상 가까이 오지 말라. 너의 신발을 벗어라. 네가 선 곳은 거룩한 땅이다."

이 광경은 매우 잘 알려진 친숙한 이야기입니다. 그러나 이 이야기는 무엇을 의미하는 것일까요? 우리에게 무엇을 말씀하시려는 것일까요?

만남의 장소, 폐허의 산

대답은 분명합니다. 이 이야기는 우리에게, 하나님이 우리를 부르시고 있는 그 장소에 대해 우리 마음대로 통제하거나 바꿀 수 없다는 것을 말해 주고 있습니다.

다시 말해서 하나님은 어느 곳에서든지 우리를 부르신다는 것입니다. 누가 꿈에서라도 그런 곳에 하나님이 계실 것이라고 상상할 수 있었겠습니까? 하나님이 그의 사역자를 부르시는 곳은 사람들의 예측과 기대를 벗어나는 장소입니다. 하나님은 사각 지대를 통해서 사람의 삶 속으로 들어오시기 때문입니다.

상상해 보십시오. 팽팽한 접전으로 치닫고 있던 라이벌전 축구 경기가 종료 몇 분을 남겨 놓고 있었습니다. 마지막 기회를 얻은 우군이 사력을 다해 밀고 올라갑니다. 그러나 한 쪽으로 너무도 깊숙이 들어갔기 때문에 도저히 슛을 날릴 수 없는 지경이었습니다. 그럼에도 불구하고 한 선수가 혼신의 힘을 다해 공을 찼습니다. 도저히 골문의 그물을 가를 수 없는 각도에서 말입니다. 그런데 휘어 감아 찬 그 공이 그물을 갈랐습니다!

모든 관중이 열광합니다. 사각 지대에서 쏘아 올린 공이 들어갔기 때문입니다. 아마도 하나님의 찾아오심이 이와 같을 줄로 압니다. 누구도 예기치 않은 시간과 장소에, 하나님이 내게로 찾아오신다는 면에서 말입니다.

사각을 통해 들어오시는 하나님! 우리가 하나님을 예기치 않게 만나는 장소가 어디였습니까?

· 중환자실에서
· 파산 선고를 받은 법정에서
· 깨져 가는 가정의 벼랑 끝에서
· 절규하며 기도하던 기도원에서
· 흐르는 눈물을 남몰래 닦던 부엌에서
· 혹은 영적 사막과 광야에서가 아닙니까?

하나님은 '폐허의 산', '황폐의 산' 이란 뜻을 지닌 호렙 산 밑 광야에서 모세를 부르고 계십니다. 여기서 말하고 있는 가시덤불은 키가 작고 왜소한 나무로 황폐한 언덕바지에서 자라는 식물입니다. 그리고 이 황량한 언덕바지는 하나님이 모세를 불러 일하도록 하신 장소입니다. 얼마나 놀라운 장소입니까?

이와 연관하여 야곱의 이야기를 기억할 수 있을 것입니다. 그가 아버지와 형의 눈을 피해 도망하던 때의 이야기입니다(창 28장).

- 야곱은 그가 도망자의 신세로 브엘세바의 황량한 벌판에서 돌을 베개 삼아 잠잤던 그곳을 가리켜 '장엄하고 놀라운 곳'이라고 말하지 않았던가요?
- 야곱은 그곳을 가리켜 '하나님의 집'(벧엘)이라고 명명하지 않았던가요?
- 야곱은 또 그곳을 가리켜 '두렵고 떨리는 장소'라고 말하지 않았던가요?
- 그곳이야말로 '하늘의 문', 곧 하늘로 들어가는 문이라고 하면서 야곱이 소스라치게 놀라던 곳이 아니던가요?
- 야곱이 베고 잠잤던 그 돌 베개는 하나님의 집이 되었고, 하늘 문이 되었습니다!

그렇습니다. '폐허의 산'(호렙 산) 위에 있었던 그 왜소하고 앙상한 가시덤불은 야곱이 베고 잤던 돌 베개와 같습니다.

- 그 자체로는 아무것도 아닙니다.
- 그러나 그것은 하나님이 모세를 부르시는 '장소'가 되었습니다.
- 그것은 '하나님의 집'이 되었으며, '하늘 문'이 되었습니다.

마찬가지입니다! 우리들이 사는 일상적인 장소가 하나님의 부르심의 장소가 될 수 있습니다. 가장 평범한 장소가 하나님이 나를 부르시는 장소가 될 수 있는 것입니다. 그분을 위해서 말입니다. 이것이 본문에서 말하려는 첫 번째 의미입니다.

'떠나가라'는 명령

둘째로, 하나님이 우리를 부르실 때, 그분은 독재자처럼 강압적으로 부르시는 것이 아닙니다. 하나님의 부르심에 대해 하나님과 의논하거나 논쟁할 수 있는 여지를 우리에게 허락하십니다.

하나님이 모세를 부르실 때, 모세는 "예, 그렇게 하겠습니다"라고 대답하기에 앞서 하나님과 논쟁을 합니다. 먼저 모세는 하나님께, "내가 누구기에 애굽 왕 바로에게 가서 이스라엘 백성을 애굽으로부터 구출해야 한단 말입니까?"라고 반문합니다.

그리고 계속해서 모세는 주장합니다. "이스라엘 백성이 나를 믿지 못하고 내 말을 듣지 않는다면 어떡합니까? 만일 그들이 '주님이 당신에게 나타나셨다는 것을 우리가 어떻게 알 수 있단 말인가! 지금 당신은 말을 꾸며 내고 있는 것이야! 당신은 지금 우리에게 장난치고 있는 것이야!'라고 말한다면 무엇이라고 답변할 수 있겠습니까?"

모세는 계속해서 하나님께 질문을 퍼붓습니다. "나는 말을 잘 하지 못합니다. 어눌하고 언변이 변변치 못합니다. 이런 내가 어찌 날카로운 언변과 민첩한 정신을 소유한 애굽의 현자賢者들을 당해 낼 수 있단 말입니까?"

모세는 이처럼 하나님의 부르심으로부터 벗어날 수 있는 모든 가능한 방법들과 변명들을 다 생각해 봅니다. 그러자 하나님은 조용히 그의 말을 들으시고 정중하고도 예의바르게 그의 논점들에 조목조목 대답해 주십니다. 그런 일이 있은 후에야 비로소 모세는 바로에게 가기로 마음을 먹습니다.

모세가 하나님과 이러한 다툼을 하는 데는 이유가 있습니다. 어떤 이유냐고요? 하나님의 부르심에 긍정적으로 응답하려면 많은 고통이 따르기 때문입니다. 무슨 뜻입니까? 하나님으로부터의 부르심은 우리를 다른 곳으로 이주하도록 합니다. 다시 말해서 하나님의 부르심은 종종 우리가 현재 자리잡고 있는 곳을 떠나 다른 곳으로 가라고 요청한다는 말입니다. 한 곳에 정착하여 편안하게 살고 있는 사람에게 다른 곳, 그것도 수많은 도전과 장애물이 놓여 있는 다른 곳으로 가라고 한다면, 그것은 많은 고민의 밤들과 어려움들을 의미할 것입니다.

우리는 이미 있는 곳에 머물러 있기를 원합니다. 한 곳에 그대로 있기를 말입니다. 그러나 하나님으로부터 오는 부르심은 우리를 그렇게 내버려 두지 않을 것입니다. 이것이 본문이 우리에게 말하려는 두 번째 의미입니다. 소명은 우리를 떠나도록 할 것입니다. 마치 하나님이 아브라함을 부르실 때 그가 대대로 뿌리내리고 살고 있던 바벨의 세상을 떠나 하나님이 지시하는 곳으로 가라고 하신 것과 같습니다. 하나님의 소명은 우리에게 '하나님의 약속' 아래에서 살면서 전적으로 그분만을 신뢰하도록 할 것입니다.

하나님의 시간에

세 번째, 모세와 타오르는 가시덤불에 관한 이야기는, 우리의 소명의 시간에 대해 우리에게 아무런 통제 능력이 없다는 것을 말해 줍니다. 우리가 부르심을 받게 되는 '시간'이 우리가 계획하고 정해 놓은 시간표 안에서 일어나지 않는다는 것을 말해 주고 있습니다.

하나님은 모세가 80세가 되었을 때 그를 부르셨습니다. 참으로 놀라운 일인 동시에 의아심이 생기는 사건입니다.

- 하나님은 왜 그렇게 오랜 기간 동안 기다리셨는가?
- 하나님은 왜 모세가 젊고 그의 힘이 절정에 달했을 때 그를 부르지 않으셨는가?
- 하나님은 왜 모세가 40세가 되었을 때, 즉 그의 전성기 때 그를 부

르지 않으셨는가?

모세 자신도 이와 비슷하게 생각했던 것 같습니다.
- 모세는 하나님이 그의 나이 80에 이루라고 부르셨던 것들을 그의 나이 40에 자기 힘과 의도대로 하려고 노력했었습니다.
- 즉 모세는 그의 나이 40이었을 때, 한 히브리인 노예를 구타하고 있는 애굽인 하나를 살해하였습니다. 의분義憤에 못 이겨 모세는 애굽인을 죽였던 것입니다.

그러나 이러한 분노의 폭발은 아무런 효력도 보지 못했습니다. 다시 말해서 그가 히브리인 노예를 위해 애굽 사람 하나를 죽였지만, 어느 히브리인들도 모세를 그들의 지도자로 세우려 들지 않았던 것입니다. 오히려 그들은 모세에게, "누가 당신을 우리를 다스리는 사람으로 삼았는가?" 하며 대들기까지 했습니다.

애굽인을 살해한 모세의 행위는 아직 하나님의 부르심을 받지 아니한 사람 편에서 행한 폭력의 행위일 뿐 아무것도 아니었습니다. 우리가 기억해야 할 가르침이 있다면, 하나님은 모세가 외형적으로 가장 강하고 열정적이었던 때에 그를 부르시지 않았다는 사실입니다. 바울 사도도 고린도 교인들에게 보낸 한 편지에서 하나님의 부르심에 대한 독특한 가르침을 다음과 같이 피력한 일이 있습니다.

형제들아, 너희를 부르심을 보라. 육체를 따라 지혜 있는 자가 많지 아니하며 능한 자가 많지 아니하며 문벌 좋은 자가 많지 아니하다. 그러나 하나님께서 세상의 미련한 것들을 선택하사 지혜 있는 자들을 부끄럽게 하려 하시고 세상의 약한 것들을 선택하사 강한 것들을 부끄럽게 하려 하시며 하나님께서 세상의 천한 것들과 멸시받는 것들과 없는 것들을 선택하사 있는 것들을 폐하려 하시니 이는 아무 육체라도 하나님 앞에서 자랑하지 못하게 하려 하심이라(고전 1:26-29).

그럼에도 불구하고, 즉 모세는 삶의 우여곡절 가운데서도 하나님이 자신의 생애를 위한 특별한 목적을 갖고 계시다는 것을 감지할 수 있었습니다.
  · 나일 강에서 구출되었던 일
  · 바로의 궁정에서 교육받은 일 등이 그것들입니다.

모세는 이런 일들이 결코 우연이 아니라 자신을 향한 하나님의 특별한 목적에 의한 일들이었음을 어렴풋하게나마 인식하게 된 것입니다.
그러나 하나님은 이러한 계획을 즉각적인 행동들로 나타내지는 않으셨습니다. 하나님의 계획과 그것의 실행 사이에는 상당한 시간이 경과하고 있습니다. 그래서 모세는 40년 동안 미디안 광야에서 장인의 양떼들을 돌보아야만 했습니다. 아무런 의미도 없는, 철저한 낭비처럼 보이는 세월을 보내야만 했던 것입니다.
만일 당신이 모세가 살았던 삶을 살게 되었다고 생각해 보십시오.
  · 모세처럼 전대미문前代未聞의 천재적인 사람,
  · 당대 최고의 교육을 받은 사람이었다고 생각해 보십시오.
  · 그런데 바로 그 사람이 40년 동안 매일 같이 하루도 거르지 않고 양 우리의 문 여닫는 일만 했다면….

모세가 겪어야 했던 내면적인 고통과 갈등을 상상이나 할 수 있겠습니까? 그러나 앞으로의 사역과 임무를 잘 감당할 수 있도록 그를 준비시키기 위해서는 이 모든 세월, 무료하고 무의미해 보이기까지 하는 이 모든 세월은 필수적이었습니다. 모세는 '광야의 학교'에서 반드시 통과 해야 하는 필수과목을 배우고 있었던 것입니다. 그것은 '기다림' 과 '인내' 라는 과목이었습니다.

- 이 모든 세월은 그에게 인내를 가르쳤습니다.
- 그리고 이 모든 세월은 그에게 광야의 길들, 광야의 방식들을 가르쳤습니다.

광야, 벌판, 황량한 들판은 그저 모래나 돌들이나 바위들이 아닙니다. 이런 것들은 단순히 지면에 널려 있는 것들이 아닙니다. 그것들은 '광야의 비밀들'을 숨기기 위한 덮개들일 뿐입니다.

그렇습니다!

- 광야의 비밀들을 알기 위해서
- 광야가 주는 놀라운 자원들, 광야에 숨겨져 있는 물줄기들을 알기 위해서

우리는 많은 세월 동안, 정말로 수많은 세월 동안 그곳에 살았어야만 합니다.

이 40년 생활은 결코 낭비된 세월이 아니었습니다. 오히려 광야 40년의 생활은 '발견' 과 '훈련' 의 기간이었습니다. 그래서 모세는 하나님이 그를 부르실 때 준비되어 있었던 것입니다. 이것이 본문의 세 번째 의미입니다.

해방과 봉사를 위하여

이제 네 번째로 넘어갑니다. 모세를 부르신 하나님의 이야기는, 왜 하나님이 모세를 부르셨는지, 그리고 왜 하나님이 우리를 부르시는지에 대해 우리에게 말하고 있습니다.

하나님이 우리를 부르시는 궁극적인 이유는 우리에게 사명과 임무를 맡겨 보내시기 위해서입니다. 무슨 사명입니까? 어떤 임무가 우리에게 맡겨졌다는 말입니까?

- 인간이 좀 더 '인간적'이 되도록 하는 사명입니다. 다시 말해서 사람으로 하여금 마땅히 사람처럼 살도록 만드는 사명입니다.
- 사람의 삶을 명예롭고 귀하게 여기도록 만들라는 사명입니다.
- 사람의 삶을 품위 있게 만드는 사명입니다.
- 사람을 온갖 종류의 압제와 억눌림의 상황으로부터 해방시켜 주는 일입니다.

예수님이 그의 첫 설교를 하셨을 때(참조. 눅 4:16-30), 그가 택한 성경 본문이 어디였습니까? 이사야서 61장을 여는 첫 절들이었습니다. 왜 예수님은 그의 첫 번째 설교 본문으로 이 구절을 택하셨을까요? 이 구절은 비인간적인 삶을 살고 있던 사람들의 삶을 '인간적'이 되게 하는 내용을 담고 있기 때문입니다.

나사렛 지방의 회중에게 행한 설교에서 예수님은 하나님이 자신에게 위탁하신 사명, 즉 하나님이 불러 행하라고 하신 소명과 임무는 다음과 같다고 말씀하십니다.

- 정신적으로 육체적으로 괴롭힘 당하고 시달리고 있는 사람들에게 좋은 소식을 가져다 주는 것이었습니다.
- 깨진 마음들, 상처 입은 영혼들을 싸매 주고 치료해 주는 일이었습니다.
- 포로 되어 있는 자, 잡혀 있는 자에게 자유와 해방을 선포하는 일이었습니다.
- 결박되어 있는 자들에게 감옥의 문을 열어 주는 것이었습니다.

단순하게 말해서, 하나님으로부터의 부르심은
- 인간의 삶을 고귀하게 해 달라고 하나님께 도움을 요청하는 부르짖음을 의미합니다.
- 인간의 삶을 보호해 달라는 부르짖음입니다.
- 인간의 삶을 축복해 달라고 요청하는 부르짖음입니다.

모세를 향한 하나님의 부르심에도 예외가 없습니다. 하나님이 모세에게 말씀하고 계신 것은 이것입니다.
- 나는 애굽에 있는 내 백성의 비참함을 두 눈으로 보았다.
- 나는 그들의 부르짖음을 들었다.
- 나는 그들의 고난과 고통들을 알고 있다.
- 나는 그들을 구출하려고 내려왔다.

"자, 이제 나는 너를 바로에게 보낸다. 이제 왜 그런지 알 것이다. 나의 백성을 애굽에서 이끌어 내기 위해서다."

모세를 향하신 하나님의 부르심은 '고통의 절규'라는 상황 속에 놓여 있습니다. 그리고 모세를 향하신 하나님의 부르심은 그러한 고통을 덜기 위한 목적을 가지고 있습니다.

그렇습니다! 하나님으로부터 오는 모든 소명은 인간의 고통을 완화하고 덜어 주라는 부르심입니다. 하나님으로부터 오는 모든 소명은,
- 인간 이하의 삶을 인간적인 삶이 되게 하라는 부르심이고
- 깨진 마음들을 다시 추스르고 묶으라는 부르심이고
- 얻어맞아 쓰러진 사람들을 다시 일으켜 세우라는 부르심이고
- 비참한 가운데 있는 사람들을 구출해 내라는 부르심입니다.

우리를 향하신 하나님의 부르심은 이와 동일한 순서입니다. 인간의

삶을 존귀하게 하라는 부르심입니다.

하늘에는, 공중에는, 우리의 주위에는 그러한 부르심으로 가득 차 있습니다. 왜냐하면 이 세상은 고통들로 가득 차 있기 때문입니다. 이 세상이 고통들로 가득 차 있는 한, 우리를 향하신 하나님의 그러한 '해방'에로의 부르심은 더욱 큰 소리로 우리의 귓가를 울리고 있습니다.

크리스천이 된다는 것은 무엇을 의미합니까? 고통의 부르짖는 소리로 가득 찬 이 세상 안에서 하나님의 귀가 된다는 것을 뜻합니다. 그리고 그러한 고통을 완화하고 통증을 가라앉혀 주는 일에 도움이 된다는 것을 의미합니다.

· 그러한 고통들에 대해 관심을 갖고 그 고통들에 대해 응답할 때 비로소 우리는 크리스천으로서 그러한 부르심에 부응하는 삶을 사는 것입니다.

· 그러한 고통들에 대해 관심을 갖고 그 고통들에 대해 응답할 때 비로소 우리는 하나님의 손 안에서 유용하게 사용되는 도구가 되는 것입니다.

만일 어려움 가운데 있는 형제나 자매를 보고, 또한 그들을 위해 무엇인가를 할 수 있는 형편이나 처지가 되는데도 불구하고 등 돌리고 서서 아무것도 하지 않는다면, 하나님의 부르심을 무시하는 것입니다!

공중의 부르심에 응답하라

사도 요한이 질문합니다. "하나님의 부르심에 대해 어떻게 해야 하는 것인가?" "도대체 하나님의 사랑이라는 것이 무엇인가?"

16세기 종교개혁 시대의 위대한 신앙고백 문서 가운데 하나인 하이델베르크 신앙교육서는 111번의 질문과 응답을 통해서 이 사실을 분명하게 가르치고 있습니다.

질문: 여덟 번째 계명을 통하여 하나님은 당신에게 무엇을 요구하십니까?

대답: 여덟 번째 계명을 통하여 하나님이 나에게 요구하시는 바는, 나의 이웃의 유익을 위해 내가 할 수 있는 모든 것을 행해야 한다는 것과 다른 사람들이 내게 해 주기를 바라는 대로 나도 그들에게 해 주어야 한다는 것과 성실하게 일하여 궁핍한 가운데 있는 사람들과 함께 나누고 살아야 한다는 것입니다.

하이델베르크 신앙교육 문답서는 성경이 말하고 있는 '하나님의 부르심'이 무엇인가에 대해 매우 단순하고 소박하게 세 가지로 요약하고 있습니다.

첫째, 우리는 삽니다. 둘째, 우리는 일합니다. 셋째, 우리는 직업을 갖습니다.

왜 직업을 갖습니까? 다른 사람들의 삶의 질을 한층 높이기 위해서입니다. 우리는 우리의 이웃을 위해 우리가 할 수 있는 것은 무엇이든지 하도록 부르심 받았습니다. 우리는 우리의 이웃이 우리에게 대해 주기를 바라는 것과 같은 방식으로 그들을 대하도록 부르심을 받았습니다. 우리는 궁핍한 사람과 함께 나누어 갖도록 부르심을 받았습니다.

이렇게 함으로써 우리는 다른 사람들을 높이고, 존귀하게 하며, 그들을 품위 있게 만드는 도구가 되는 것입니다. 그뿐 아니라 우리는 그들을 축복하는 사람들입니다. 아니 우리는 '복' 그 자체인 것입니다.

모세! 베드로! 바울! 마리아!… 그리고 이 대열 위에 자신의 이름을 집어넣어 보십시오.

공중에는 '부르심'들이 가득 차 있습니다. 이 세상 안이 고통으로 가득 차 있기 때문에 그렇습니다. 우리 모두가 대답해야 할 질문이 하나

남아 있습니다. 우리들 중 누가 "내가 여기 있습니다. 나를 보내시옵소서!"(사 6:8)라고 대답할 것인가요? 아멘.[1]

기적 7

기적은 일어나는가
출애굽기 14:19–22; 요한복음 2:1–11

…진 앞에 행하던 하나님의 사자가 옮겨 그 뒤로 행하매 구름 기둥도 앞에서 그 뒤로 옮겨 애굽 진과 이스라엘 진 사이에 이르러 서니 저 편은 구름과 흑암이 있고 이 편은 밤이 광명하므로 밤새도록 저 편이 이 편에 가까이 못하였더라 모세가 바다 위로 손을 내어민대 여호와께서 큰 동풍으로 밤새도록 바닷물을 물러 가게 하시니 물이 갈라져 바다가 마른 땅이 된지라 이스라엘 자손이 바다 가운데 육지로 행하고 물은 그들의 좌우에 벽이 되니 … 사흘 되던 날에 갈릴리 가나에 혼인이 있어 예수의 어머니도 거기 계시고 예수와 그 제자들도 혼인에 청함을 받았더니 포도주가 모자란지라 예수의 어머니가 예수에게 이르되 저희에게 포도주가 없다 하니 예수께서 가라사대 여자여 나와 무슨 상관이 있나이까 내 때가 아직 이르지 못하였나이다 그 어머니가 하인들에게 이르되 너희에게 무슨 말씀을 하시든지 그대로 하라 하니라 거기 유대인의 결례를 따라 두 세 통 드는 돌항아리 여섯이 놓였는지라 예수께서 저희에게 이르시되 항아리에 물을 채우라 하신즉 아구까지 채우니 이제는 떠서 연회장에게 갖다 주라 하시매 갖다 주었더니 연회장은 물로 된 포도주를 맛보고 어디서 났는지 알지 못하되 물 떠온 하인들은 알더라 연회장이 신랑을 불러 말하되 사람마다 먼저 좋은 포도주를 내고 취한 후에 낮은 것을 내거늘 그대는 지금까지 좋은 포도주를 두었도다 하니라 예수께서 이 처음 표적을 갈릴리 가나에서 행하여 그 영광을 나타내시매 제자들이 그를 믿으니라

Do Miracles Happen?

주께서 밤새도록 강한 동풍으로 바닷물을 뒤로 밀어내시니,
바다가 말라서 바닥이 드러났다. 바닷물이 갈라지고,
이스라엘 자손은 바다 한가운데로 마른땅을 밟으며 지나갔다.
물이 좌우에서 그들을 가리는 벽이 되었다.
_출애굽기 14:21-22

잔치를 맡은 이는 포도주가 된 물을 맛보고
그것이 어디에서 났는지 알지 못하였으나, 물을 떠온 일꾼들은 알았다.
…예수께서 이 첫번 표적을 갈릴리 가나에서 행하여서
자기의 영광을 드러내셨다. 그래서 그의 제자들은 그를 믿었다.
_요한복음 2:9, 11

미국의 퓰리처상 수상 작가인 애니 딜라드Annie Dillard는 지빠귀새가 4층 건물 지붕의 물통에서 뛰어내리는 광경을 관찰한 후, 다음과 같은 흥분에 찬 글을 썼습니다.

공중을 향해 펄쩍 뛰어내리더니 지면으로 뚝 떨어지는 것이었습니다. 양 날개를 옆으로 접고 그냥 한없이, 초당 10미터의 속도로 공중에서 땅을 향하여 직선으로 낙하하는 것입니다. 아니 그것은 떨어지는 것이 아니라 날개를 스치는 바람 소리로 노래를 만들기나 하듯이 그렇게 떨어지는 것이었습니다. 날개 없이 직선으로 추락하여 땅에 박살나기 일보 직전, 그야말로 마지막 찰나에 새는 순간적으로 날개를 쭉 펼치는 것이었습니다. 그 정확성과 치밀하게 계산된 동작으로 말입니다. 그러더니 새는 사뿐히 잔디에 내려앉는 것이었습니다.
　참으로 놀라운 광경이었습니다. 새의 태연한 자태가 내 시야에 들어온 것은 내가 모퉁이를 돌아섰을 때였습니다. 새의 거침없는 하강 동작은 숲 속의 쓰러지는 나무에 관한 마치 오래된 철학적 난제와 같았습니다. 내가 생각하기로는, 대답은 이것이어야만 합니다. 아름다움과 우아함은 우리가 바라든 그렇지 않든, 우리가 느끼든 느끼지 않든 간에 상관없이 시행된다는 것입니다. 우리가 할 수 있는 일이라고는 그저 그곳에 있어야 한다는 것입니다.[1]

애니 딜라드가 두 눈으로 목격한 것은 다름 아닌 '기적'이었습니다. 이것이 기적이 아니고 무엇이겠습니까? 기적이 일어나는 순간 우리의 심장은 순간적으로 멈출 것입니다. 기적은 우리의 호흡을 멈추게 하고 심장을 멎게 합니다. 입을 쩍 벌리고 할 말을 잊어버리게 만듭니다.

성경의 기적들은 정말로 발생하는가

우리 주위에는 이러한 종류의 기적들이 가득 차 있습니다. 그러나 이런 기적들이 너무도 많고 또 가득 차 있기 때문에 사람들은 이런 것들을 더 이상 기적이라고 생각하지 않습니다. 사람들은 그저 그런 일들, 일상적인 사건들로 간주해 버립니다.

우리의 마음에 회의와 의심을 불러일으키는 기적은 이런 종류의 기적이 아니라, 성경에서 말하고 있는 기적들입니다. 아마 성경을 읽는 현대의 독자들에게 가장 커다란 걸림돌이 있다면 바로 성경에 기록된 기적들일 것입니다.

21세기의 독자들에게는 다음과 같은 성경의 기적들이 도무지 받아들일 수 없는 불가능한 일들이 되었습니다.

- 막대기가 변하여 뱀이 되었습니다.
- 바다가 갈라져 바다 한가운데에 대로大路가 생겼습니다.
- 양각 나팔 소리에 성벽이 무너져 내렸습니다.
- 누군가가 만지자 문둥병이 즉시로 나았습니다.
- 생선 두 마리와 보리떡 다섯 덩어리로 5,000명이 배불리 먹고도 남았습니다.
- 물이 변하여 최상의 포도주가 되었습니다.

이런 기적들이 믿어지십니까? 사람들은 앞에서 애니 딜라드가 말하고 있는 '기적'에 대해서는 전혀 문제를 삼지 않습니다. 그러나 사람들은 성경에서 말하고 있는 기적들에 관해서는 받아들이지 못하는 것 같습니다.

자, 그렇다면,
- 성경에 기록된 기적들은 정말로 발생한 것일까?
- 그러한 기적들은 지금도 일어나는가?
- 하나님은 이 세상을 '닫힌 세상'으로 창조하셨을까?
- 다시 말해서, 외부로부터 간섭이 있을 수 없는 기계적인 장치로 이 세상을 만드셨을까?

아니면,
- 하나님은 지금도 이 세상에 개입하시어 그 안에 새로운 것을 만들고 계시는가?
- 우리가 절실하게 부르짖을 때 하나님은 우리의 삶 속에 개입하실 수 있는 것일까?
- 우리의 결혼은 인력(引力)과 척력(斥力)의 법칙에 따라 기계적으로 그 과정이 진행돼 가는가?
- 우리의 결혼은 스크린 위에서 전개되는 영화처럼 그렇게 각본에 의해 전개돼 가는가?
- 우리의 결혼 이야기는 필름 위에 이미 박혀 있는 것인가?
- 우리의 결혼 이야기 안에는 필름에 박혀 있는 내용 말고 새로운 것들이 들어 있을 것인가?
- 하나님은 새로운 일들을 자기 뜻에 따라 자유롭게 행하시는가?
- 아니면 하나님은 원인과 결과라는 자연 법칙에 종속되시는가?

만일 하나님이 원인과 결과라는 자연의 법칙에 종속되시거나, 아니면 우리의 삶이 이미 짜여진 각본에 의해 상영되는 것이라면, 신앙생활에 심각한 문제가 제기될 것입니다. 예를 들어, 기도가 무슨 의미가 있겠습니까? 하나님이 자유롭게 인간의 삶 속에, 세상 속에, 자연의 법칙들 속에 간섭하고 개입하실 수 없다면, 우리의 기도는 아무런 의미가 없지 않겠습니까? 왜냐하면 기도란 "모든 것은 이미 결정되어 있지 않다!", "미래는 사전에 결정되어 있는 것이 아니다!"라는 사실을 우리가 믿고 있을 때만 의미가 있기 때문입니다.

이러한 종류의 질문들이 "성경의 기적들은 정말로 발생하는가?"라고 물을 때 제기되는 질문들입니다.

만일 당신의 대답이 "하나님은 예전에도 그러셨지만 지금도 그러한 기적들을 일으키시지 않습니다"라면, 우리는 다음과 같이 말하는 생각에 동의하는 것입니다.

- 이 세상은 그 자체의 도안에 따라 기계적으로 움직인다.
- 하나님은 세상 모든 것에 아무런 간섭도 하지 않으신다.
- 하나님은 이 세상을 기계처럼 그 자체의 법칙에 맡기셨다.

"성경의 기적은 진짜로 발생하는가?"라는 질문은 다음과 같은 질문들로 다시 바꾸어질 수 있습니다.

- 하나님은 진짜 우리를 돌보고 계시는가?
- 하나님은 우리가 드리는 기도들에 응답하시는가?
- 하나님은 우리의 삶 속에 새로운 일들을 행하시는가?

"성경의 기적들은 정말로 발생하는가?"라는 질문은 근본적으로 다음과 같은 질문입니다.

- 우리는 하나님을 신뢰하고 믿을 수 있을 것인가?
- 내가 고통 가운데 있을 때 그리스도가 파도 위를 걸어 정말로 내게 오신다는 말인가?
- 파도와 물결과 바람이 내게 닥치는 마지막 일들인가? 아니면, '하

나님의 오심'이 마지막 말씀인가?

바로 이러한 문제들이 "성경의 기적들은 정말로 발생하는가?"하는 문제와 직결되어 있는 것입니다.

우리는 지금 '기적'에 관해 말하고 있는 중입니다. 그러나 다시금 질문을 우리 스스로에게 던져 봅시다. 무엇이 기적입니까? 정말로 무엇이 기적이란 말입니까?

자연과 역사를 인도하는 첫 번째 기적

성경에서 우리는 두 종류의 기적을 만나게 됩니다. 첫 번째 종류의 기적은 하나님이 자연과 역사를 인도하셔서 자신의 현존과 능력을 분명하게 드러내도록 하여 사람들로 하여금 "진실로 이곳에서 하나님이 행동하시었다!"라는 고백을 하도록 만드는 기적입니다.

이런 종류의 기적에 대한 좋은 예가 이스라엘 백성이 홍해 해변에 서 있었을 때 발생했던 기적입니다. 출애굽기 14:21에 의하면 강한 동풍이 밤새도록 불어 바다를 마른땅이 되게 했다고 기록하고 있습니다. 참으로 놀라운 기적입니다! 이런 기적이 첫 번째 종류의 기적입니다. 하나님이 자연 현상에 개입하시어 자신의 현존과 능력을 분명하게 드러내시는 기적, 그리고 사람들로 하여금 "진실로 이곳에서 하나님이 행동하시었다!"라는 고백을 하도록 하기 위한 그런 기적입니다.

다른 말로 하자면, 이런 기적은 매우 '자연스럽게' 발생했습니다. 아니 자연과 관계된 기적 현상으로 자연스럽게 설명되는 기적입니다. 본문의 이스라엘인들은 그저 행운의 사람들입니다. 날씨와 기후가 그들에게 호의를 베풀었던 것입니다. 만일 매스컴 뉴스의 기자가 그 현장에 있었더라면, 아마 다음과 같이 보도했을 것입니다.

"밤새도록 불었던 강한 동풍은 물을 말리기 시작했으며 그 때문에 이스라엘인들은 길고 긴 습지의 땅을 무사히 건널 수 있었습니다. 강한 동풍이 불지 않았더라면 그들은 습지에 갇혀 오지도 가지도 못했을 것입니다!"

그러나 성경 저자는 우리에게 이러한 방식으로 보고하지 않고 대신 다음과 같이 말하고 있습니다.

- 야웨 하나님이 바다를 뒤로 물러가게 하셨습니다!
- 야웨 하나님이 이 사건의 한가운데 서서 말씀하고 계셨습니다.
- 무서운 강풍이 부는 날씨 한가운데서 행동하신 분은 다름 아닌 야웨 하나님 자신이셨습니다.

물론 날씨가 문제였고 중요한 관건이었습니다만, 사실상 날씨는 사건 바깥에 있는 외부적 요소일 뿐이었습니다. 그 내부, 사건의 중심부에는 하나님이 행동하고 계셨던 것입니다.

이러한 기적에 대한 또 다른 예는 욥기 1장에서 발견할 수 있습니다. 어느 날 욥은 세 가지 비참한 급보를 전해 듣게 됩니다.

- 스바인들과 갈대아인들이 욥의 가축 떼를 습격하고 그의 하인들을 살해했다는 소식
- 엄청난 불이 하늘에서 떨어져 욥의 양떼와 목자들을 살라 버렸다는 소식
- 태풍이 가족 파티에 모인 욥의 자녀들을 덮쳐 그들 모두 죽었다는 소식

여기서도 우리는 모든 일이 매우 자연스럽게 발생했다고 말할 수 있습니다. 아마 우리는 다음과 같이 말할 수 있을 것입니다.

"스바인들이 저질렀다!"
"갈대아인들이 그랬다!"

"불이 나서 그렇게 되었다!"
"태풍 때문에 그렇게 되었다!"

그러나 욥은 그렇게 말하지 않았습니다. 그는 "이러한 불행들 가운데서 행동하고 있는 분은 다름 아닌 여호와 하나님이시다!"라고 말했습니다. "주신 분도 여호와시며 가져가신 분도 여호와시니, 오직 여호와의 이름만이 찬양받기를 바랍니다."

바로 이것이 기적입니다. 즉 기적이란 주님이 이러한 비극들 한가운데서 행동하고 계신 것을 말합니다. 우리는 놀랍고 믿기 어려운 일들을 만나거나 목격하면, "아마 우연일 거야"라고 말하든가 아니면 그에 대해 어떤 자연적인 설명을 하게 됩니다. 그러나 그런 것은 기적이 아닙니다.

기적들은 우리의 삶 속에서 종종 일어납니다. 그래서 우리는 '이것은 주님이 행하시는 것이야. 우리 눈으로 보기에도 놀라운 일이야'라고 고백하지 않을 수 없습니다.

- 암이 사라져 버렸습니다. 도무지 설명을 할 수 없습니다.
- 꿈속에서 음성을 들었습니다.
- 이전에 만나 본 일이 없는 사람을 정말로 '우연히' 만나게 되었습니다.
- 우연히 집어 든 책이 자신의 인생을 바꾸어 놓습니다.
- 전화를 간절히 기다리는 순간에 도움의 전화가 걸려옵니다.
- 영적 침체에 빠져 있을 때 격려의 편지가 도착합니다.

물론 이러한 종류의 기적은 쉽게 설명될 수 있을 것입니다.
- 하나님의 기적적인 간섭과는 아무런 관계가 없는 것으로 제쳐놓을 수도 있습니다.

마치 홍해가 갈라진 것을,
- 하나님의 기적적인 간섭과는 아무런 관계가 없다고 제쳐놓는 것처럼 말입니다,
- 그날 밤 우연히 불게 된 강한 동풍 때문에 그런 일이 일어났다고 설명하는 것처럼 말입니다.

그러나 참된 신자들은 그에 대한 대답을 잘 알고 있습니다. 신앙의 눈은 더 깊게 보고 인식합니다. "이것은 주님이 행하신 일입니다. 우리 눈에는 그저 놀랍고 경이로울 뿐입니다!"

자연의 법칙을 깨뜨리는 두 번째 기적

성경에서 말하는 두 번째 종류의 기적이 있습니다. 일상적인 자연의 법칙들이 깨지는 것처럼 보이는 경우입니다. 다시 말해서 하나님 자신이 창조해 놓으신 법들을 스스로 깨뜨리는 종류의 기적입니다. 예를 들어, 예수님이 물을 포도주로 바꾸신 가나 혼인 잔치의 기적이 그것입니다. 이러한 종류의 기적에 대해 C. S. 루이스는 다음과 같이 말합니다.[2]
- 이러한 종류의 기적은 하나님이 이 세상 전체를 향해 대대적으로 하시는 일에 대한 축소형 miniature 이다.
- 어떤 사람들에게는, 이 세상 전체 위에 쓰여진 [하나님의] 글씨 크기가 너무 커서 잘 보이지 않자 동일한 내용을 작은 글씨체로 써서 '다시 말씀' 하시는 것이 바로 '기적' 이다.

한 예로 포도나무를 보십시오. 포도나무는 그 뿌리를 통하여 수분을 빨아들입니다. 물론 태양의 도움으로 그 수분은 당분으로 변합니다. 또한 그것이 발효되어 포도주가 됩니다. 이러한 방식으로 포도나무가 포

도주를 생산하도록 하나님은 포도나무를 만드신 것입니다.

매년마다, 그것도 노아의 때 이후로 매년마다, 하나님은 물을 포도주로 변하게 하십니다. 포도원에 가 보십시오.

- 가나의 혼인 잔치에서, 예수님도 이와 동일한 기적을 행하셨습니다. 좀 더 작은 스케일로, 그리고 좀 더 가속화된 상태로 이런 기적을 행하신 것입니다!
- 가나의 혼인 잔치에서, 예수님은 대부분의 사람들이 읽기에는 너무나 큰 글씨로 창조 세계 위에 쓰여진 동일한 이야기를 작은 글씨체로 '다시 말씀' 하고 계신 것입니다.

또 다른 예를 들어 보겠습니다! 매년 하나님은 적은 분량의 밀을 가져다가 엄청난 양의 밀로 바꾸십니다. 어떻게? 먼저 씨앗을 뿌립니다. 여러 달이 지난 후 한 알의 씨앗은 풍성한 수확이 됩니다. 그러면 사람들은 "자연의 법칙이 그렇게 만든 것이지!" 하며 마치 당연한 듯이 말합니다. 그러나 그들이 보지 못하고 있는 것은 커다란 글씨체로 밭 위에 쓰여진 하나님의 필체입니다.

예수님이 5,000명을 먹이셨을 때, 그분은 세상의 모든 곳에서 일어나는 이러한 매년의 기적을 작은 글씨체로 써서 모든 사람이 읽을 수 있도록 한 것입니다. 왜냐하면 5,000명을 먹이신 사건은 매년 적은 밀이 자라서 수백만 명이 먹게 되는 것과 동일한 기적이기 때문입니다. 유일한 차이가 있다면 속도와 스케일뿐입니다.

이와 동일한 원리를 물고기에도 적용할 수 있습니다. 물고기가 기적적으로 늘어나는 것은 모든 강이나 호수나 바다에서 일어나는 일입니다. 그리스도가 두 마리의 물고기를 가지고 5,000명을 먹이셨을 때보다 좀 더 크고 느린 속도로 진행되고 있을 뿐이지 그 사실은 동일한 것입니다.

기적은 하나님의 일하심일 뿐

하나님의 관점에서 볼 때, 기적이라는 것은 없습니다. 하나님은 그저 자연스런 방식, 자유스런 방식으로 일하실 뿐입니다. 비록 그렇게 하는 것이 우리들에게는 초자연적인 것처럼 보인다 할지라도 말입니다.

우리가 '기적들'이라고 부르는 것을 통하여, 하나님은 좀 더 여유 있게 전 세계적인 차원에서 행하시는 일들을 작은 스케일과 좀 더 빠른 속도로 행하시는 것입니다.

로버트 맥아피 브라운 Robert McAfee Brown 은 이것을 다음과 같은 방식으로 설명합니다.

자, 당신이 화성에서 온 사람이라고 가정해 보십시오. 당신이 타고 온 비행접시가 서울 도심 상공을 돌고 있을 때 지상의 도로 위를 달리는 자동차들과 교통 신호등을 보았다고 합시다.

잠시 이 땅의 도시를 관찰한 후에, 아마도 당신은 다음과 같은 결론을 내리게 될 것입니다. "이 도시는 일정한 법에 의해 통제를 받고 있구나. 즉 '차들은 신호등이 초록색일 때 움직이고 빨간색일 때 멈추는 법'에 의해 통제를 받고 있구나"라고 말입니다.

그런데 그때 무엇인가 새로운 것을 보게 되었습니다. 이상한 현상을 관찰하게 된 것입니다. 모든 차량이 갓길로 멈춰서는 것이었습니다. 그러더니 두 대의 차가 멈추지 않고 예닐곱 개의 빨간 신호등을 그대로 지나쳐 달리는 것이었습니다. 그리고 그 후에야 다시 차들이 서서히 움직이기 시작하는 것이었습니다.

만약 당신이 이러한 광경을 관찰했다면 매우 혼란스러울 것입니다. 왜냐하면 빨간 불에는 정지하고 초록색 불에는 간다는 법칙이, 갑작스레 달리는 어느 두 대의 차에 의해 깨지기 때문입니다. 빨간 불일 때 달리는 것은 '정상적인 법'에 상충하기 때문입니다. 그러나 정말로 그럴까요? 실제로는 그렇지 않습니다! 사실은 화성에서 온 당신이 알고 있는 법에 상충될 뿐입니다.

비행접시에 앉아 있는 당신이 알지 못하는 것은, 법 안에는 비상사태나 급한 때를 위한 조항이 있다는 사실입니다. 경찰이나 앰뷸런스가 사이렌 소리를 내며 나타나면 모든 차는 차도 옆에 서서 그 차들이 빨간 불에 상관없이 지나가도록 해야 한다고 법에 의해 규정되어 있습니다.

경찰 순찰차나 병원의 구급차는 법을 어기거나 범하는 것이 아닙니다. 그들은 다른 행성에서 온 외계인인 당신이 모르고 있는 법들의 일부분이 있다는 사실을 잘 보여 주는 예들입니다.

하나님의 법들도 이와 같다고 할 수 있습니다. 우리는 어떤 일들이나 사건들을 보면서 하나님이 만들어 놓으신 법들이 지켜지지 않고 있다고 잘못 인식하는 경우가 있습니다. 그러나 사실상 그것은 우리가 전혀 알지 못하는 하나님의 법들의 한 부분에 불과합니다.

- 우리는 우리가 살고 있는 이 세상에 대해 사실상 알고 있는 것이 매우 적습니다.
- 이 세상을 주관하고 있는 법들에 대해 우리가 얼마나 부실하게 알고 있는지요!
- 그러므로 '기적' 이라는 단어는 적절치 못한 용어입니다!

신약 성경은 이 단어를 한번도 사용하지 않습니다. 신약 성경에서 사용하고 있는 단어는 '기적' miracle이라는 단어가 아니라 '신호' 혹은 '표지' sign라는 단어입니다. 기적과 신호는 매우 다릅니다. 신호는 자신이 아닌 다른 그 무엇(본체)을 가리킵니다.[3]

예수님이 행하신 신호는,

- 이 세상 안에 하나님이 현존하신다는 사실을 가리킵니다.
- 우리의 세상을 침공하고 있는 하나님의 나라를 가리킵니다.

신호는 마치 저 멀리 지평선 위로 내리꽂히는 번개와 같습니다. 번갯불이 번뜩이며 터지는 순간, 너무 멀어서 어둠 가운데 잘 보이지 않던 마을과 풍경이 눈에 확연하게 들어옵니다. 그 순간 마을과 건물과 풍경들이 눈부실 정도로 환하게 드러나게 됩니다. 번개가 치는 순간 사람들은 그림 전체를 보게 되는 것입니다.

도래하는 하나님 나라는 예수님이 쏘신 신호탄(표지들)의 번뜩이는 광채를 통해 이미 그 자태를 드러내고 있는 것입니다.

- 예수님이 눈먼 자에게 시력을 회복시켜 주셨을 때
- 예수님이 귀먹은 자에게 청력을 회복시켜 주셨을 때
- 예수님이 벙어리에게 말을 주셨을 때
- 예수님이 절름발이를 걷게 하셨을 때
  - 그분은 장차 올 것을 미리 보여 주고 계셨던 것입니다.
  - 그분은 지평선 저쪽에 숨겨져 있는 하나님 나라의 광경을 순간적으로나마 보여 주고 계셨던 것입니다.

이것이 성경의 신호들(표적들)이 우리에게 전해 주는 좋은 소식(복음)입니다. 기적을 믿는 믿음의 눈을 가지십시오. 우리에게 힘과 용기를 줄 것입니다. 아멘.

영광 8

광야에 거하는 하나님의 영광
출애굽기 16:1-12

자손의 온 회중이 엘림에서 떠나 엘림과 시내산 사이 신 광야에 이르니 애굽에서 나온 후 제 이월 십오일이라 이스라엘 온 회중이 그 광야에서 모세와 아론을 원망하여 그들에게 이르되 우리가 애굽 땅에서 고기 가마 곁에 앉았던 때와 떡을 배불리 먹던 때에 여호와의 손에 죽었더면 좋았을 것을 너희가 이 광야로 우리를 인도하여 내어 이 온 회중으로 주려 죽게 하는도다 때에 여호와께서 모세에게 이르시되 보라 내가 너희를 위하여 하늘에서 양식을 비 같이 내리리니 백성이 나가서 일용할 것을 날마다 거둘 것이라 이같이 하여 그들이 나의 율법을 준행하나 아니하나 내가 시험하리라 제 육일에는 그들이 그 거둔 것을 예비할지니 그 거두던 것의 갑절이 되리라 모세와 아론이 온 이스라엘 자손에게 이르되 저녁이 되면 너희가 여호와께서 너희를 애굽 땅에서 인도하여 내셨음을 알 것이요 아침에는 너희가 여호와의 영광을 보리니 이는 여호와께서 너희가 자기를 향하여 원망함을 들으셨음이라 우리가 누구관대 너희가 우리를 대하여 원망하느냐 모세가 또 가로되 여호와께서 저녁에는 너희에게 고기를 주어 먹이시고 아침에는 떡으로 배불리시리니 이는 여호와께서 자기를 향하여 너희의 원망하는 그말을 들으셨음이니라 우리가 누구냐 너희의 원망은 우리를 향하여 함이 아니요 여호와를 향하여 함이로다 모세가 또 아론에게 이르되 이스라엘 자손의 온 회중에게 명하기를 여호와께 가까이 나아오라 여호와께서 너희의 원망함을 들으셨느니라 하라 아론이 이스라엘 자손의 온 회중에게 말하매 그들이 광야를 바라보니 여호와의 영광이 구름 속에 나타나더라 여호와께서 모세에게 일러 가라사대 내가 이스라엘 자손의 원망함을 들었노라 그들에게 고하여 이르기를 너희가 해 질 때에는 고기를 먹고 아침에는 떡으로 배부르리니 나는 여호와 너희의 하나님인줄 알리라 하라 하시니라

Glory In The Wilderness

모세와 아론이 온 이스라엘 자손에게 이르되

저녁이 되면 너희가 야웨께서 너희를 애굽 땅에서 인도하여 내셨음을 알 것이요

아침에는 너희가 야웨의 영광을 보리니

이는 야웨께서 너희가 자기를 향하여 원망함을 들으셨음이라.

우리가 누구관대 너희가 우리를 대하여 원망하느냐.

…아론이 이스라엘 자손의 온 회중에게 말하매 그들이 광야를 바라보니

야웨의 영광이 구름 속에 나타나더라.

야웨께서 모세에게 일러 가라사대 내가 이스라엘 자손의 원망함을 들었노라.

그들에게 고하여 이르기를 너희가 해질 때에는 고기를 먹고

아침에는 떡으로 배부르리니 나는 야웨 너희의 하나님인 줄 알리라 하라 하시니라.

_출애굽기 16:6-7, 10-12

이 장에서는 우선 "이스라엘이 광야/사막에 이르렀더라"는 구절이 갖는 의미가 무엇인지 살펴보겠습니다.

광야처럼 혼란스러운 시대

"이스라엘이 광야/사막에 이르렀더라"는 이스라엘이 우리가 살고 있는 환경-광야-에 이르렀다는 것입니다.

우리가 살고 있는 시대는 광야의 시간들이기 때문입니다. 어느 때에 우리가 살고 있습니까? 어떤 시대에 우리가 살고 있습니까?
- 옳고 그름을 명확히 구별지을 수 없는 때에 살고 있지 않습니까?
- 시계視界가 흐린 시간대가 아닙니까?
- 근본적인 가치들이 변해 가는 시대가 아닙니까?
- 기독교 신앙이 마치 모래 언덕처럼 침식돼 가고 있는 시대가 아닙니까?
- 모래 폭풍이 불어 지평선이 사라지는 시대가 아닙니까?

많은 사람들이 우리가 광야와 같은 그런 시대, 광야와 같은 그런 환경, 광야와 같은 그런 세상에 이르렀다고 느낍니다.

광야는 황량하고 가혹한 장소입니다. 누구도 돌봐 주는 일이 없는 냉혹한 세상입니다. 광야와 사막은 냉혹하고 혹독한 곳입니다. 매우 위험한 것들이 도사리고 있는 곳입니다.
- 방울뱀들이 뭅니다.

· 독거미가 뭅니다.

· 전갈이 쏩니다.

· 사막의 모래 온도가 100도까지 올라갑니다.

· 그리고 탈진합니다.

그러나 가장 큰 위험은 '길'을 잃어버리는 것입니다. 자신이 지금 어디에 서 있는지 전혀 방향을 알지 못하게 되는 것입니다. 이른바 '방향성의 상실'입니다. 이것보다 더 큰 위험이 어디에 있겠습니까?

큰 위험은 광야와 사막의 광활, 광대함 속에 삼킨 바 되는 것입니다. 그것은 들짐승들이 죽은 동물의 뼈들까지 깨끗하게 처리하는 살벌한 광경입니다. 그곳은 모래 속에 묻혀 있는 하얀 뼈들이 등골을 오싹하게 만드는 곳입니다.

그리고 광야와 사막은 말이 없습니다. 너무도 적막하고 조용합니다. 엄청난 두려움이 존재하는 곳이 사막입니다. 사막이 얼마나 무서운지를 가르쳐 주는 고대 전설이 하나 있습니다. 요셉과 마리아와 아기 예수님이 서슬 퍼런 헤롯의 칼을 피해 애굽으로 도주했을 때입니다.

광야를 지나게 되었을 때, 그들이 한 종려나무 밑에 이르게 되었습니다. 종려나무가 이 성스런 가족을 보자, 오싹한 두려움을 느꼈습니다. 종려나무는 이들을 보며 "아아, 이 사람들에게는 일곱 가지나 되는 죽음이 기다리고 있구나"라고 탄식하였습니다. '일곱 가지 죽음'이란 이런 것이었습니다.

· 사자가 그들을 삼킬 것이다.

· 뱀이 그들을 물 것이다.

· 그들은 목말라 죽을 것이다.

· 모래 폭풍이 그들을 생매장할 것이다.

· 강도들이 그들을 죽일 것이다.

- 일사병에 걸려 죽을 것이다.
- 두려움 때문에 죽게 될 것이다.

광야처럼 절망적인 세상

"이스라엘이 광야/사막에 이르렀더라"는 이스라엘이 우리가 살고 있는 환경-광야-에 이르렀다는 것입니다.

도대체 어떤 종류의 사막이며 광야입니까? 우리가 살고 있는 광야는 어떤 종류의 사막이며 광야입니까?

약 20년 전에 하버드 대학의 조지 스타이너 George Steiner 는 이 질문에 대해 다음과 같은 답을 했었습니다. 그는 "진리에게 미래는 있는가?"라는 제목의 강연을 했었는데 그때 그의 주장과 논리는 다음과 같습니다.

- 여러 세기 동안 서구 사회는 다음과 같은 성경 말씀들을 들으며 힘을 얻고 생동력을 얻었다.
  - "하나님은 자기가 만든 모든 것을 보았다. 보니 매우 좋았더라."
  - "말씀이 육체가 되어 우리 가운데 거주하게 되었다"
- 여러 세기 동안 서구 사회는 "이 세상은 좋은 세상이다", "예수 그리스도 안에 나타난 하나님은 이 세상 안으로 들어왔다" 등과 같은 신념들에 힘을 얻고 생동감을 제공받았다.

그리고
- 이러한 신념들은 결국 하나님과 이 세상과 미래는 근본적으로 '우리를 위해' 존재한다는 확신에 이르게 되었다. 일종의 낭만주의적 역사관이라 할 수 있는 것이다.
- 하나님과 이 세상과 미래는 근본적으로 우리에 대해 자비롭고 넉넉하다는 확신에 이르게 되었다.

- 이른바 '낙관주의' optimism 라는 것이 그것이다.
- 이러한 확신과 신념은 서구 사회를 앞으로 나가게 하는 추진력과 동기가 되었다.

스타이너는 그러나 이러한 '낙관론'은 우리 시대에 들어와 종말을 고하게 되었다고 했습니다. 이른바 낙관론의 종말을 주장한 것이었습니다.

세계대전들, 월남전과 한국전, 유대인 대학살, 구 소련의 몰락, 세계 질서의 개편, 민족주의의 발흥, 전 세계적 테러, 핵 확산과 생태계의 파괴 등은 우리의 미래를 매우 어둡게 하는 징조들이 되었다는 것입니다. 이제 우리는 위험천만하게도 다음과 같은 사실을 인정하고 믿지 않으면 안 되는 상황에 이르게 되었다는 것입니다. 즉,

· 미래는 근본적으로 불길하고 위태롭고 악성惡性적이다.
· 역사의 조류는 우리를 대항하여 밀려오고 있다.
· 우리에게는 미래를 향해 넓게 펴져 나가는 하이웨이가 없다.
· 우리에게는 오로지 막다른 골목, 궁지밖에 남은 것이 없다.
· 따라서 최상의 인간적 희망들도 결국 죽어 버리게 되어 있다.
· 우리는 세계 제 1, 2차 대전 같은 묵시론적 비극을 경험하였다.
· 유대인 600만 명이 죽는 '대학살' Holocaust 을 경험하였다.
· 인종 학살이 지구촌 곳곳에서 벌어지고 있다.
· 민족주의는 발흥하고, 테러는 더욱 대담해지고 있다.
· 생태계는 파괴되어 가고, 자연의 재원들은 고갈되어 간다.

우리는 "이 세상은 광야다"라고 믿을 수밖에 없는 절망적 상태에 이르게 되었다고 스타이너는 말하고 있는 것입니다.

이 사실을 다른 말로 바꾸어 보겠습니다. 최근까지만 해도 서구에 사

는 대부분의 사람들은 성경의 그림 세계 안쪽에서 살아왔습니다. 그러나 사실상 이 세계만이 그들이 살았던 유일한 세계는 아니었습니다. 그 사람들은 다른 세계 속에서도 살았습니다.

· 미신들의 세계 안에서도 살았습니다.
· 그리스와 로마의 고전 작품들이 만든 세계 안에서도 살았습니다.
· 현대 과학이 주조한 세계 안에서도 살았습니다.

아무리 그렇다 해도 서구 사람들이 주로 거주해 왔던 세계는 '성경의 세계'였습니다. 사실상 이러한 사실을 부인할 사람은 아무도 없을 것입니다. 소위 서구 문화와 서구 사회가 '유대-기독교 문명 사회'라는 사실을 부인하는 사람은 없습니다. 성경의 이야기들, 성경의 이미지들, 성경의 언어들과 용어들이 서구 문화의 머리부터 발끝까지 가득 차 있습니다.

그러나 이러한 모든 것이 지난 수십 년 간에 걸쳐 바뀌었습니다. 많은 사람들이 성경의 이야기로부터 떨어져 나갔으며, 성경에 대한 문맹률은 매우 보편화되었습니다. 성경의 기본적인 이야기들을 모르는 것이 이전에는 예외적인 일이었는데, 이제는 당연한 법칙이 된 것입니다. 이른바 세속화 현상이 널리 퍼진 것입니다.[1]

이것은 서구의 경우에만 해당되는 것이 아닙니다. 우리 한국 교회도 거의 동일한 현상을 답습하고 있습니다. 짧은 기간에 경이적인 기독교 전파의 열매를 거두었던 한국 교회가 1970년대 이후 경제 개발 논리에 좌지우지되며 '교회 성장 지상주의'라는 달콤한 금단의 열매를 따먹게 되었고, 신앙의 본질인 '성경적 교회'를 등한시하기 시작했습니다. 또한 현대의 나르시스적 신앙관과 자기중심적 편의주의에 몰입하게 되면서부터 교회 안에는 만성적 질병들의 징후들이 나타나기 시작했습니다. 그 중의 하나가 기독교적 어법語法을 상실한 세대가 되어 가고 있다는 것입니다. 특히 젊은 세대에 있어서 찬양과 경배에 대한 경이적인 관심은 놀랄 만한 현상이 아니지만, 그들의 신앙 기초가 되는 성경에 대한 문맹률은 가히 충격적이기까지 합니다.

성경에 대한 문맹률이 대대적인 현상이 되어 버리면서,
- 우리는 우리 공용의 언어를 상실하게 되었습니다.
- 우리는 우리 공용의 이야기와 이미지들을 잃어버리게 되었습니다.

그러자 새로운 타입의 사람들이 등장하기 시작했습니다.
- 성경 이야기에 대해 무식한 사람들
- 성경 이야기 바깥에서 잃어버린 바 된 사람들
- 성경의 토양으로부터 뽑혀진 사람들입니다.

광야처럼 하나님의 영광이 나타나는 곳

"이스라엘이 광야/사막에 이르렀더라"는 이스라엘이 우리가 살고 있는 환경-광야-에 이르렀다는 것입니다.

그러자 이스라엘 회중 전체가 일어나 모세와 아론에 대항하여 불평하고 불만을 터뜨리기 시작했습니다. "만일… 만일 우리가 애굽 땅에서 고기 가마 곁에 앉았던 때와 떡을 배불리 먹던 때에 차라리 하나님의 손에 죽었더라면…."

지난 과거가 너무도 달콤하고 좋았다는 것입니다! "그때 그 시절이 좋았는데…"라는 것입니다.
- 과거를 그리워하는 것, 이른바 '향수'라는 것이 그것입니다.
- 향수는 과거의 시간 속으로 여행하고픈 간절한 바람입니다. 있었던 그대로의 과거가 아니라, 그랬으면 좋았었겠다고 꿈꾸는 과거로 돌아가고픈 간절한 열망 말입니다.

- 향수는 실제로는 있지도 않았던 '좋았던 옛 시절'을 갈망하는 것입니다.
- 향수는 과거를 낭만적으로 회상하는 것입니다.

향수라 불리는 낭만적인 과거 회상에 대해서 성경은 다른 회상, 다른 종류의 추억을 말합니다. '좋았던 시절만' 회상하는 추억이 아니라 다른 회상이 있습니다. 이 회상을 가리켜 '포괄적 추억' wholistic remembering 이라고 칭합니다. 성경은 우리가 과거를 기억할 때 포괄적으로, 전체적으로 기억하라고 말씀하시기 때문입니다.

- 포괄적으로 기억한다는 것은,
  - 푸른 초원만을 기억하는 것이 아니라 사망의 음침한 골짜기들도 기억한다는 뜻입니다.
- 포괄적으로 기억할 때,
  - 우리는 하나님의 자비하심만을 기억하는 것이 아니라 그분의 분노도 기억하는 것입니다.
- 포괄적으로 기억할 때,
  - 우리는 하나님의 임재와 현존만을 기억하는 것이 아니라 그분의 부재와 침묵의 때도 기억하는 것입니다.
- 포괄적으로 기억할 때,
  - 우리는 고기 요리용의 깊은 냄비를 기억할 뿐만 아니라 우리를 혹독하게 다루었던 공사판의 십장什長도 기억하는 것입니다.

이스라엘 온 회중이 광야에서 모세와 아론을 향해 불만을 터뜨리면서 말합니다.
- "당신들이 광야로 우리를 인도하여 온 회중을 굶어 죽게 한다!"
- "당신들은 생명이 없는 이곳, 오직 죽음만 있는 이곳으로 우리를

인도하였다!"

모세와 아론이 무엇이라 대답하였습니까? 9절과 10절을 봅시다.

모세가 또 아론에게 이르되 이스라엘 자손의 온 회중에게 명하기를 야웨께 가까이 나아오라. 야웨께서 너희의 원망함을 들으셨느니라 하라. 아론이 이스라엘 자손의 온 회중에게 말하매 그들이 광야를 바라보니 야웨의 영광이 구름 속에 나타나더라.

본문 안에는 매우 독특한 교훈이 들어 있습니다. 하나님 영광의 출현입니다. 성경은 우리가 어디에서 하나님의 영광을 본다고 말씀하고 있습니까? 하나님의 영광이 어느 곳에 나타났다는 것입니까?
- 광야가 아닙니까? 황무지가 아닙니까?
- 그곳은 안전한 환경이 아닙니다.
- 우리가 통제하는 환경에 하나님의 영광이 나타난 게 아닙니다.
- 하나님의 영광은 그분이 모든 것을 통제하시는 곳에 나타났습니다.

시선을 바꾸어 이사야서를 보겠습니다. 선지자 이사야가 주님의 영광을 본 것은 언제였습니까? 선지자 이사야가 높이 들린 보좌에 앉으신 주님을 본 것은 언제였습니까?
- 한 왕이 죽던 해였습니다.
- 유다의 위대한 왕 웃시야가 죽던 해였습니다(사 6:1).

고대 사회에 있어서 왕은 사회와 국가를 하나로 묶는 구심점이었습니다. 왕들은 약 4000년 동안 사회를 하나로 묶는 역할을 했습니다. 왕들은 온갖 종류의 이름으로 무질서와 혼란을 막는 역할을 해 왔었습

니다. 따라서 왕이 죽는다는 것은
- 하나로 묶어진 것이 흩어지기 시작한다는 것을 의미했으며
- 사회는 혼란스러워지고 어지럽게 된다는 것을 의미했습니다.
- 전통이 죽는다는 것을 의미했습니다.
- 제도와 기관이 죽는다는 것을 의미했습니다.
- 오랫동안 차지하고 있던 지위들이 끝을 보게 된다는 것을 의미했습니다.
- 사람들은 혼란스러워 갈피를 잡지 못하게 됩니다.

그러나 바로 그때 무엇인가가 일어납니다.
- 그때 하나님이 보이기 시작합니다.
- 바로 그때 하나님은 새로운 방식으로 나타나십니다.
- 웃시야 왕이 죽던 해 이사야는 높이 들린 보좌에 앉으신 주님을 보게 됩니다.

우리의 이야기에서도 동일한 일이 벌어지고 있습니다.
- 애굽 경제가 제공한 안전이 옛 이야기가 되었을 때
- 물과 양식 공급이 바닥났을 때
  - 사람들은 주님을 보았습니다.
  - 사람들은 광야 저쪽 너머로 하나님의 영광을 보았던 것입니다.
  - 하나님의 영광이 나타나리라고는 전혀 기대도 예측도 하지 않은 장소, 즉 광야에서 그들은 하나님의 나타나심을 보았습니다.
  - 어찌 보면 볼 수 없는 곳에서 볼 수 없는 것을 그들은 본 겁니다.

그때 주님이 모세에게 말씀하십니다. "이스라엘인들이 불평하고 원망하는 소리를 다 들었다. 그들에게 가서 전하라! 너희가 해질 때에는

우리의 필요를 가장 잘 아시는 그분께서
광야에 사는 우리에게 양식을 주시되
규칙적으로, 정하신 방식에 따라
신실하게 주십니다.

고기를 먹고 아침에는 떡으로 배부를 것이다. 그때에 나는 야웨 너희의 하나님인 줄 알리라."

날마다 새로우신 분

우리는 여기서 예수님이 산 위에서 하신 말씀을 연상하게 될 것입니다. 뭐라고 말씀하셨던가요?
- 너의 목숨에 대해 걱정하지 말라.
- 무엇을 먹을 것인가, 무엇을 마실 것인가 걱정하지 말라.
- 내일에 대해 걱정하지 말라.
- 내일은 내일의 걱정들과 함께 오기 때문이다.

하나님은 양식을 보내십니다.
- 한번에 한번 먹을 양식을 보내십니다.
- 한 날을 위한 양식을 보내십니다.

각각의 끼니는 하나님으로부터 온 신성한 선물입니다. 하나님은 결코 우리에게 일주일치 양식을 주시지 않습니다.
- 날마다 시작되는 새로운 날과 함께, 하나님은 우리에게 주실 것을 주시는 분입니다.
- 그분의 인자하심(חסד, '헤세드')은 아침마다 새롭습니다.
- 날마다 찾아오는 그분의 성실하심은 참으로 크고 큽니다.

이것은 우리가 받아들이기에 참으로 어려운 일입니다. 왜냐하면 우리는 늘 내일을 위해 만나를 쌓아 두기 때문입니다.
왜 우리는 내일을 위해 만나를 쌓아 두려는 것입니까?

- 만나를 저축하는 것이 무슨 잘못이란 말입니까?
- 만나 저축 은행을 세우는 것이 잘못인가요?

그러나 하나님은 그것이 잘못이라고 말씀하십니다. "내가 공급해 주는 매일의 양식은 나 자신을 너무도 닮았다"고 하나님은 말씀하십니다. 무슨 뜻입니까?
- 너희는 나를 저축할 수 없다.
- 너희는 나를 쌓아 둘 수 없다.
- 너희는 나를 소유할 수 없다.
- 너희는 나를 조정하거나 통제할 수 없다.
- 너희는 언제라도 너희가 필요할 때 나를 사용하려고 하는구나!
- 나는 너희들 마음대로 사용되는 소모품이 아니다!
- 너희가 나를 소유할 수 없는 것처럼, 너희는 내가 너희에게 주는 것을 소유할 수 없다.
- 너희가 나를 통제하거나 조절할 수 없는 것처럼, 너희는 내가 너희에게 주는 양식을 통제하거나 조절할 수 없다.

하나님은 날마다 필요한 분이십니다! 그러나 그럼에도 불구하고 한 가지 분명한 것은, 그분이 다음과 같이 말씀하시는 것입니다.
- 그 양식은 항상 너희가 그것을 꼭 필요로 할 때 주어질 것이다.
- 항상 끊임없이 있을 것이다.

이것을 가리켜 '놀라운 은혜'라고 하는 것이 아니겠습니까?
이스라엘 백성이 모세와 아론에 대해 원망할 때, 양식이 어디로부터 올 것인가 하고 걱정스런 눈으로 쳐다볼 때, 하나님은 다음 날 만나를 배달하겠다고 약속하셨습니다.

다음 날이었습니다. 아침 이슬이 아직 이스라엘 진영에서 완전히 가시지 않았을 때, 사람들은 곱고 엷은 조각과 같은 것이 광야의 지면에 있는 것을 보게 됩니다. 기이한 일이라 사람들이 서로 묻기 시작했습니다. "만 후?" (מָן הוּא, what is this) 이 말은 '이것이 뭐냐?' 라는 뜻입니다. '만나' manna 라는 단어는 사실상 어떤 떡이나 음식의 '이름' 이 아닙니다. '만나' 라는 단어는 '질문' 입니다. 놀라서 외치는 소리입니다. "이것이 무엇인가?" 도저히 상상할 수 없는 일들이 일어난 것에 대한 경이로운 목소리며 놀람의 반응입니다.

- 광야에서, 이스라엘은 오직 애굽에서나 얻을 수 있다고 생각했던 것을 공급받고 있는 것입니다. 그것도 광야에서 말입니다.
- 광야에서, 이스라엘은 그들이 전혀 알지 못하던 경제 체제(창고)에서 온 '양식' 을 받고 있는 것입니다.

광야에서, 이스라엘은 그들이 전혀 기대하지 않았던 방식, 즉 정기적 · 규칙적으로 변함없이 일관되게 주어지는 양식을 받은 것입니다.

매일의 양식을 구한 앨료스카처럼

잠 안 오는 밤, 지루하거나 시간이 있으면 알렉산더 솔제니친이 쓴 아름다운 소설 「이반 데니소비치의 어느 하루」를 한번 읽어 보시기 바랍니다. 이 소설은 현대의 광야에 관한 이야기입니다. 옛 소련의 강제 노동소에 관한 이야기입니다.

강제노역이라는 광야 생활을 하면서도 이상하리만큼 전혀 영향을 받지 않는 사람이 있었습니다. 그 사람의 이름은 앨료스카로 매우 신실한 크리스천이었습니다.

아무튼, 감옥이라는 끔찍한 환경이 웬일인지 그에게는 아무런 힘도 미치지 못합니다.
- 그는 날마다 다른 통로를 통해 힘을 공급받습니다.
- 그가 갖고 있는 공책으로부터 큰 힘을 얻고 있었습니다.
- 그것은 그가 복음서 절반을 기록해 놓은 공책이었습니다.

어느 날이었습니다. 복음서를 읽고 있던 앨료스카가 그의 옆에 있던 동료 이반 데니소비츠를 돌아보며 말합니다. "여보시오. 여기를 보시오. 당신의 영혼이 하나님께 기도하기를 원하고 있소. 그렇게 원하는데 왜 당신은 그렇게 하지 않소?"

그때 이반 데니소비츠가 대답합니다.

"내가 말하지요. 앨료스카 씨! 왜 내가 기도하지 않는지를 말이요. 우리가 드리는 모든 기도는, 모두 저 높은 곳으로 보내지는 우리의 원망과 불평 같은 것들입니다. 당신은 그 기도들이 어떻게 되는 줄 아십니까? 내가 볼 때 아마 다음 두 가지 중의 하나로 결말지어질 것 같습니다. 첫째, 그 기도들은 저 하늘까지 도착하지 못하거나, 둘째, 도착해도 '수취 거절'이란 도장이 찍혀서 다시 돌아오거나 말입니다. 앨료스카 씨, 당신이 드리는 기도에 대해 말씀해 보시오. 당신은 우리가 드리는 기도보다 더 나은 것이 있소? 우리 모두 이 곳, 이 지옥 같은 곳에 있은 지 25년이나 되었소. 여기 각 사람 모두가 25년씩 말이오!"

이 말에 앨료스카가 다음과 같이 대답합니다.

"이반 데니소비츠 씨, 나는 그렇게 기도 드리지 않습니다. 주님께서 우리에게 기도하여 구하라고 하신 유일한 것은 '매일의 양식'입니다. 그래서 나는 이렇게 기도합니다. '이 날에 우리에게 필요한 매일의 양식을 주십시오'라고 말입니다."

이스라엘과 지금의 우리 모두는 앨료스카가 배웠던 것을 다시 반복해서 배워야 합니다.
- 모든 양식
- 삶을 위한 모든 힘
- 미래를 위한 모든 희망

이런 것들은 모두 하나님으로부터 온다는 사실을 말입니다. 그리고 그분은 그것을 하루치씩 꾸러미로 만들어 보내신다는 사실을 말입니다. 하나님은 항상 공급해 주십니다. 그러나 그분의 시간에, 그분이 약속하신 방식에 따라 공급해 주십니다.

앨료스카는 애가 3:19-23에 담긴 신앙을 그대로 구현하며 살았던 사람입니다.

내가 겪은 그 고통,
쓴 쑥과 쓸개즙 같은 그 고난을 잊지 못합니다.
잠시도 잊을 수 없으므로,
울적한 마음을 가눌 길이 없었습니다.
그러나 마음속으로 곰곰이 생각하며
오히려 희망을 가지는 것은,
주의 한결같은 사랑(חֶסֶד)은 다함이 없고
그 긍휼(רַחֲמִים)이 끝이 없기 때문입니다.
주의 사랑과 긍휼이 아침마다 새롭고,
주의 신실하심이 크기 때문입니다.

그렇습니다.
- 삶을 위한 모든 것, 양식과 삶을 위한 힘, 미래에 대한 희망들, 이 모두는 신실하신 하나님으로부터 옵니다.

- 광야에 사는 우리들에게 양식을 주시되 규칙적으로 주시며, 광야에 사는 우리들에게, 우리의 필요를 가장 잘 아시는 그분께서 자신이 정하신 방식에 따라 신실하게 공급해 주십니다.
- 하나님의 은혜가 광야에 나타나신 바 된 것입니다.
- 하나님의 자비와 긍휼이 사막에 나타나신 바 된 것입니다.
- 그분을 신뢰합니다. 그분을 찬양합니다. 아멘.

주의 인자(חֶסֶד)는 끝이 없고
그의 자비(רַחַם)는 무궁하며
아침마다 새롭고 늘 새로우니
주의 성실(אֱמוּנָה)이 큼이라
오, 성실하신 주님!

갈망 9

뒤돌아 서서 바라본 하나님
출애굽기 33:12-23

여호와께 고하되 보시옵소서 주께서 나더러 이 백성을 인도하여 올라가라 하시면서 나와 함께 보낼 자를 내게 지시하지 아니하시나이다 주께서 전에 말씀하시기를 나는 이름으로도 너를 알고 너도 내 앞에 은총을 입었다 하셨사온즉 내가 참으로 주의 목전에 은총을 입었사오면 원컨대 주의 길을 내게 보이사 내게 주를 알리시고 나로 주의 목전에 은총을 입게 하시며 이 족속을 주의 백성으로 여기소서 여호와께서 가라사대 내가 친히 가리라 내가 너로 편케 하리라 모세가 여호와께 고하되 주께서 친히 가지 아니하시려거든 우리를 이곳에서 올려 보내지 마옵소서 나와 주의 백성이 주의 목전에 은총 입은 줄을 무엇으로 알리이까 주께서 우리와 함께 행하심으로 나와 주의 백성을 천하 만민 중에 구별하심이 아니니이까 여호와께서 모세에게 이르시되 너의 말하는 이 일도 내가 하리니 너는 내 목전에 은총을 입었고 내가 이름으로도 너를 앎이니라 모세가 가로되 원컨대 주의 영광을 내게 보이소서 여호와께서 가라사대 내가 나의 모든 선한 형상을 네 앞으로 지나게 하고 여호와의 이름을 네 앞에 반포하리라 나는 은혜 줄 자에게 은혜를 주고 긍휼히 여길 자에게 긍휼을 베푸느니라 또 가라사대 네가 내 얼굴을 보지 못하리니 나를 보고 살 자가 없음이니라 여호와께서 가라사대 보라 내 곁에 한 곳이 있으니 너는 그 반석 위에 섰으라 내 영광이 지날 때에 내가 너를 반석 틈에 두고 내가 지나도록 내 손으로 너를 덮었다가 손을 거두리니 네가 내 등을 볼 것이요 얼굴은 보지 못하리라

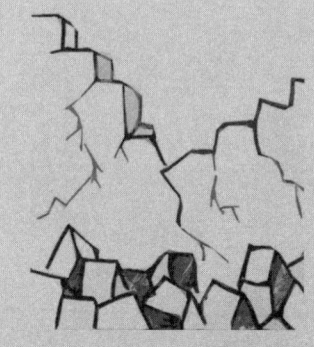

GOD IN RETROSPECT

주께서 다시 말씀하셨다.

"그러나 내가 너에게 나의 얼굴은 보이지 않겠다.

나를 본 사람은 아무도 살 수 없기 때문이다." 주께서 말씀을 계속하셨다.

"너는 나의 옆에 있는 한 곳, 그 바위 위에 서 있어라.

나의 영광이 지나갈 때에, 내가 너를 바위틈에 집어넣고,

내가 다 지나갈 때까지 너를 나의 손바닥으로 가리워 주겠다.

그 뒤에 내가 나의 손바닥을 거두리니, 네가 나의 등을 보게 될 것이다.

그러나 나의 얼굴은 볼 수 없을 것이다."

_출애굽기 33:21-23

크리스천들은 이 땅의 이방인들이요 외국인들입니다. 그들은 이 땅에 사는 나그네이며 임시 체류자들입니다. 이 세상은 그들에게 있어 타향입니다. 우리는 자주 이런 말을 들어왔습니다.

그렇습니다. 크리스천들은 나그네입니다. 어디론가 이동해 가는 사람들입니다. '길' 위에 있는 사람들이요 천성을 향해 가는 순례자들입니다.

나그네로 사는 것은 기술이 아니라 '예술' art입니다. 무엇이 '나그네로 사는 예술' 입니까? 그 '예술' 이라고 하는 것은 올바른 길을 찾는 것을 의미합니다. 불확실한 미래 앞에서, 방황하기에 너무도 적절한 광야에서, 나그네가 가져야 할 삶의 예술은 길을 분별하고 길을 찾아내는 것입니다. 지도에도 나타나지 않는 곳을 향해 가는 길을 찾는 것은, 결코 종교 서적이나 세미나에서 얻을 수 있는 기술이 아닙니다. 그것은 고도의 예술을 요구합니다.

나그네로 사는 데는 '비밀' secret이 있습니다. 스스로 풀어야 할 비밀입니다. 그 비밀의 열쇠는 그가 스스로 올바른 길을 찾을 수 없다는 사실을 인식하는 것입니다. 나그네는 급변하는 주변 환경과 자신에 기준을 두어서는 안 됩니다. 그 안에는 길을 분별할 수 있는 능력이 내재하지 않습니다. 그는 이 사실을 깊이 인식해야만 합니다. 이것이 바로 나그네로 사는 비밀입니다.

나그네로 살아가려면 '지혜' wisdom 가 있어야 합니다. 나그네가 가져야 할 참 지혜는, 그렇습니다! 마치 한 시인이 기도하듯이 기도하는 것입니다. "오 주님, 나로 당신의 길들을 알게 하여 주소서. 나에게 당신의 길을 가르쳐 주소서"(시 25:4).

모세는 현명하고 지혜로운 나그네였습니다. 그는 하나님께 요청했습니다. "저에게 당신의 길들을 보여 주소서."

일찍이 하나님이 모세에게 말씀하신 적이 있습니다. "이곳을 떠나가거라. 너는 네가 애굽 땅에서 인도하여 낸 백성들과 함께 내가 아브라함과 이삭과 야곱에게 맹세하여 주겠다고 한 땅으로 가라. 내가 네 자손들에게 그 땅을 주리라."

모세의 요청 1 : 하나님의 길

모세가 하나님께 대답했습니다. "내게 당신의 길들을 보여 주십시오. 미래를 미리 보여 주십시오. 그리고 내가 직면하게 될 난관들에 대해서도 말씀해 주십시오." 모세는 하나님께 미래에 대한 시사회를 요청했던 것입니다. 모세는 그가 가야 할 길이 아무도 이전에 가지 않았던 길임을 알았습니다. 발자국도 남지 않는 모래 길이 그 앞에 전개될 것이라는 사실도 알았습니다. 그가 가야 하는 앞길에는 먹을 것과 마실 것과 입을 것도 없는 곳, 사람들이 희망을 잃고 낙담하게 될 상황이 있을 것이라는 사실을 알고 있었습니다.

"저에게 당신의 길들을 보여 주십시오"라고 모세는 기도합니다. 이에 대한 하나님의 대답은,

- 내 길들을 네게 보여 줄 수 없다. 그 대신 나의 현존이 너와 함께 갈 것이다.
- 미래에 대한 시사회를 너에게 보여 줄 수 없다. 그 대신 나의 임재가 너와 동행할 것이다.
- 내가 할 수 있는 일이 있다면, 네가 어디로 가든지, 네가 무슨 일을 만나든지 내가 너와 함께하리라는 약속을 네게 주는 것이다. 모세

야, 나의 현존이, 나의 임재가 너와 함께 갈 것이다.

모세의 요청 2 : 하나님의 영광

그러자 모세는 하나님께 두 번째 요청을 드립니다. 그의 두 번째 요청은 다음과 같습니다.
- 나에게 하나님의 '영광'을 보여 주십시오!(출 33:18)
- 나에게 하나님의 현존을 보여 주십시오!
- 나에게 하나님의 임재가 보이도록 해 주십시오!
- 나에게 하나님의 영화를 보여 주십시오!

그에 대한 하나님의 대답입니다.
- 네게 나의 영광을 보여 줄 수 없다. 그러나 내 모든 선善함으로 네 앞을 지나가게는 할 것이다.
- 내 현존을 네게 보여 줄 수는 없다. 그러나 나의 현존 흔적을 뒤에 남겨 놓을 것이다.
- 내 임재를 네게 보여 줄 수 없다. 그러나 나의 발자국과 손자국을 뒤에 남겨 놓겠다.

'나'는 어떻게 하나님을 경험합니까? 나는 어떤 방식으로 나의 삶 속에서 하나님의 현존을 분별하게 됩니까? 하나님의 임재를 경험하고 분별하는 방식이 있다면,
- '과거에 내게 베푸신 하나님의 선하심을 기억함으로써' 입니다.
- '나의 삶을 되돌아봄으로써' 입니다.
- '나의 삶 속에 나타난 하나님의 손자국과 발자국을 찾아봄으로써' 입니다.

만일 지금 나의 삶 속에 나타난 하나님의 임재와 현존을 의심한다면, 과거에 나의 삶 속에 나타나셨던 하나님의 현존을 '기억' 해 보십시오. 하나님이 어떻게 나의 삶을 수많은 복들로 채워 주셨던가를 기억해 보십시오.

· 내가 달라고 요청하지도 않았던 복들
· 감히 나는 바라지도 못했던 복들
· 받을 자격도 없는 내게 주어졌던 복들

그 복들을 기억해 보십시오. 그러면 하나님이 얼마나 나를 선대하셨는가를 알게 될 것입니다.

"내 영광을 너에게 보여 줄 수 없다. 그러나 나의 모든 '선함' 들을 네 앞에 지나가게 할 것이다"라고 하나님이 모세에게 말씀하십니다. 하나님이 이렇게 말씀하셨을 때, 모세는 그분이 무슨 의미로 그 말씀을 하시는지 잘 알고 있었습니다. 갓난아기였던 그는 애굽 공주에게 구출된 적이 있습니다. 또 도망자 신세였던 그는 미디안의 한 제사장에게 도움을 받았던 적이 있습니다.

그 외에도 모세는 수많은 삶의 굴곡을 통과하면서 하나님이 선하신 분이라는 것을 몸소 배웠습니다. 정말로 하나님은 그에게 선하셨습니다. 그를 선대하셨던 것입니다. 신실하고 좋으신 분이었습니다.

이제 출애굽기 33장에서 하나님이 그에게 말씀하십니다. "과거에 너에게 베푼 나의 선함을 기억하거라. 미래에 있을 나의 선함 역시 그와 같을 것이다."

그리고 하나님은 한 가지 말씀을 덧붙이셨습니다. "너는 나의 선함을 믿을 수 있을 뿐 아니라, 나의 선함이 '주권적 선함' 이라는 사실도 배우게 될 것이다." 다시 말해서, 하나님의 선하심은 예측할 수 없는 선하심이며 누구도 조작할 수 없는 선하심이라는 것입니다. 그가 하신 다음과 같은 말씀은 바로 이런 뜻입니다.

"나는 내가 은혜를 베풀 자에게 은혜를 베풀고 자비를 베풀 자에게 자비를 베풀고 불쌍히 여길 자를 불쌍히 여기는 '주권적' 하나님이다."

모세의 요청 3 : 하나님의 얼굴

모세가 하나님께 세 번째 요청을 합니다.
- 그의 첫 번째 요청은, 자기에게 하나님의 '길들'을 보여 달라는 것이었습니다.
- 그의 두 번째 요청은, 자기에게 하나님의 '영광'을 보여 달라는 것이었습니다.
- 그의 세 번째 요청은, 자기에게 하나님의 '얼굴'을 보여 달라는 것이었습니다.

그에 대한 하나님의 대답은 분명했습니다. "너는 나의 얼굴을 볼 수 없다. 아무도 내 얼굴을 보고는 살 수 없기 때문이다." 그렇습니다. 만일 우리가 하나님의 얼굴을 직접 보게 된다면 우리는 죽을 것입니다. 하나님은 아무도 접근할 수 없는 빛 가운데 계시기 때문입니다(딤전 6:16). 사람들이 하나님께 너무 가까이 다가서면 그들은 무서운 공포에 압도되곤 합니다. 좋은 예가 야곱의 경우입니다.

야곱이 사닥다리에 대한 꿈-실제로는 지구라트ziggurat 환상이다[1]-을 꾼 후, 그는 다음과 같은 생각을 했습니다. "확실히 주님께서 이곳에 계시는구나. 이 사실을 나는 알지 못했어!" 성경 기자는 그 후의 상황에 대해 이렇게 쓰고 있습니다. "야곱이 두려워하여 말하기를 이곳이 얼마나 두려운 곳인가! 이곳이 하나님의 집이로다. 이곳이 하늘의 문이로다!"(창 28장)

이사야도 이와 비슷한 경험을 한 적이 있습니다. 하나님의 옷자락이 그의 곁에 드리우자 그가 소리쳤습니다. "나에게 화로다. 나는 죽었구나. 나는 부정한 입술을 가진 사람이기 때문이다"(사 6장). 베드로 역시 이와 비슷한 경험을 한 일이 있습니다. 기적적으로 엄청난 고기를 잡게 되자 "주여, 나를 떠나소서. 나는 죄인입니다!" 라고 외쳤었습니다.

이상과 같은 이야기들을 듣고 있노라면, 우리는 동일한 경험이 진술되고 있다는 것을 알 수 있습니다. 하나님께 접근할 수 없는 경험, 가까이 갈 수 없는 하나님에 대한 경험 말입니다.

하나님이 가까이 오시면 사람들은 자신들이 누구인지 깨닫게 됩니다. 자신들이 어떤 존재인지 인식하게 되는 것입니다.

- 현재의 모습으로는 하나님 앞에 설 수 없는 사람들
- 하나님을 보면 죽게 되는 사람들

그들은 바로 이런 사람들입니다. 하나님이 모세에게 말씀하십니다. "너는 내 얼굴을 볼 수 없다. 아무도 나를 보고 살 수 없기 때문이다."

세상에 가득한 그분의 뒷모습

그리고 하나님은 모세에게 한 가지를 더 말씀하셨습니다.

내 곁 가까이 한 곳이 있다. 너는 그곳 한 바위 위에 서라. 내 영광이 지나갈 때, 내가 너를 바위틈 사이에 넣고 내가 지나갈 때까지 내 손으로 너를 가리울 것이다. 그 후 내가 내 손을 떼면 네가 내 등을 볼 것이다. 그러나 내 얼굴은 보지 못하리라(출 33:21-23).

- 너는 내 등을 볼 것이다. 그러나 내 얼굴은 볼 수 없을 것이다.
- 너는 오직 뒤에서 나를 볼 수 있을 것이다.

· 너는 뒤돌아 서서 나를 볼 수 있을 것이다. 정면으로는 나를 볼 수 없다.
· 너는 내 현존의 후광만을 식별할 수 있을 것이다.
· 너는 오직 나의 발자국, 손자국만을 볼 수 있을 것이다.

하나님이 우리를 상대로 분주하게 일하실 때, 그분의 손은 우리의 눈을 가리십니다. 그러나 일이 끝났을 때 하나님은 우리 눈을 가렸던 그분의 손을 거두십니다. 바로 그때서야,
· 우리는 하나님의 등을 볼 수 있습니다.
· 우리는 뒤돌아 서서 하나님을 볼 수 있습니다.
· 우리는 하나님을 뒤에서 바라볼 수 있습니다.
· 우리는 하나님을 회고적回顧的으로 바라봅니다.

이 세상은 하나님의 뒷모습들로 가득 차 있습니다.
· 황혼과 일몰
· 푸른 삶의 신비를 지닌 나무들
· 별은 이미 소멸되었음에도 불구하고 수백 광년 걸려 우리에게 오고 있는 별빛들이 있습니다. 이로 인해, 우주 가운데 어느 하나도 하나님의 등을 보여 주지 않는 게 없다고 말할 수 있을 것입니다. 곰곰이 생각해 보면 이 세상은 하나님의 뒷모습을 보여 주는 것들로 가득 차 있습니다.

바울도 이러한 사실을 로마인들에게 보낸 한 편지에서 말한 적이 있습니다. 그는 복음을 들어 보지 못한 이방인들도 하나님 앞에서는 변명할 수 없다고 했습니다. 그들의 행동들에 대해 책임을 피하지 못한다는 것입니다. 왜냐하면 그들은 하나님이 만드신 만물들을 통하여 하나님

의 능력과 신성神性을 볼 수 있기 때문이라고 말합니다(롬 1:20). 그들도 하나님의 등만 볼 수 있습니다.

성경은 반복해서 하나님의 뒷모습에 대해 말하고 있습니다. 우리는 요셉의 이야기를 잘 기억하고 있습니다. 이야기의 끝 무렵에 가면, 요셉의 형제들이 요셉에게 자신들이 저질렀던 잘못을 용서해 달라는 장면이 있습니다. 이에 대해 요셉이 말합니다. "나는 형님들을 용서합니다." 그러고 나서 그는 하나님의 '뒷모습'에 대해 말하기 시작합니다. 형제들에게 다음과 같이 말합니다. "당신들은 나를 해치려고 계획했지만, 하나님은 그것을 선한 것으로 바꾸셨습니다. 수많은 사람들을 살리기 위함이었습니다." 하나님의 등을 보았던 그는 다음과 같이 말할 수 있었습니다. 그의 말을 직접 들어 보겠습니다.

형님들이 나를 이 곳에 팔아 넘기기는 하였습니다만, 그것은 하나님이 형님들보다 앞서서 나를 여기에 보내셔서 우리의 목숨을 살려 주시려고 그렇게 하신 것입니다.… 하나님이 나를 형님들보다 앞서서 보내신 것은, 하나님이 크나큰 구원을 베푸셔서 형님들의 자손을 이 세상에 살아남게 하시려는 것이었습니다. 그러므로 실제로 나를 이리로 보낸 것은 형님들이 아니라 하나님이십니다(창 45:5, 7, 8).

요셉은 '회고적'으로 이 말을 하고 있습니다. 그는 삶을 뒤돌아보면서 이 말을 하고 있는 것입니다.

요셉이 그의 형제들에 의해 노예로 팔렸을 때, 하나님은 요셉과 함께 계셨습니까? 물론입니다. 그분은 요셉과 함께 계셨을 것입니다. 그렇다면… 요셉은 하나님의 현존을 보았습니까? 아닙니다. 그때 그는 하나님의 임재를 볼 수 없었습니다.

보디발의 아내가 요셉에 대해 거짓말을 했을 때, 하나님은 요셉과 함께 계셨습니까? 물론입니다. 그분은 요셉과 함께 계셨을 것입니다. 그렇다면… 요셉은 하나님의 현존을 보았습니까? 아닙니다. 그때 그는 하나님의 임재를 볼 수 없었습니다.

요셉이 억울한 누명을 쓰고 감옥에 갇혔을 때, 하나님은 요셉과 함께 계셨습니까? 물론입니다. 그분은 요셉과 함께 계셨을 것입니다. 그렇다면… 요셉은 하나님의 현존을 보았습니까? 아닙니다. 그때 그는 하나님의 임재를 볼 수 없었습니다.

요셉은 하나님이 자기를 지나가실 때까지 자기의 삶 속에서 그분이 일하고 계시다는 것을 볼 수 없었습니다. 하나님이 지나가신 후, 요셉의 눈에서 자신의 손을 거두어들이실 때 비로소 요셉은 하나님의 등을 보았던 것입니다.

하나님의 등을 보았던 또 다른 인물이 있습니다. 시편 73편의 시인인 아삽이 그 사람입니다. 그의 시는 다음과 같이 시작됩니다. "진실로 하나님은 정직한 사람에게 선을 베푸시는 분이십니다. 하나님은 그 마음이 정결한 사람들에게 선을 베푸시는 분이십니다."

아삽의 이 말은 회고적입니다. 오랜 동안 눈먼 세월을 보낸 후에 하는 말입니다.

- 오랜 세월 동안 아삽은 하나님의 선하심을 볼 수 없었습니다.
- 아니, 하나님의 선하심을 보는 데 실패했다고 하는 편이 정확할 것입니다.
- 오랜 세월 동안 아삽은 잘못된 방향에 서서 바라보고 있었던 것입니다.
- 그는 사람들을 쳐다보고 있었습니다.
- 그는 악한 자들에 대해 질투하고 있었습니다.

　　하는 일마다 잘되는 사람들,
　　아무 걱정 없이 사는 사람들,

세상이 어떻게 돌아가든 상관하지 않는 사람들,
오만 방자하게 행동하고 잘난 체하는 자들,
건방지고 살찐 자들,
목이 곧고 거만한 자들을 말입니다.

아삽의 마음은 혼란스러웠습니다. 도대체 어떻게 돌아가는 것일까? 하나님은 도대체 무엇을 하고 계시단 말인가? 출타하신 것일까? 아니면 점심 식사하러 나가신 것일까? 도대체 하나님이 어디에 계시다는 말인가?

그는 그의 혼란스런 마음을 다음과 같이 쓰고 있습니다. "나는 내 삶 속에서 일하시는 하나님을 보려고 애썼지만 볼 수 없었습니다. 내가 얻은 것이라곤 깨지는 머리와 혼란스런 마음뿐이었습니다. 그러나 하나님의 성소에 들어가서야,

- 나는 그들의 결국을 바라보게 되었습니다. 어떻게 그들이 한순간에 멸망하게 되는지 보게 된 것입니다.
- 하나님이 자신의 의중에 따라 나를 안내해 주신다는 것을 나는 알게 되었습니다.
- 하나님의 권고가 배의 보이지 않는 키처럼 나의 삶을 인도해 주셨다는 것을 나는 인식하게 되었습니다.
- 하나님이 항상 내 곁에 가까이 계셨다는 것을 나는 깨닫게 되었습니다."

우리는 우리의 인생 여정을 뒤돌아보면서, 하나님이 우리의 삶 속에서 일하고 계셨음을 보지 못했던 자신을 생각해 보며 깊이 아쉬워하고 부끄러워 할 때가 있습니다. 나중에 돌이켜 보며, 분명히 그때 그분이었다는 사실이 확실해지면서 말입니다.

그 얼굴에 대한 갈망

하나님의 뒷모습들은 매우 아름답습니다. 그리고 우리에게 커다란 위로가 됩니다. 그럼에도 불구하고 길게 보면 그것들은 우리에게 충분한 만족을 주지는 못합니다.

얼굴과 얼굴을 보듯 하나님을 만나 보기를 바라는 영혼의 갈망과 목마름이 너무 강하기 때문입니다.

목마른 사슴이 시냇물을 찾아 헤매듯이,
나의 영혼이 주님을 찾기에 갈급합니다.
내 영혼이 살아 계신 하나님을 애타게 그리워하는데,
내가 언제나 나아가서
하나님의 '얼굴'을 뵐 수 있을 것입니까? (시 42편)

시인은 자신이 지금 무엇을 말하고 있는지 알았습니다. 오직 하나님의 '얼굴'을 뵙는 것만이 영혼에 진정한 만족을 준다는 사실입니다.
- 어느 때인가 우리는 우리 삶의 피부에 다가오시는 하나님의 숨결을 느낍니다.
- 어느 때인가 우리는 우리 가까이에 계시는 하나님의 현존을 느낍니다.

그럼에도 불구하고 우리는 하나님의 얼굴 뵙기를 간절히 소원합니다. 그래서 우리는 기도하기를,
- 여호와여 그 '얼굴'을 우리 위에 비추시고
- 여호와여 그 '낯'을 우리를 향하여 드시고
- 여호와여 우리에게 우리를 충만히 만족시킬 비전을 주소서.

그렇다면 이제 하나님의 얼굴을 보려면 어디를 쳐다보아야 합니까? 어느 곳을 쳐다보아야 우리가 하나님의 얼굴을 볼 수 있겠습니까? 어디입니까? 아마도 대부분의 크리스천들은 "예수 그리스도입니다!"라고 할 것입니다. 그렇습니다. 예수 그리스도 안에서 우리는 하나님의 얼굴을 볼 수 있습니다. 예수 그리스도는 하나님의 얼굴이기 때문입니다.

예수님에 대해 바울은 '그분은 보이지 않는 하나님의 형상'이라고 말하지 않았습니까? 바울은 그리스도 안에 하나님의 충만하심이 '거한다'고 하지 않았습니까?

그렇지만, 그렇지만… 예수님 안에서도 역시,
· 우리는 뒷쪽에서 하나님을 보는 것입니다.
· 우리는 감추어진 하나님을 보는 것입니다.
· 우리는 아기인 하나님을 보는 것입니다.
· 우리는 유대 랍비인 하나님을 보는 것입니다.
· 우리는 구유에 누워 있는 하나님을 보는 것입니다.
· 우리는 십자가에 달리신 하나님을 보는 것입니다.

이것이야말로 기독교 신앙의 역설입니다. 왜냐하면 예수님을 믿음으로써 우리는 하나님의 얼굴을 가까이 서서 볼 수 있게 되지만, 동시에 예수님 안에서조차 우리는 하나님의 뒷모습만을 보기 때문입니다.

이것이야말로 마틴 루터가 그렇게도 사랑했던 기독교 신앙의 역설입니다. 루터는 종종 다음과 같이 말하곤 했다고 합니다. "와서 보시오. 구유에 있는 가장 갓난아이 하나님을… 와서 보시오. 가장 비천하게 십자가에 달려 있는 하나님을…."

무덤의 이편 언덕,
하나님의 얼굴을 보려는 갈망과 추구는 여기서, 이처럼 역설 가운데 끝이 납니다.

그 갈망과 바람은 구유와 십자가의 비천함 앞에 머리 숙인 우리의 굶주린 영혼, 갈망하는 영혼과 함께 끝이 납니다.

주님, 언제나 우리는 하나님의 얼굴을 뵈올 수 있는지요!

주님, 나의 영혼이 이토록 당신을 기다립니다.

주님, 얼굴과 얼굴을 맞대어 보듯이 당신 뵙기를 소원합니다. 아멘.

은혜 10

은혜로 가득 찬 룻
룻기 4:13-17

스가 룻을 취하여 아내를 삼고 그와 동침하였더니 여호와께서 그로 잉태케 하시므로 그가 아들을 낳은지라 여인들이 나오미에게 이르되 찬송할찌로다 … 오늘날 네게 기업 무를 자가 없게 아니하셨도다 이 아이의 이름이 이스라엘 중에 유명하게 되기를 원하노라 이는 네 생명의 회복자며 네 노년의 봉양자라 네 일곱 아들보다 귀한 자부가 낳은 자로다 나오미가 아기를 취하여 품에 품고 그의 양육자가 되니 그 이웃 여인들이 그에게 이름을 주되 … 아들을 낳았다 하여 그 이름을 오벳이라 하였는데 그는 다윗의 아비인 이새의 아비였더라

Ruth Full of Grace

이에 보아스가 룻을 취하여 아내를 삼고 그와 동침하였더니
야웨께서 그로 잉태케 하시므로 그가 아들을 낳은지라.
여인들이 나오미에게 이르되, "찬송할지로다. 야웨께서 오늘날 네게
기업 무를 자가 없게 아니하셨도다. 이 아이의 이름이
이스라엘 중에 유명하게 되기를 원하노라. 이는 네 생명의 회복자며
네 노년의 봉양자라. 곧 너를 사랑하며 일곱 아들보다 귀한 자부가 낳은 자로다."
나오미가 아기를 취하여 품에 품고 그의 양육자가 되니
그 이웃 여인들이 그에게 이름을 주되, "나오미가 아들을 낳았다" 하여
그 이름을 오벳이라 하였는데 그는 다윗의 아비인 이새의 아비였더라.

_룻기 4:13-17

룻의 이야기는 가치 체계를 뒤집어엎는 이야기입니다. 룻의 이야기가 들려지는 시대는 바벨론에서의 포로기가 끝난 후였습니다.[1] 유대인들은 그들의 자녀들이 이방인들과 결혼하는 일에 대해 매우 좋지 않게 생각하고 있던 시대였습니다. 유대인 남성이 외국 여성과 결혼하고, 유대인 여성이 외국 남성과 결혼하는 것을 강하게 반대하던 그런 시대였습니다(예. 스 10:6-44; 느 13:23-27).

한 이방 여인을 통한 깨달음

이방인이나 외국인과 결혼하는 것을 금지하고 있었고, 그 당사자가 모압 사람일 경우는 더욱 심했습니다. 신명기에는 "모압인은 하나라도 야웨의 회중의 일원으로 허락해서는 안 된다"고 명시되어 있습니다. 심지어 "그들의 십대 자손에 이르기까지라도 야웨의 회중으로 받아들여서는 안 된다"(신 23:3)고 덧붙이고 있습니다.

왜 안 된다는 것일까요?

왜 신명기는 모압 사람들을 그렇게 심하게 취급하고 있는 것일까요? 거기에는 역사적 이유가 있습니다.

- 이스라엘인들이 애굽에서 나와 광야를 지날 때 모압인들은 비정하게도 그들에게 먹을 양식과 마실 물을 주지 않았었습니다.
- 더욱이 모압인들은 발람이란 예언자를 고용하여 이스라엘을 저주하도록 했었습니다(신 23:4-5).

만일 우리라면 그런 박대와 멸시를 잊을 수 있겠습니까? 사막의 뜨거운 용광로를 지나면서 배고프고 목말라 기진맥진할 때, 누군가 나를 저주하고 욕설을 퍼붓는다면 그것을 잊을 수 있겠습니까?

이스라엘이 바벨론 포로에서 돌아온 후, 그들에게 있어 이방인들과의 결혼은 모두 금지되었으며 특히 모압 인들과의 결혼은 더더욱 그러했습니다. 그것이 사실이라면 모압 여자인 룻에 대해서 우리는 어떻게 생각해야 한다는 말입니까?

- 룻이라는 여인이 있다는 사실은, 하나님은 우리가 만들어 놓은 법들에 따라 게임하시는 분이 아니라는 것을 우리에게 상기시켜 줍니다.
- 룻이라는 여인이 있다는 사실은, 하나님 이야기의 문법이 우리의 상상을 훨씬 뛰어넘는 복잡한 문법임을 가르쳐 줍니다.

룻의 이야기가 전개되어 감에 따라, 우리는 이 모압 여인을 사랑하지 않을 수 없게 됩니다. 그녀의 성품을 기억해 봅시다.

- 유대인 시어머니에 대한 그녀의 극진한 신실함
- 이스라엘의 하나님에 대한 그녀의 지극한 헌신

바로 이런 것들이야말로 한 유대인 남성이 한 여인 안에서 발견하기 원하는 모든 것이었습니다. 그녀는 한 유대인 남성이 한 여인 안에서 발견하기를 원하는 모든 것 그 자체였습니다.

룻기는 유대인들의 마음속 깊이 깔려 있는 이방인들에 대한 편견에 가해지는 일종의 일격-擊이라 할 수 있습니다.

일격을 가하는 방법은

- 설교를 통해서도
- 혹평을 통해서도

· 징벌을 통해서도 아닙니다.

유대인들의 편견에 대한 일격은, 단순한 유대인 치고 자신의 영혼에 고통을 주지 않고서는 도저히 저주할 수 없는 '이야기', 즉 한 모압 여인에 관한 이야기를 들려줌으로써 가해지는 것입니다.

다시 말해서 룻에 대한 이야기를 들려줌으로써, 각 유대인 독자들은 다음과 같은 질문을 스스로에게 하지 않을 수 없게 된 것입니다.
· 하나님의 백성에서 모압인은 제외시키는 것이 옳은가?
· 우리가 그렇듯이 하나님도 모압 여인을 참지 못하실 것이라고 생각하는 것이 옳은가?
· 하나님이 우리가 정해 놓은 규칙들에 의해 움직이신다고 생각하는 것이 옳은가?

모든 이를 위한 하나님의 은총

룻기는 다음과 같이 시작합니다.

사사들이 치리하던 때에 그 땅에 흉년이 드니라. 유다 베들레헴에 한 사람이 그 아내와 두 아들을 데리고 모압 지방에 가서 우거하였는데 그 사람의 이름은 엘리멜렉이요 그 아내의 이름은 나오미요 그 두 아들의 이름은 말론과 기룐이니 유다 베들레헴 에브랏 사람들이더라.
그들이 모압 지방에 들어가서 거기 유하더니 나오미의 남편 엘리멜렉이 죽고 나오미와 그 두 아들이 남았으며 그들은 모압 여자 중에서 아내를 취하였는데 하나의 이름은 오르바요 하나의 이름은 룻이더라. 거기 거한 지 십년 즈음에 말론과 기룐 두 사람이 다 죽고 그 여인은 두 아들과 남편의 뒤에 남았더라.

기근, 가난, 이주, 한 집안 남자 셋의 죽음, 남겨진 세 명의 과부들…
그야말로 상상을 초월하는 재앙의 연속입니다. 룻기에 들어선 지 겨우
다섯 절 만에 세 명의 여인들은 이미 각자의 남편들을 이국 땅에 묻고
말았습니다. 당시의 사회적 정황으로 볼 때 그것은 매우 감당키 어려운
비애였습니다.

한 남편이 죽고 나면 불쌍한 한 여인이 보호받지 못하는 채로 남겨집
니다. 고대 근동 지방에서 남편의 죽음이란, 남겨진 여인으로부터 모든
사회적 보호 장치를 완전히 뺏는 것과 같았습니다. 남편의 죽음은 곧

- 정체성의 상실이며
- 인간적 권리의 상실이며
- 사법적 정의로 가는 길이 차단되었다는 것을 의미하였습니다.

따라서 모든 독자의 마음속에 일어나는 자연스런 질문은 다음과 같
은 것입니다.

- 나오미가 된다는 것이 무엇일까?
- 오르바가 된다는 것이 무엇일까?
- 룻이 된다는 것이 무엇일까?
- 누가 그들을 향하여 보호의 날개를 펼칠 것인가?
- 어디로부터 그들의 도움이 올 것인가?

그러므로 이야기의 결론 부분을 주의 깊게 들어 보십시오.

이에 보아스가 룻을 취하여 아내를 삼았더니 … 야웨께서 그로 잉태케 하
시므로 그가 아들을 낳은지라. … 그 이름을 오벳이라 하였는데 그는 다
윗의 아비인 이새의 아비였더라.

이야기의 끝 부분에 이르면, 룻은 보아스의 보호의 날개 아래로 들어갑니다. 그리고 그와 결혼하여 다윗 왕의 증조 할머니가 되었고, 궁극적으로는 예수님의 조상 할머니가 되었습니다.

룻기의 이야기는 우리에게 놀라운 은총에 대해 말해 주고 있습니다.
- 하나님은 불가능을 관장하시는 주인이십니다.
- 하나님은 불가능을 통제하시는 주인이십니다.
- 하나님은 우리가 생각할 때 도저히 가능하지 않은 것들을 행하시는 '예측할 수 없는 하나님'이십니다.
- 모압 여인인 룻을 자신의 구원 계획 속에 포함시키시고, 심지어 예수님의 족보에까지 올릴 줄 누가 알았겠습니까?

들어 보십시오! 룻기는 우리에게 이렇게 말하고 있습니다. "하나님의 이야기 속에는 우리 모든 사람을 위한 자리가 있다." 나 자신이 아무리 보잘것없고 중요치 않고, 별 볼일 없는 사람이라 할지라도, 하나님의 이야기 속에는 우리 각 사람의 자리가 있는 것입니다.

룻을 자세히 살펴보십시오. 모압 여인으로서 그녀는 하나님의 계획과 디자인 밖에 내버려져 있는 것으로 끝날 수도 있는 사람이었습니다.

교회의 변두리에 사는 사람들, 혹은 교회로부터 점점 떠난 사람들은 일반적으로 다음과 같은 큰 이야기를 들으면 고개를 끄덕일 것입니다.
- 출애굽 이야기
- 예수님의 십자가 달리심과 부활의 이야기

그들은 말할 것입니다. "그것은 사실이야. 그것은 진짜 이야기야"라고 말입니다. 그러나 그들이 궁금해 하는 점이 있다면 "그 이야기가 나에게도 사실일까?"이며, 그들이 알기 원하는 것이 있다면 "나는 그 이야기 어느 곳에 맞는 것인가?"일 것입니다.

룻의 이야기는 바로 이러한 질문을 던지는 사람들을 위해 씌여졌습니다.
- 커다란 이야기의 주변에 서 있는 사람들을 위해 쓰여진 이야기입니다.
- 이 이야기는 이스라엘 바깥에서, 즉 모압 땅에서 시작합니다.
- 이 이야기는 나오미와 룻의 고난과 함께 시작합니다. 그리고 그들이 당하는 고난과 고통을 아름다운 천으로 만들어 가고 있습니다.
- 그래서 이 이야기의 끝 부분에 이르게 되면 앞서 일어났던 고통들을 대부분 잊게 될 것입니다.

이야기의 끝 부분에 이르면 비로소 모든 것의 총체적인 의미가 뚜렷하게 떠오르기 시작합니다. 그리고 한 부분 한 부분들이 서로 짝을 이루며 커다란 그림을 만들고 있다는 사실을 알게 됩니다.

두 개의 이야기

우리 각 사람들에게 필요한 것은 두 개의 이야기입니다. 하나는 거룩한 역사를 모두 포괄하는 '긴 이야기' Grand Story 입니다. 이것이 우리에게 필요합니다. 이 이야기는, 하나님이 마침내 모든 것—하늘에 있는 것이나 땅에 있는 것들 모두—을 다 연합하실 것이라는 사실을 우리에게 말해 줍니다.

그러나 우리에게는 또한 '짧은 이야기들' short stories 이 필요합니다. 즉 좌우지간 우리가 알지 못하는 방식으로, 우리가 알지 못하는 장소에서, 우리가 알지 못하는 시간에, 우리도 그 '긴 이야기' 속에 들어맞는다는 사실을 우리에게 말해 주는 '짧은 이야기' 말입니다.

룻기는 우리에게 그것을 가르쳐 주는 짧은 이야기입니다.

- 이 이야기는 하나님의 '긴 이야기' 속으로 나의 길을 찾아가는 것에 관해 말해 주는 이야기입니다.
- 이 이야기는 기대하거나 그럴 것이라고 전혀 생각지 않은 사람들이 하나님의 긴 이야기 속으로 자신의 길들을 찾아가고 있는 일에 관한 이야기입니다.

룻 이야기는 사람을 고정관념으로 바라보지 말 것을 경고하는 말씀이기도 합니다.
- 이 이야기는 우리들에게 '잘 어울리지 않는 사람', '국외자', '이방인', '변두리 사람', '문젯거리 사람', '골칫거리 사람', '겉도는 사람' 등과 같은 용어를 사용하지 말 것을 경고하고 있습니다.
- 이 이야기는 룻기의 저자가 당시의 사람들을 바라보던 방식으로, 우리도 그렇게 사람들을 쳐다보라고 말씀하고 있습니다.
- 이 이야기는 우리에게, 그런 사람들을 하나님의 전 세계적 구원 드라마의 한 막에 나오는 중요 등장인물들로 바라보라고 충고하고 있습니다.

이야기의 힘

- 이야기들은 놀라운 일들을 합니다. 이야기들은 올바른 관점에서 바라보도록 사람들을 인도합니다.
- 이야기들은 별 볼일 없는 사람들의 삶을 의미 가득 찬 삶이 되도록 관을 씌웁니다.
- 이야기들은 무명의 사람들의 삶을 의미로 채웁니다.
- 이야기들은 매력적이지 못한 사람들에게 아름다움을 줍니다.
- 이야기들은 사람들을 무명의 군중 가운데서 드러내 모든 사람이

바라볼 수 있도록 높입니다.

룻의 이야기는 말합니다.
- 룻을 바라보라! 그녀를 자세히 쳐다보시오.
- 하나님이 그녀의 삶 속에서 어떻게 활동하고 계신지 주의 깊게 쳐다보시오!
- 마치 암탉이 알을 품듯이, 하나님이 그녀의 삶을 품어 그것을 어떻게 새로운 창조물로 만드셨는지를 쳐다보시오.

룻의 이야기는 우리에게 묻습니다.
"오, 믿음이 적은 자들이여! 하나님이 모압 여인 룻에게 그렇게 하셨다면, 하나님이 우리를 위해 그렇게 못하실 이유가 어디 있다고 생각하느냐?"고 강하게 질타하면서 말입니다.

룻기 2:2-3을 들어 보십시오!

모압 여인 룻이 나오미에게 이르되 나로 밭에 가게 하소서. 내가 뉘게 은혜를 입으면 그를 따라서 이삭을 줍겠나이다. 나오미가 그에게 이르되 내 딸아 갈지어다 하매 룻이 가서 베는 자를 따라 밭에서 이삭을 줍는데 '우연히' 엘리멜렉의 친족 보아스에게 속한 밭에 이르렀더라.

- 룻은 보아스의 밭으로 가라는 하늘의 음성을 직접 들은 일이 없습니다.
- 그렇다고 보아스의 밭으로 가 보라는 환상을 본 것도 아닙니다.
- 그녀는 '우연히' 그 밭에 가 본 것일 뿐입니다.

그러나 그저 우연히 간 일을 통하여, 하나님은 '룻이 남편을 만났으면 좋겠다'는 나오미의 기도에 응답하고 계셨습니다.

룻의 이야기는 우리에게 질타를 던집니다.

"오, 믿음이 적은 자들이여! 하나님이 룻의 삶의 세부적인 일에서도 그녀를 인도하였거늘, 어찌 너희들 삶의 세부적인 일에서 너희를 인도하지 않으실 것이라고 생각하느냐?"

그렇습니다. 각 사람마다 하나님의 이야기 속에서 각자의 '길들'을 찾아야 할 것입니다. 어느 길도 동일하지 않을 것입니다. 그리고 사람들은 대부분 가장 예기치 않은 각도에서 그 안으로(하나님의 이야기 속으로) 들어갈 것입니다.

나오미와 룻이 그러했던 것처럼 말입니다.

나오미와 하나님의 이야기

나오미는 하나님께 불평하고 원망하면서 하나님의 이야기 속으로 들어갔습니다. 그녀는 남편과 두 아들을 잃어버렸습니다. 평생 동안 잊지 못할 비극적인 사건이었습니다. "나를 더 이상 '즐거움'(나오미)이라 부르지 마십시오. 나를 '괴로운 여자'(마라)라 불러 주십시오. 전능자가 나를 심하게 다루셨기 때문입니다!"

그러나 하나님은 나오미의 고통과 쓰라림, 괴로움을 모아 그분의 이야기로 뜨개질하고 계십니다. 어두운 배경을 만들어 그녀를 향한 하나님의 '선하심'이 잘 드러나게 하시는 것입니다.

동네 여인들이(룻이 남자아이를 출산한 후에) "아들이 나오미에게서 태어났다!"(룻 4:17)라고 외침으로써, 하나님은 나오미의 삶의 쓰라림을 뒤바꿔 주십니다.

동네 여인들은 "아들이 룻에게서 태어났다!"라고 외치지 않았습니다. 그들은 "나오미가 아들을 낳았다!"라고 외쳤습니다.

동네 여인들이 그렇게 외치는 순간, 나오미의 한 많은 쓰라림은 다 풀어졌습니다. 이렇게 해서 나오미는 하나님의 이야기 속으로 들어가게 되었습니다.

룻과 하나님의 이야기

그렇다면 룻은 어떻게 하나님의 이야기 속으로 들어갔습니까?
· 전통과 인습에 과감히 도전하고 저항함으로써,
· 나오미의 구체적인 지시에 따라 행동함으로써 그렇게 되었습니다.

이야기의 끝 무렵에 나오미는 자신의 죽은 남편인 엘리멜렉의 친척들 중 부유하고 착한 총각 농부 보아스에게 어떻게 접근할 것인가를 가르쳐 줍니다.

당시 '시형제 결혼 제도' levirate marriage[2] 에 따르면, 만일 어떤 여자가 과부가 되면 그 남편의 가족원들은 가문의 지속과 그녀를 위해 새 남편을 얻어 주어야 했습니다.

보아스는 나오미 남편의 친족 중 하나였습니다. 나오미와 룻은, 만일 그들이 그들의 카드를 올바르게 사용만 한다면, 보아스가 룻을 불쌍히 여겨서 그녀와 결혼할 것이고, 그렇게 되면 나오미와 룻은 가난과 빈곤으로부터 해방될 수 있으리라는 사실을 알았습니다.

이렇게 해서 나오미는 룻에게 다음과 같이 권고합니다(3:2-4).

네가 함께 하던 시녀들을 둔 보아스는 우리의 친족이 아니냐. 그가 오늘 밤에 타작 마당에서 보리를 까불리라. 그런즉 너는 목욕하고 기름을 바르고 의복을 입고 타작 마당에 내려가서 그 사람이 먹고 마시기를 다 하기까지는 그에게 보이지 말고 그가 누울 때에 너는 그 눕는 곳을 알았다가 들어

가서 그 발치 이불을 들고 거기 누워라. 그가 너의 할 일을 네게 고하리라.

룻은 그녀의 시어머니가 말해 주는 것들 중 마지막 지시 사항만 빼놓고 다 그대로 행동했습니다. 마지막 지시 사항이 무엇이었습니까? "그가 너의 할 일을 네게 고하리라"가 아니었습니까? 그러나 룻은 보아스가 자기에게 할 일을 고할 때까지 가만히 기다리지 않았습니다. 대신에 그녀는 먼저 주도권을 잡고 보아스가 자신에게 해 주었으면 하는 것을 담대하게 말했습니다.

그녀가 보아스에게 말합니다. "당신은 가까운 친척입니다. 따라서 당신은 나를 돌보아야 할 책임이 있습니다. 그러므로 제발 나와 결혼해 주십시오."

물론 그 말을 들은 보아스는 그대로 했습니다. 보아스는 룻과 결혼했습니다. 그렇게 해서 룻은 하나님의 이야기 속으로 들어갔습니다. 즉 나오미가 지시한 각본으로부터 벗어남으로써 하나님의 이야기 속으로 들어간 것입니다.

그 결과가 무엇입니까? 룻은 예수님의 조상 할머니가 되었습니다.

이에 보아스가 룻을 취하여 아내를 삼고 그와 동침하였더니 여호와께서 그로 잉태케 하시므로 그가 아들을 낳은지라. … 그 이름을 오벳이라 하였는데 그는 다윗의 아비인 이새의 아비였더라.

"룻이여! 당신은 참으로 복 받은 사람입니다! 당신은 여인들 중의 복 된 자입니다. 그리고 당신의 태의 열매이신 예수님도 복된 분입니다."

룻의 아름다운 이야기는 신약 성경에서 다시 이야기되지는 않습니다. 그러나 신약 성경의 첫 번째 책, 첫 번째 장에, 그것도 예수님의 족보 가운데 그녀의 이름이 등장합니다. 유별나게도 그녀의 이름이 호적에 들어가 있는 것입니다.

- 자신을 창녀로 변장하여 자신의 시아버지 유다를 속였던 가나안 여인 다말과 함께,
- 이스라엘의 첩자들을 숨겨 준 가나안의 창녀 라합과 함께,
- 다윗과 불륜의 관계를 맺었던 밧세바와 함께 말입니다.

룻, 다말, 라합 그리고 밧세바, 이 네 여인들에 대한 성경의 언급과 기록은 우리에게 무엇을 가르쳐 줍니까?

- 하나님은 끊어진 끈들과 버려진 실들을 주워서 자신의 구원 이야기 속으로, 아름다운 직조물을 만들어 가시는 분이라는 사실을 상기시켜 줍니다.

이것이야말로 우리 모두에게 '좋은 소식' (복음)이 아니고 무엇이겠습니까? 아멘.

청력 11

한밤중에 들려온 목소리
사무엘상 3:1-14

엘이 엘리 앞에서 여호와를 섬길 때에는 여호와의 말씀이 희귀하여 이상이 흔히 보이지 않았더라 엘리의 눈이 점점 어두워가서 잘 보지 못하는 그 때에 그가 처소에 누웠고 하나님의 등불은 아직 꺼지지 아니하였으며 사무엘은 하나님의 궤 있는 여호와의 전 안에 누웠더니 여호와께서 사무엘을 부르시는지라 그가 대답하되 내가 여기 있나이다 하고 엘리에게로 달려가서 가로되 당신이 나를 부르셨기로 내가 여기 있나이다 가로되 나는 부르지 아니하였으니 다시 누우라 가서 누웠더니 여호와께서 다시 사무엘을 부르시는지라 사무엘이 일어나서 엘리에게로 가서 가로되 당신이 나를 부르셨기로 내가 여기 있나이다 대답하되 내 아들아 내가 부르지 아니하였으니 다시 누우라 하니라 사무엘이 아직 여호와를 알지 못하고 여호와의 말씀도 아직 그에게 나타나지 아니한 때라 여호와께서 세번째 사무엘을 부르시는지라 그가 일어나서 엘리에게로 가서 가로되 당신이 나를 부르셨기로 내가 여기 있나이다 엘리가 여호와께서 이 아이를 부르신 줄을 깨닫고 이에 사무엘에게 이르되 가서 누웠다가 그가 너를 부르시거든 네가 말하기를 여호와여 말씀하옵소서 주의 종이 듣겠나이다 하라 이에 사무엘이 가서 자기 처소에 누우니라 여호와께서 임하여 서서 전과 같이 사무엘아 사무엘아 부르시는지라 사무엘이 가로되 말씀하옵소서 주의 종이 듣겠나이다 여호와께서 사무엘에게 이르시되 보라 내가 이스라엘 중에 한 일을 행하리니 그것을 듣는 자마다 두 귀가 울리리라 내가 엘리의 집에 대하여 말한 것을 처음부터 끝까지 그 날에 다 이루리라 내가 그 집을 영영토록 심판하겠다고 그에게 이른 것은 그의 아는 죄악을 인함이니 이는 그가 자기 아들들이 저주를 자청하되 금하지 아니하였음이니라 그러므로 내가 엘리의 집에 대하여 맹세하기를 엘리 집의 죄악은 제물이나 예물로는 영영히 속함을 얻지 못하리라 하였노라

Voices In The Night

어린 사무엘이 엘리 곁에서 주를 섬기고 있을 때이다.

그때에는 주께서 말씀을 해 주시는 일이 드물었고, 환상도 자주 나타나지 않았다.

어느 날 밤, 엘리가 잠자리에 누워 있을 때이다.

그는 이미 눈이 어두워져서 잘 볼 수가 없었다.

사무엘은 하나님의 궤가 있는 주의 성전에서 잠자리에 누워 있었다.

이른 새벽, 하나님의 등불이 아직 환하게 밝혀져 있을 때에

… 그런 뒤에 주께서 다시 찾아와 곁에 서서, 조금 전처럼

"사무엘아, 사무엘아!" 하고 부르셨다. 사무엘은 "말씀하십시오. 주님의 종이

듣고 있습니다" 하고 대답하였다. 주께서 사무엘에게 말씀하셨다.

"내가 이제 이스라엘에서 어떤 일을 하려고 한다.

그것을 듣는 사람마다 무서워서 귀까지 멍멍해질 것이다.

때가 오면, 내가 엘리의 집을 두고 말한 모든 것을 처음부터 끝까지 다 이루겠다.

엘리는, 자기의 아들들이 스스로 저주받을 일을 하는 줄 알면서도

자식들을 책망하지 않았다. 그 죄를 그는 이미 알고 있다.

그래서 나는 그의 집을 심판하여 영영 없애 버리겠다고 그에게 알려 주었다.

그러므로 나는 엘리의 집을 두고 맹세한다.

엘리의 집 죄악은 제물이나 예물로도 영영 씻지 못할 것이다."

_사무엘상 3:1-3, 10-14

방금 읽은 성경 구절은 소리를 들을 수 없는 귀먹은 사람들에 관한 이야기입니다. 또한 하나님의 소리를 듣는 방법을 잊은 사람들에 관한 이야기입니다.

사무엘상 3:1에 따르면, "아이 사무엘이 엘리 앞에서 야웨를 섬길 때에는 야웨의 말씀이 희귀하였더라"고 합니다.

그러나 곰곰이 생각해 보면
- 이런 현상, 즉 하나님의 말씀이 희귀한 현상은 그리 유별나거나 독특한 현상이 아닙니다.
- 주님의 말씀이 희귀했다는 현상, 곧 하나님이 침묵하고 계시다는 현상은 그리 유별난 것이 아닙니다.

전 세대를 걸쳐 사람들은 하나님의 침묵을 경험해 왔기 때문입니다. 모든 세대의 사람들은, 하나님이 침묵하고 계실 때 그들의 삶이 혼란스럽고, 삶은 구심점을 잃은 채 방황할 수밖에 없다는 것을 뼈저리게 경험해 왔기 때문입니다.

침묵하시는 하나님

"하나님은 우리에게 '말씀' 하고 계시는 분이다"는 사실을 믿고 살아온 우리로서는 하나님이 침묵하실 때, 하나님의 말씀이 희귀할 때
- 생명의 근원으로부터 우리가 잘려 나가고 있다는 것을 느끼고, 압니다.
- 우리는 우리에게 말씀하시는 하나님 없이는 결코 삶다운 삶을 살

하나님이 침묵하실 때,
하나님의 말씀이 더 이상 우리에게 다가오지 않을 때,
우리 주위의 세상은 어두워집니다. 우리는 어두움 가운데 걸려 넘어집니다.

수 없다는 것을 잘 알고 있습니다.
- 왜냐하면 하나님의 말씀은 우리 발의 등불이요 우리가 가는 길을 비추는 빛이기 때문입니다.

하나님이 침묵하실 때, 하나님의 말씀이 더 이상 우리에게 다가오지 않을 때
· 우리 주위의 세상은 어두워집니다.
· 그리고 우리는 그 어두움 가운데 걸려 넘어집니다.
· 그리고 우리는 가야 할 길을 잃어버립니다.

그렇다면 하나님은 언제 침묵하시는 것일까요? 언제 하나님의 말씀은 희귀하게 되는 것입니까? 이 질문에 대한 성경의 대답은 여러 가지입니다. 그러나 지금 우리의 관심이 되는 대답은
· 하나님이 우리를 심판하실 때 침묵하신다는 것입니다.
· 하나님이 우리 '삶의 방식'을 심판하실 때, 하나님은 입을 다물고 계시다는 것입니다.

음란하고 불결한 삶을 살았던 엘리의 아들들처럼 우리가 그러한 삶을 살 때
· 하나님은 말씀을 주시지 않습니다. 그분은 아무런 말씀도 하시지 않고 그저 침묵하고 계십니다.

엘리와 그의 아들들이 그랬던 것처럼 우리가 욕심과 탐욕에 이끌려 살 때
· 하나님은 우리에게 '침묵이라는 심판'을 내리십니다.

사도 바울은 이러한 '침묵의 심판'을 가리켜 '하나님의 진노'라고 불렀습니다(롬 1:18-28).

하나님의 진노가 불의로 진리를 막는 사람들의 모든 경건치 않음과 불의에 대하여 하늘로 좇아 나타나나니 이는 하나님을 알 만한 것이 저희 속에 보임이라. 하나님께서 이를 저희에게 보이셨느니라(18-19절).
그러므로 하나님께서 저희를 마음의 정욕대로 더러움에 내버려 두사(24절)
하나님께서 저희를 부끄러운 욕심에 내버려 두셨으니…(26절).
또한 저희가 마음에 하나님 두기를 싫어하매 하나님께서 저희를 그 상실한 마음대로 내버려 두사…(28절).

보다시피, 바울은 18-19절에서 경건치 못한 삶, 의롭지 못한 생활로 특징지어지는 삶의 방식을 선택하여 살아가는 사람들에게 하나님의 진노가 나타날 것임을 엄히 경고하고 있습니다. 그렇다면 그런 사람들에게 어떻게 하나님의 진노가 나타난다는 것입니까? 하나님의 진노는 우리 육안으로 쉽게 분별되는 방식으로 옵니까?
예를 들어 갑자기 암에 걸리거나 교통사고를 당하거나 파산하거나 혹은 가정이 깨어지는 것과 같이 큰 소리를 내며 옵니까? 아닙니다. 그렇다면 하나님의 진노는 어떻게 나타난단 말입니까? 이에 대한 대답은 24절, 26절, 28절에서 반복적으로 들려오는 문구 속에 들어 있습니다. '내버려 둔다'는 문구입니다.
하나님은 잘못된 삶의 방식들에 대해 그대로 내버려 두신다는 것입니다. 하나님은 아무런 책망의 소리도 내지 않고, 침묵으로 일관하시겠다고 합니다. 이것이 위의 글에서 '침묵의 진노'라고 불렀던 말의 의미입니다.
그렇습니다! 우리가 하나님의 명령들에 하나씩 불순종할 때, 다시 말해서 불경한 삶의 방식을 취하여 살 때 하나님의 진노는 소리 없이 시작된다고 사도 바울은 말하고 있는 것입니다. 하나님의 진노는,

- 큰 소리를 내며 시작되는 것도 아니고
- 스파크를 일으키면서 시작되는 것도 아닙니다.
- 조용한 방식으로, 아니 아무런, 어떤 소리도 없이 시작됩니다.

하나님을 홀대하는 현대 교회

하나님은 우리를 소리 없이 쳐다보십니다. 이것이 하나님의 심판입니다. 마치 엘리 제사장 시절에 '하나님의 말씀이 희귀'해진 방식으로 이스라엘을 심판하시던 것과 같습니다.

데이비드 웰스David Wells라는 학자는 오늘날 하나님의 말씀이 희귀하다면 이것 역시 하나님이 지금 이 시대를 심판하고 있다는 증거로 받아들여야 한다고 했습니다.[1]

엘리 시대처럼, 오늘날에도 하나님은 가볍게 취급됩니다. 우리의 시대에도 하나님은 전혀 인식되지도 않고, 또 중요한 존재로 여겨지지도 않습니다. 우리는 마치 그분이 없는 것처럼 무시하고 있다는 말입니다.

현대화된 우리의 사회에서 하나님은 가볍게 취급됩니다. 그러나 그것이 어디 사회에서만 그렇습니까? 놀랍게도 하나님은 교회에서도 그런 대접을 받고 계십니다. 하나님을 신중하게, 그리고 심각하게 생각하는 사람은 그리 많지 않은 것 같습니다. 하나님 집의 가장家長이신 하나님은, 주일마다 베풀어지는 자신의 말씀 식탁에서조차 더 이상 가장의 자리에 앉지 못하시고 말석으로 밀려나게 되었습니다. 참으로 안타까운 일입니다.

불행하게도, 우리 시대의 교회는 자기중심적인 소비주의consumerism를 향하여 달음질치고 있습니다.

· 교회는 마땅히 하나님이 경배 받으시는 곳으로 알려져야 합니다.
· 교회는 마땅히 하나님 말씀이 선포되는 곳으로 알려져야 합니다.
· 교회는 마땅히 우리가 우리의 삶을 그 말씀의 빛 아래서 심각하게 조사하는 곳으로 알려져야 합니다.

그렇지 않습니까? 이러한 모든 것이야말로 교회가 마땅히, 당연히 해야 하는 가장 중요한 일입니다.

그렇습니다. 교회가 해야 할 가장 중요한 일들은,
· 사람을 교회로 끌어들이는 것들이 무엇인가에 대해서 온갖 관심과 에너지를 쏟는 게 아닙니다.
· 종교 시장에서 사람들의 눈에 잘 띄거나 잘 팔리는 것들이 무엇인가에 관해 관심을 두는 게 아닙니다.

요즘 종교 시장에서 가장 잘 팔리는 아이디어나 품목은 무엇일까요?
· 교회가 얼마나 잘 조직되었는가?
· 교회는 구도자 seeker에게 얼마나 편리함을 주고 있는가?
· 교회는 교인들에게 어떤 '유익한' 프로그램들을 제공하는가?
· 교회는 얼마나 효과적으로 사람들의 요구를 충족시켜 주는가?
· 교회의 분위기는 은혜 받기에 얼마나 편리한가?
· 얼마나 쉽게 접근할 수 있고 마음 편하게 예배할 수 있나?
· 얼마나 좋은 주일학교 프로그램을 운영하고 있는가?
· 갓난아이들을 돌봐 줄 유아실이 잘 구비되어 있는가?

오늘날 교회의 사명은 점차 쇠퇴 · 퇴보되어 가고 있습니다.
· 기껏해야 고객들의 필요와 요구에 부응하는 일이 본업이 되고 말 았습니다.

- 고객 위주의 교회로 점차 탈바꿈하고 말았습니다.

그런데 바로 이러한 사실에 대해 복음은 "절대로 그럴 수는 없다!"고 외칩니다. 왜냐하면 우리의 요구와 필요를 결정하는 장본인은 우리가 아니라 하나님이시기 때문입니다.

복음은 우리에게
- 철저하게 자기중심적인 요구와 필요를 포기하라고 요청합니다.
- 우리의 요구에 대한 우리 자신의 전적 주권을 포기하라고 촉구합니다.
- 우리의 삶에 대한 그리스도의 주권을 인정하라고 요구합니다.

누군가가 잘 지적했던 것처럼, 현대의 복음주의 운동은 많은 점에서 옛날의 자유주의를 닮아 가고 있습니다. 현대의 복음주의 운동은,
분노하지 않는 하나님을 설교하되,
십자가 없는 그리스도를 통해
죄에 대한 언급 없이 사람을 인도하여
심판에 대한 언급 없이 하나님의 나라로 데리고 들어간다는 것입니다.

현대 복음주의 운동을 보면, 불행하게도 진정 중요한 문제들은 별 볼 일 없는 사소한 문제가 되어 버렸고, 교회의 별로 중요치 않은 일들은 가장 중요한 관심 사항들이 되고 말았습니다.

데이비드 웰스는, 우리 세대는 하나님의 부르심에 대해 점점 더 귀먹어 가고 있다고 했습니다. 마치 엘리 시대의 사람들이 그랬던 것처럼 말입니다. 이것은 일종의 경고입니다. 엘리 시대처럼 말입니다.

하나님의 등불이 꺼진 엘리 시대

엘리 시절, 하나님의 침묵은 거의 완벽에 가까웠습니다. 하나님은 입을 꽉 다물고 계셨습니다. 왜 하나님은 어떤 말씀도 하시지 않았을까요? 그 이유는 이스라엘의 거룩한 곳(성전)에서 일어나고 있는 일들 때문이었습니다.

- 엘리의 두 아들들은 성소 입구에서 봉사하는 여인들과 잠자리를 같이 했습니다.
- 그들은 희생 제물로 드리는 가축의 일등급 부위를 훔쳐 집에 가지고 가서 먹었습니다.

엘리의 두 아들이 지은 죄는 "하나님 앞에 심히 컸습니다. 그들이 야웨의 제사를 멸시하였기 때문이었습니다"(삼상 2:17).

엘리의 아들들은 하나님께 드려지는 제사를 경멸하고 멸시했습니다. 그렇다면 누가 그들에게 그렇게 하도록 가르쳤습니까? 그들의 아버지 엘리입니다. 사무엘상 2:29에 따르면 "어찌하여 너는 나보다 네 자식들을 더 소중하게 여기고, 나의 백성 이스라엘이 나에게 바친 모든 제물 가운데서 가장 좋은 것들만 골라, 스스로 살찌도록 하느냐?"라고 하나님은 엘리를 다그치십니다.

왜 엘리의 아들들은 하나님의 제물을 경멸하고 멸시하였습니까?

- 그들의 아버지가 그랬기 때문입니다. 부전자전이라고 할 수 있습니다.
- 그들의 아버지가 하나님의 물건들을 존귀하게 다루지 않았기 때문입니다.

우리는 종종 이러한 일들이 일어나는 것을 보아 왔습니다.

- 자녀들이 교회로부터 멀어지고 떠나가는 것을 보아 왔습니다.
- 자기 부모들이 그랬던 것처럼 경멸하고 멸시하는 투로 교회에 대해 말하는 자녀들을 보아 왔습니다.

부모의 입술로부터 나오는 그러한 경멸적인 언사들은 마치 독약과 같습니다. 그것은 사람을 죽입니다. 그것은 어린 자녀들의 영적 생명 속에 갓 피어오르는 새싹을 죽이는 일입니다.
- 만일 부모들이 하나님의 거룩한 일들에 대해 불손하게 말한다면, 부모들이 신성한 문제들을 경멸하는 투로 다룬다면, 그들의 자녀들도 그럴 것입니다.
- 만일 부모들이 하나님의 일들에 대해 존경심을 가지고 말한다면, 그들의 자녀들도 그럴 것입니다.

이 세상의 선교사들 중에 가장 위대한 선교사가 있다면 머나먼 이국 땅으로 파송되어 가는 이들이 아닙니다. 가장 위대한 선교사들은 자신들의 전 생애를 바쳐 자녀들을 그리스도께로 인도하고, 그리스도의 교회를 존중하도록 가르치는 헌신된 아버지와 어머니들입니다.

이런 일들, 즉 자녀들을 그리스도께로 인도하고 하나님을 존중하고 교회를 존중하도록 가르치는 일은 극적인 요소가 별로 없을 것입니다. 그곳에는 다른 사람들을 감동시키는 영광스러움이나 극적인 드라마가 없습니다. 그저 평범하고 일상적인 일의 연속일 것입니다. 기도하고, 성경을 읽어 주고, 가르치고, 교회에 출석하고, 감사하고, 복된 말을 하고, 하나님을 높이고 교회를 충성스럽게 섬기는 일 등에는 극적인 요소가 없기 때문입니다. 그러나 그리스도의 교회에서 가장 많은 숫자를 차지하는 사람들은 바로 그런 부모들을 통해서 교회 안으로 들어온 사람들이라는 점을 기억할 필요가 있습니다.

엘리는 나쁜 아버지였으며 못된 제사장이었습니다. 하나님은 더 이상 그에게 말씀하지 않으셨습니다. 저녁부터 아침까지 성소에서 타오르고 있어야 하는 하나님의 등불이 거의 꺼져 가고 있었던 것입니다. 이 사실을 우리는 사무엘상 3:3에서 읽습니다. 모세가 제정한 법에 의하면,

> 너는 이스라엘 자손에게 명하여, 올리브를 찧어서 짜낸 깨끗한 기름을 가져다가 등불을 켜게 하되, 그 등불은 늘 켜 두어라. 아론과 그 아들들은 등불을 회막 안의 증거궤 앞에 쳐놓은 휘장 밖에 켜 두어서, 저녁부터 아침까지 주 앞에서 꺼지지 않도록 보살펴야 한다(출 27:20f.).

이 등불, '하나님의 등불' lamp of God 은 하나님이 이스라엘과 함께 계시다는 '현존의 상징' 입니다. 엘리가 사역하고 있던 당시에 하나님의 임재는 거의 사라지고 있었습니다. 그런데 꺼질 듯 가물거리는 등불처럼, 여기 어린 소년 사무엘이 있었습니다.

사무엘에게 다시 들려온 소리

어느 날 저녁이었습니다.
- 성전에서의 일상적인 일들을 마쳤습니다.
- 성전의 모든 문들을 다 걸어 잠갔습니다.
- 하나님의 등불에 순수한 올리브 기름을 다 채워 넣었습니다.
- 90세가 다 된 늙은 엘리가 침대에 눕는 것을 도와 드렸습니다.

이제 비로소 사무엘은 자신의 방에 들어가 누웠습니다. 그리고 곧 깊이 잠들었습니다. 그때, 그러니까 한밤중에 사무엘은 깨어났습니다. 누

군가가 그의 이름을 불렀기 때문입니다.

"엘리 제사장님, 당신께서 저를 부르셨습니까?"

"아니다, 아들아. 네가 꿈을 꾸었나 보구나. 어서 가서 자거라."

사무엘은 다시 잠들었습니다. 그런데 다시금 누군가가 그의 이름을 불렀습니다.

"사무엘아!"

그는 다시 엘리의 방으로 건너갔습니다.

"제가 여기 있습니다. 저를 부르셨습니까?"

"아니다, 아들아. 너를 부르지 않았어. 다시 건너가 자거라"

시간이 흘렀습니다. 세 번째로 누군가가 또 그의 이름을 불렀습니다.

"사무엘, 사무엘!"

사무엘은 세 번째로 일어났습니다. 그리고 엘리에게로 갔습니다.

"여기 제가 왔습니다. 저를 부르셨습니까?"

그때서야… 제사장 엘리,

모든 것을 다 소진한 이 불쌍한 늙은 제사장,

백성이 드린 최상급 고기만 먹어서 흉측하게 살찐 제사장,

바로 그런 엘리에게 그 목소리가 누구의 것인지 알 수 있는 예감이 떠올랐습니다!

"아들아, 하나님이 너를 부르시는 것이다. 가서 누워라! 그리고 그분이 다시 부르시면, 너는 '말씀하시옵소서! 주님, 당신의 종이 듣고 있습니다' 라고 답하라."

엘리의 사역, 그의 한평생에 걸친 사역, 그의 성스런 직분은 사람들뿐만 아니라 그 자신에 의해서도 매우 의문시되었습니다. 정말 그는 사역자일까? 정말 그가 한 일이 하나님의 사역이었는가? 정말 그는 신성한 직분을 인식하며 살아왔는가? 이런 심각한 의심과 회의가 절정에 달했던 것입니다.

- 그가 수십 년 동안 섬겨 왔던 회중은 이제 겨우 몇 명으로 줄어들었습니다.
- 그가 썼던 수많은 책들은 이제 한 권당 단돈 1,000원에 팔리고 있습니다.
- 그를 기억나게 할 만한 일은 아무것도 없었습니다.

그러나, 그러나…
아직 하나님의 등불이 아주 꺼진 것은 아니었습니다.
어린 사무엘에게 '주님의 말씀'이라 불리는 것이 있다는 사실을 말해 주는 유일한 사람이 바로, 희미한 시력의 소유자인 이 늙은 제사장이기 때문입니다. "사무엘아, 너를 부르시는 분은 주님이시다"라고 엘리가 말하고 있습니다.

- 엘리는 그의 실패한 사역보다 더 깊은 곳으로부터 입을 열어 말하고 있습니다.
- 엘리는 탈진하고 힘이 다 빠진 그의 기상과 기력보다 더 깊은 곳으로부터 말하고 있습니다.
- 엘리는 그의 실패들과 고통들보다 더 깊은 곳으로부터 말하고 있는 것입니다.

엘리 제사장의 말년

"사무엘아, 너를 부르시는 분은 주님이시다!"
엘리는 그래함 그린Graham Greene의 소설 「권력과 영광」The Power and the Glory 가운데 등장하는 위스키 신부를 기억나게 합니다.
이 소설의 배경은 1930년대의 멕시코입니다. 무신론적 혁명 정부가 들어선 직후 교회는 심한 박해를 받고 있었습니다.

이야기에 등장하는 신부는 수많은 사람들이 순교를 당하는 상황에서 탈출하여 도망 중이었고, 그의 목에는 현상금이 걸려 있었습니다. 어느 날 그는 한 시골 마을로 들어갑니다. 그곳에서 미사도 집전하고 어린아이들에게 세례도 베풀고 고해성사도 듣습니다. 그리고 다시 그 마을을 떠나 다른 마을로 들어갑니다. 그곳에서도 신부의 역할을 계속 합니다.

무엇이 이 신부로 하여금 그런 일을 계속 하도록 했는지 아십니까? 무엇 때문에 그가 신부의 사역을 지속적으로 할 수 있었는지 아십니까? 그가 지닌 힘의 근원은 신앙심이 아니었습니다. 그가 신부의 일을 계속할 수 있었던 것은 놀랍게도 그때그때마다 마시는 한 병의 브랜디 때문이었습니다. 한 병의 양주 덕분이었던 것입니다. 술기운에 그는 그런 일을 계속하였던 것입니다. 그래서 그는 '위스키 신부님'이라는 별명을 얻었습니다. 위스키 신부님!

버림 받고 태만하고 타락한 신부였음에도 불구하고 그는 하나님의 은총을 전달하는 통로로 남아 있었던 것입니다!

그는 "마음놓고 죄를 짓자. 그러면 은혜가 더할 것이다"라고 말하는 그런 자가 아니었습니다. 그는 자신의 결함과 약점을 부끄러워하는 사람이었습니다. 그러나 동시에 그는 자신의 결함에도 불구하고 하나님이 자신의 사역을 사용하신다는 사실에 너무도 놀라고 있었습니다.

어느 날 그는 체포당해 옥에 갇혔습니다. 그리고 감방에 앉아서 최후의 시간을 기다리고 있었습니다. 그때, 그는 다음과 같은 생각을 하기 시작합니다.

- 나는 술에 취해 지내 왔지. 한 번도 제정신인 적이 없었어. 얼마나 많이 취했었는지 기억도 나지 않아.
- 나는 간음죄도 지었었지. 셀 수도 없을 정도로 말이야!
- 그런데 참으로 신기한 것이 있어. 내가 신부의 의무를 한 번도 거르지 않고 매우 성실하게 수행했다는 사실이야!

- 내가 얼마나 쓸모없이 살아왔던가!
- 내가 한 영혼이라도 하나님께 드렸던 적이 있었던가? 하나님께 "보십시오! 제가 이런 일을 했습니다!"라고 한 번이라도 떳떳하게 말할 수 있는 일을 행한 적이 있었던가!

그는 자신의 삶이 너무도 후회되었고, 그렇게 살아온 자신이 미웠습니다. 그의 뺨에는 소리 없이 눈물이 흘러내리고 있었습니다. 한평생 행한 일들 중에, 그가 주님께 보여 드릴 것이라곤 아무것도 없다는 사실, 아니 자신의 결점들 외에 아무것도 없이 하나님께 빈손으로 가야 한다는 사실이 그의 목을 메이게 만들었습니다. 그래서 그는 눈물을 흘리고 있었던 것입니다.

이 위스키 신부는 엘리를 닮지 않았습니까? 아니 엘리가 이 위스키 신부를 닮았다고 하는 편이 나을까요?

엘리의 일생을 돌아보면 그의 결점들밖에 보이지 않습니다. 그러나, 그러한 결점들과 약점들에도 불구하고, 엘리는 사무엘을 돕습니다. 지금 일어나고 있는 일이 무엇을 의미하는지 사무엘에게 알려 주고, 지금 그가 듣고 있는 목소리가 누구의 음성인지를 알려 주고 있습니다. 참으로 놀라운 일입니다.

엘리가 주님의 목소리를 알아차리지 못했더라면, 하나님의 백성은 후에 사무엘 밑에서 누린 그 복을 받지 못했을 것입니다.

엘리는 도덕적으로 허약했으며 병약자였습니다. 그러나 그러한 도덕적 결함과 약점 중에도 그는 주님의 음성을 알아차렸습니다.

그리고 그러한 '알아차림'은,
- 하나님의 백성 위에 쏟아지는 축복의 물꼬를 트는 삽질이었고
- 하나님의 백성을 향한 축복의 방아쇠를 당기는 것과 같았습니다.

이 사실은 마치 바울이 말씀한 것과 같습니다. "하나님의 능력은 우리의 연약함 안에서 나타난다." 참으로 '놀라운 은혜' Amazing Grace 입니다. 아멘.

환상 12

왜 교회에 가는가
열왕기상 18:36-40

드릴 때에 이르러 선지자 엘리야가 나아가서 말하되 아브라함과 이삭과 이스라엘의 하나님 여호와여 주께서 이스라엘 중에서 하나님이 되심과 내가 주의 종이 됨과 내가 주의 말씀대로 이 모든 일을 행하는 것을 오늘날 알게 하옵소서 여호와여 내게 응답하옵소서 내게 응답하옵소서 이 백성으로 주 여호와는 하나님이신 것과 주는 저희의 마음으로 돌이키게 하시는 것을 알게 하옵소서 하매 이에 여호와의 불이 내려서 번제물과 나무와 돌과 흙을 태우고 또 도랑의 물을 핥은지라 모든 백성이 보고 엎드려 말하되 여호와 그는 하나님이시로다 여호와 그는 하나님이시로다 하니 엘리야가 저희에게 이르되 바알의 선지자를 잡되 하나도 도망하지 못하게 하라 하매 곧 잡은지라 엘리야가 저희를 기손 시내로 내려다가 거기서 죽이니라

Why Go To Church?

저녁 소제 드릴 때에 이르러 선지자 엘리야가 나아가서 말하되
"아브라함과 이삭과 이스라엘의 하나님 야웨여!
주께서 이스라엘 중에서 하나님이 되심과 내가 주의 종이 됨과
내가 주의 말씀대로 이 모든 일을 행하는 것을 오늘날 알게 하옵소서.
야웨여 내게 응답하옵소서. 내게 응답하옵소서.
이 백성으로 주 야웨는 하나님이신 것과
주는 저희의 마음으로 돌이키게 하시는 것을 알게 하옵소서" 하매
이에 야웨의 불이 내려서 번제물과 나무와 돌과 흙을 태우고
또 도랑의 물을 핥은지라. 모든 백성이 보고 엎드려 말하되,
"야웨 그는 하나님이시로다. 야웨 그는 하나님이시로다" 하니
엘리야가 저희에게 이르되, "바알의 선지자를 잡되 하나도 도망하지 못하게 하라"
하매 곧 잡은지라. 엘리야가 저희를 기손 시내로 내려다가 거기서 죽이니라.

_열왕기상 18:36-40

엘리야는 환상에 이끌려 사는 사람이었습니다. 엘리야는 자신의 인생을 움직이는 강력한 환상에 이끌려 사는 사람이었습니다. 그런 그가 가지고 있던 환상은 이세벨의 왕국이 하나님의 왕국으로 바뀌리라는 것이었습니다. 이세벨은 바알을 숭배하는 사람이었으며, 하나님은 바알의 숙명적 라이벌입니다.

- 바알은 계절의 신입니다.
- 바알은 대지의 신입니다.
- 바알은 성性의 신이며 번식과 다산의 신입니다.
- 바알은 변화가 없는 신입니다.
- 바알은 기성 시대의 신이며 고정된 신입니다.
- 바알은 정착한 신입니다.

하나님은 그와는 정반대입니다.
- 하나님은 일시적으로 체류하는 신입니다.
- 하나님은 언제나 떠나가는 신입니다.
- 하나님은 항상 어디론가 가고 있는 이동의 신입니다. 그래서 그분이 계신 보좌는 이동식 법궤였습니다.[1]

이러한 신은 인기가 없습니다. 아무도 그를 좋아하지 않습니다. 사람들은 일시적으로 체류하고 다시 다른 곳으로 이동하는 신을 좋아하지를 않습니다. 그들은 안정적이고 정착해 있는 신을 좋아합니다. 자신들의 삶 또한 안정적이고 정착되기를 바라듯이 말입니다.

그래서 사람들은 바알과 같은 신을 좋아합니다.
- 바알은 토양과 일치하는 신입니다.
- 인간이 예측할 수 있는 패턴에 따라 자연의 경이를 이루어 가는 신입니다.
- 언제나 집에 안정적으로 머물러 있는 신입니다.
- 언제라도 부르면 찾아오는 신입니다.
- 언제라도 필요하면 찾아가 만날 수 있는 신입니다.
- 우리에게 있어 매우 편리한 신입니다.

환상에 사로잡힌 선지자

엘리야는 하나님의 선지자로서 환상에 이끌려 사는 사람이었습니다. 누구든지 환상을 지닌 사람은 사명을 갖고 있기 마련입니다. 환상이 있는 곳에 사명이 따라오기 때문입니다. 엘리야의 환상은 이세벨의 왕국이 하나님의 왕국으로 바뀌는 것이었습니다. 엘리야의 삶은, 바알이 지배하는 나라가 물러가고 하나님이 지배하시는 나라가 오는 환상으로 인해 활력을 얻고 있었습니다. 엘리야의 사명은 하나님의 말씀과 주장들을 가지고 바알을 섬기는 이스라엘과 부딪치는 것이었습니다.

이런 정면 충돌은 갈멜 산에서 일어났습니다. 그곳에서 엘리야는 바알 숭배의 최고 지도자들 모두와 대결했습니다. 그러나 엘리야는 이러한 대결이 하나님의 손안에 있다는 것을 알았기 때문에 전혀 두려워하거나 무서워하지 않았습니다. 그는 눈을 들어 하늘을 바라보며 외쳤습니다.

"이스라엘의 하나님이시여, 당신만이 주님이십니다. 당신만이 모든 것을 통치하시는 주님이십니다. 오직 당신만을 내가 의지합니다. 오, 주님이시여! 나를 버리지 마시옵소서. 당신의 적대자들과 원수들 앞에서 내가 옳다는 사실을 보여 주십시오. 여기 내가 서 있습니다. 그렇지 않다면 나는 여기 설 수 없습니다."

그 전에 먼저 450명의 바알 제사장들이 하늘에서 불이 내려오기를 외쳤었습니다. 그러나 불은 내려오지 않았습니다. 이제는 엘리야 차례입니다. 엘리야가 외쳤습니다. 그러자 하늘로부터 불이 내려왔습니다. 그리고 불은 제단 위에 놓은 제물들을 모두 태웠습니다. 돌과 장작더미까지 태워 버렸습니다. 심지어 제단 주위에 파놓았던 도랑의 물까지 모두 핥아 버렸습니다. 사람들은 이것을 보자 고개를 떨구고 말했습니다. "바알이 아니라 야웨가 하나님이십니다!"

엘리야는 매우 흡족했습니다. 최고로 기분이 좋았을 뿐 아니라 어깨를 펴고 자신이 당당해지고 있는 것을 느꼈습니다. 그의 정신과 기상이 한껏 고조되어 하늘 높이 치솟았습니다. 이제는 이스라엘 안의 모든 것이 잘될 것이라는 마음이 들었습니다.

바로 그때 이세벨이 등장합니다. 엘리야가 450명의 바알 제사장들을 다 쳐 죽였다는 소식을 전해 들은 이세벨이 엘리야에게 서슬 퍼런 전갈을 보냈습니다. "만일 내일 이맘때까지 내가 너를 죽은 바알 제사장들처럼 되게 하지 않는다면 신들이 내게 저주를 내릴 것이다." 이 말을 들은 엘리야는 정신이 나가고 말았습니다. 이세벨의 칼날을 피하느라 도망자 신세가 되었습니다.

이 순간은 엘리야에게 있어서 그야말로 절망의 시간이었습니다. 앞이 전혀 보이지 않는 깜깜한 흑야였습니다. 이것은 우리들도 경험하곤 하는 시간입니다.

· 다시 말해서 우리가 갖고 있던 환상이 죽는 것을 경험하는 시간입니다.

· 그 시간은 우리가 소유하고 있던 '환상의 죽음'을 경험하는 시간입니다.

- 희끄무레한 안개가 오락가락 하는 시간입니다.
- 시야가 가려서 앞이 보이지 않는 시간입니다.
- 그래서 하나님 왕국에 대해 시력을 상실하게 되는 시간입니다.
- 마치 베드로가 예수님을 바라보다가 그분에게서 눈을 뗄 때 파도를 바라보자 물에 빠지게 되는 것과 같은 시간입니다.

그렇습니다.
- 엘리야가 하나님으로부터 이세벨에게로 시선을 옮겨 갈 때처럼,
- 엘리야가 이세벨을 바라보면서 두려워 떨 때처럼,
- 베드로가 물 위를 걸어오시는 예수님의 부르심에 따라 그분만 바라보고 가다가 출렁이는 파도로 눈길을 돌리자 두려운 나머지 물에 빠지게 되었을 때처럼,
  – 우리 역시 이 때든지 저 때든지 하나님 나라를 쳐다보지 않고 마치 이방인들처럼 우리의 삶에 대해 걱정하면서 무엇을 먹을까 무엇을 마실까 무엇을 입을까 염려할 때, 그러한 시간에 빠지게 되는 것입니다.

먼저 바라보아야 할 저 하늘의 별

엘리야와 이세벨의 이야기는 우리들 대부분의 삶의 방식에 대한 좋은 '비유' parable 일 것입니다. 우리의 일차적 임무는, 예수님이 말씀하시듯이 하나님 나라를 추구하는 것입니다. 그러나 우리가 이러한 사명과 임무를 수행하는 환경이 얼마나 적대적이고 비우호적인가를 생각하지 않을 수 없습니다.
- 뭐니뭐니해도 '머니' money 가 중요하다고 생각하는 세상
- 사람보다 돈이 우선적인 세상

- 성공이 최상의 가치라고 여겨지는 세상
- 어떤 수단과 방법을 사용해서라도 승리하는 것이야말로 최고의 가치라고 부추기는 세상

바로 이러한 세상 속에서 우리는 하나님 나라의 환상을 꿈꾸고, 그것을 이루기 위한 임무와 사명을 받습니다.

이 세상이 얼마나 강력하고 얼마나 집요한지 우리가 알기 전에, 이미 우리의 눈이 하나님의 세상으로부터 우리의 세상으로 옮겨지게 만들고 있습니다.

유명한 바이올리니스트인 에후디 메누엠 Yehudi Menuhim 은 한때 이런 말을 했다고 합니다. "위대한 음악을 연주하기 원한다면, 당신은 먼저 저 먼 하늘의 별을 바라보고 있어야 한다!"

마찬가지입니다! 하나님의 나라는 그리스도인들로서 우리가 바라보아야 할 저 먼 별입니다.

- 하나님을 기쁘시게 하는 삶을 살기 위해
- 하나님께 나의 몸을 살아있는 제물로 드리기 위해
- 그리스도가 우리 앞에 펼쳐 놓으신 경주를 끝까지 견디면서 달리기 위해
- 구원받고 있는 사람들과 멸망하고 있는 사람들 사이에 번져 가는 그리스도의 체취가 되기 위해
- 선한 것과 명예로운 것과 올바른 것과 순결한 것이라면 무엇이든지 그것들을 생각하면서 살기 위해
- 모든 환경과 상황에서 감사 드리기 위해

다시 말해서, 이상과 같은 모든 일을 하기 위해서는 저 먼 하늘의 별

에, 하나님 나라에 우리의 눈을 고정시켜야 할 것입니다.
저 별에서 눈을 떼는 순간, 저 나라에 대한 시선을 떼는 순간,
- 기독교인의 삶은 점차 허물어지기 시작할 것이며
- 나의 가치 체계는 역으로 작용할 것이며
- 우리의 환상은 시들어 죽어 버릴 것입니다.

그리고 우리의 환상이 죽으면 삶의 사명도 함께 죽게 될 것입니다. 사명은 자신의 환상에 달려 있기 때문입니다. 환상이 없으면 사명도 없는 법입니다. 환상을 상실하면 삶 자체는 껍데기일 뿐입니다. 다시 말해서 하나님 나라에 대한 환상을 상실하게 되면 기독교인의 삶에는 전통들, 형식들, 딱딱한 교리들, 그리고 생명력을 상실한 지루하고 반복적인 종교 행위들만 남게 될 것입니다.
- 위대한 음악을 연주하기 위해서, 아름다운 음악을 연주하기 위해서, 우리는 우리의 눈을 저 먼 별에 고정시켜야 할 것입니다.
- 기독교인의 삶을 살기 위해서, 우리는 먼저 우리의 눈을 들어 하나님 나라를 쳐다보아야 할 것입니다.

신약 성경은 이 사실을 우리에게 부단히 상기시키고 있습니다.
예를 들어 히브리서 11장을 생각해 보십시오. 이 장에 언급되어 있는 모든 사람에게 한 가지 공통점이 있다면, 그들이 그들 모두의 공동 환상에 이끌려 살았다는 사실입니다. 아브라함은 집과 가족과 고향과 본토를 떠났습니다. 왜냐하면 그의 신앙의 눈은 하나님이 지으시고 만드신 한 성을 볼 수 있었기 때문입니다.
아브라함, 사라, 모세, 미리암, 기드온, 삼손, 사무엘, 다윗, 이사야, 예레미야… 이 사람들에게는 어떤 공통점이 있습니까? 그들에게는, 장차 어느 날 환상이 반드시 실제가 된다는 '확신'이 있었습니다. 그들로

하여금 계속 앞으로 걸어가게 했던 것은 바로 이 한 가지였습니다.

이러한 환상을 지속적으로 간직하고 유지한다는 것이 정말로 어려울 때, 특히 우리가 살고 있는 이 사회의 가치들에 타협하고 살라는 유혹이 그 어느 때보다 더욱 강할 때, 자신들의 하나님 나라 환상을 위해 돌에 맞고 고문을 당하고 박해를 받았던 사람들을 기억하고 생각해 보시기 바랍니다.

그들이 누구입니까?
- 그들도 우리와 똑같은 사람들이었다는 사실을 기억하십시오.
- 그들도 우리와 같이 갈등하고 고민하고 실패하기도 했던 사람들이라는 사실을 기억하십시오.

바로 그러한 환상을 살리기 위해서, 하나님이 약속하신 미래에 초점을 맞추고 우리의 눈을 고정시키기 위해서, 우리는 매 주일 교회에 나가는 것입니다.

"당신은 특별한 사람입니다"

미국 듀크 대학교의 교목 실장인 윌리엄 윌리몬 Wiliam Willimon 은 그가 몇 년 전 경험했던 한 예배를 다음과 같이 이야기하고 있습니다. 한 번은 그의 친구 목사로부터 설교해 달라는 초청을 받았습니다. 그 교회는 대도시의 작은 동네, 흑인들이 살고 있는 빈민가에 위치하고 있었습니다. 물론 그 교회는 흑인들이 모이는 교회였고 목사님도 흑인이었습니다. 한편 윌리엄 목사님은 저명한 신학자요 설교가로 학교에서는 교목 실장이었을 뿐 아니라 백인이었습니다. 백인 목사님이 흑인들이 모이는 교회에 설교하러 간 것이었습니다.

주일 아침 11시 예배에 맞춰 윌리엄 목사님은 교회에 도착했습니다.

보통 그렇듯이 예배는 약 한 시간 정도 드려질 것이라고 생각하면서 강단에 올라갔습니다.

그러나 30분이 지나도록 설교 시간은 돌아오지 않았습니다. 찬송과 복음성가가 끊임없이 계속되었고, 예배에 참석한 모든 사람이 몸을 흔들면서 찬양하고 박수를 치면서 열정적으로 노래하는 것이었습니다. 축도는 거의 두 시간이 지나서야 할 수 있었습니다.

윌리엄 목사님은 탈진했습니다. 그런 일은 생전 처음이었습니다. 백인 교회에서는 한 번도 그런 일이 없었던 것입니다. 대부분의 예배는 한 시간 안에 '산뜻하게' 끝나기 때문이었습니다.

그래서 윌리엄 목사님은 그의 흑인 친구 목사님에게 물었습니다. "흑인 교인들은 왜 그렇게 오래 교회에 남아 있습니까? 왜 그렇게 오래 예배를 드리죠? 우리 예배는 한 시간을 넘기지 않습니다." 그러자 그 흑인 친구 목사님은 빙그레 웃었습니다. 그리고는 이렇게 설명하는 것이었습니다.

"여기 실업률은 50%에 이릅니다. 젊은이의 경우는 그 수치가 더 높습니다. 이것이 무엇을 의미하는지 아십니까? 주중에 우리 성도들이 바깥에 나가면, 모두 그들을 향해 이렇게 외친다고 합니다. '당신들은 실패자야! 당신들은 아무것도 아니야! 당신들은 별 볼일 없는 사람들이야! 변변한 직업도 없지… 차도 없지… 돈도 없지….' 세상이 그들에게 하는 이야기가 그런 것입니다. 그래서 나는 그들을 일주일에 한 번씩 여기로 불러모읍니다. 그들의 머리를 똑바로 들게 하고, 어깨를 쭉 펴게 하고, 그들의 눈을 들어 그리스도를 바라보게 합니다. 그리고 찬양을 통하여, 기도를 통하여, 설교를 통하여, 그들을 향해 '그것은 거짓말이다! 이 세상이 여러분을 향해 하는 말은 모두 거짓말이다! 당신은 특별한 사람이다! 당신은 귀족이다! 당신은 하나님 나라의 시민이다'라고 외칩니다."

그 목사님은 계속해서 말했습니다. "세상이 그들을 너무나 심하게 삐뚤어지도록 만들어 놓았기에, 그것을 똑바로 고치는 데 상당한 시간이 걸렸답니다!"

만일 우리들 중 누군가 "우리는 그들보다 어렵지 않게 우리 머리를 똑바로 쳐들고 우리의 눈을 하나님 나라에 고정시킬 수 있을 거야"라고 생각한다면, 그것은 커다란 착각입니다. 물론 바깥 세상은 노숙자나 실업자들을 대하는 것과는 전혀 다르게 우리를 예의바르게 대해 줄 것입니다. 그러나 그것 때문에 당신 스스로 바보가 되지는 마십시오.

환상을 보고 이루는 믿음

오늘날 이교주의 paganism 는 우리가 숨쉬는 공기입니다. 우리가 마시는 물입니다. 이교주의는 우리 안에 있을 뿐 아니라 우리 주위에 온통 둘러쳐져 있습니다. 그렇기 때문에 우리는 '정규적으로' 하나님을 예배하기 위해 모여야 합니다.

- 우리는 하나님이 없는 것처럼 살고 행동하고 있는 이 세상 한가운데서 하나님을 예배해야 합니다.
- 우리는, 우리한테는 필요 없다고 이 세상이 말하는 것들을 우리에게 주시라고 하나님께 간청해야 합니다.
- 우리는 서로서로 격려하여, 세상은 존재하지 않는다고 말하는 그 나라에 우리 눈의 초점을 두어야 할 것입니다.
- 우리는 하나님이 이 세상에서 지금도 다스리고 계시다는 환상을 지켜 가기 위해서 이러한 일들을 해야 할 것입니다.

로마의 원형 경기장에서 죽게 되어 있던 한 초기 기독교 순교자는 그의 믿음을 이런 방식으로 소리 내 표현했습니다.

환상, 즉 이 세상을 통해 다른 세계를 볼 수 있는
그것 이야말로 크리스천의 삶 자체이며
동시에 크리스천의 삶의 목적 전부이기도 합니다.

"이 음침하고 어두운 서커스 저 멀리 위로
아직도 별들은 빛나고 있습니다."

("Far above this darksome circus still shine the stars")

그 사람들은 어떻게 그 혹독한 박해와 핍박의 시간들을 견뎌 낼 수 있었을까요? 그들이 그 역경의 시기들을 견딜 수 있었던 것은, 그들이 그 시기를 통해 다른 세계를 보았기 때문입니다.

그러한 환상, 다시 말해서 이 세상을 통하여 다른 세계를 볼 수 있는 그것이야말로 크리스천의 삶 자체이며 동시에 크리스천의 삶의 목적 전부이기도 합니다.

바로 이러한 환상으로부터 우리의 사명이 뒤따릅니다. 우리의 사명은 "세상적 삶의 방식은 반드시 망한다. 이 세상의 삶의 방식을 대치하기 위한 대안의 세계가 지금 비밀스럽게 태어나고 있다"라고 확신하면서 사는 것입니다.

하나님의 왕적 통치가 이 땅에서 이루어진다는 환상에 이끌려 사는 사람들로서 우리는, 이 세상의 나라들(한국이든 미국이든 러시아든 중국이든)은 하나님의 나라, 그리스도의 왕국으로 대치될 것이라고 믿습니다.

우리가 보고 있는 것은 에스겔 선지자가 보았던 것입니다. 마른 뼈들로 가득 찬 골짜기입니다. 자기중심적 사람들, 탐욕스런 사람들, 간음하는 백성으로 가득 찬 세계를 우리는 보고 있는 것입니다.

그렇습니다. 세상은 이렇게 생겼습니다. 에스겔이 바라보았던 세상이었습니다(겔 37장). 그리고 우리에게도 이 세상은 그렇게 보입니다.

· 그러나 우리는 그 이상의 것을 믿습니다.
· 우리는 뼈들의 골짜기 그 이상의 세계를 바라보고 있습니다.
· 우리는 이 뼈들이 함께 연결되기 시작한다는 사실을 믿습니다.
· 우리는 이 뼈들이 하나님을 찬양하고 영광을 돌리는 사람들로 변

하는 '구조 조정'을 믿습니다.
- 우리는 우리 회중 가운데서 이러한 일들이 이미 일어나고 있음을 믿습니다.
- 우리는 우리가 진심으로 찬양하고 하나님의 말씀을 믿음으로 받아들이고 성찬을 통하여 그리스도의 새 생명을 받아들일 때, 새로운 일들 즉 뼈들이 서로 연합하여 새로운 생명체가 되는 일이 이미 일어나고 있다는 것을 믿습니다.

"이 뼈들이 능히 살겠는가?" 하나님이 에스겔에게 물었습니다. 에스겔의 대답은 이것이었습니다. "하나님이시여, 당신은 아십니다."
우리도 똑같은 말을 합니다. 우리 주변의 세상을 바라보면서 하나님께 묻습니다.
- 이 뼈들이 능히 살 수 있겠습니까?
- 비인간화된 도시들이 능히 살 수 있겠습니까?
- 마약으로 병들어 가는 이 도시들이 능히 살 수 있겠습니까?
- 미움과 증오로 갈기갈기 찢긴 이 사회가 회복될 수 있겠습니까?
- 사람 차별이 심한 이 나라가 새롭게 태어날 수 있겠습니까?
- 지방색으로 이리저리 갈라진 우리의 교단들이 새로워질 수 있겠습니까?

정직하게 말해서, 우리는 이 모든 마른 뼈들이 어떤 방식으로 연합하여 일어서게 될지 모릅니다. 그러나 우리는 믿습니다.
- 우리는 그 뼈들이 반드시 살아날 것이라고 믿습니다.
- 우리는 어느 날 우리가 살고 있는 이 세상, 나누어지고 갈라진 이 세상이 다시 합해질 것이라고 믿습니다.
- 우리는 장차 어느 날 우리가 살고 있는 이 세상, 깨어지고 갈라진

이 세상이 다시금 연합하고 성령의 영에 의해 다시금 서로 붙게 될 것임을 믿습니다.

그러므로 우리는 이러한 환상을 갖고 살아야 합니다. 때가 가득 차게 되면, 하나님이 그리스도 안에서 하늘에 있는 것들과 땅에 있는 것들을 모두 하나로 묶어 통일을 이루실 날이 올 것이기 때문입니다(엡 1:10). 아멘.

예배 13

어찌하여 여기 있느냐
열왕기상 19:9-13

그곳 굴에 들어가 거기서 유하더니 여호와의 말씀이 저에게 임하여 이르시되 엘리야야 네가 어찌하여 여기 있느냐 저가 대답하되 내가 만군의 하나님 여호와를 위하여 열심이 특심하오니 이는 이스라엘 자손이 주의 언약을 버리고 주의 단을 헐며 칼로 주의 선지자들을 죽였음이오며 오직 나만 남겼거늘 저희가 내 생명을 찾아 취하려 하나이다 여호와께서 가라사대 너는 나가서 여호와의 앞에서 산에 섰으라 하시더니 여호와께서 지나가시는데 여호와의 앞에 크고 강한 바람이 산을 가르고 바위를 부수나 바람 가운데 여호와께서 계시지 아니하며 바람 후에 지진이 있으나 지진 가운데도 여호와께서 계시지 아니하며 또 지진 후에 불이 있으나 불 가운데도 여호와께서 계시지 아니하더니 불 후에 세미한 소리가 있는지라 엘리야가 듣고 겉옷으로 얼굴을 가리우고 나가 굴 어귀에 서매 소리가 그에게 임하여 가라사대 엘리야야 네가 어찌하여 여기 있느냐

Why Are You Here?

엘리야가 그곳 굴에 들어가 거기서 유하더니

야웨의 말씀이 저에게 임하여 이르시되, "엘리야야 네가 어찌하여 여기 있느냐?"

저가 대답하되, '내가 만군의 하나님 야웨를 위하여 열심이 특심하오니

이는 이스라엘 자손이 주의 언약을 버리고 주의 단을 헐며

칼로 주의 선지자들을 죽였음이오며 오직 나만 남았거늘

저희가 내 생명을 찾아 취하려 하나이다." 야웨께서 가라사대,

"너는 나가서 야웨의 앞에서 산에 서라" 하시더니 야웨께서 지나가시는데

야웨의 앞에 크고 강한 바람이 산을 가르고 바위를 부수나

바람 가운데 야웨께서 계시지 아니하며 바람 후에 지진이 있으나

지진 가운데도 야웨께서 계시지 아니하며 또 지진 후에 불이 있으나

불 가운데도 야웨께서 계시지 아니하더니 불 후에 세미한 소리가 있는지라.

엘리야가 듣고 겉옷으로 얼굴을 가리우고 나가 굴 어귀에 서매

소리가 있어 저에게 임하여 가라사대, "엘리야야 네가 어찌하여 여기 있느냐?"

_열왕기상 19:9-13

지금 우리가 살피려는 광경은 엘리야에 관한 것입니다. 지금 우리가 만나고 있는 엘리야는 동굴 입구에 서 있습니다. 그는 사역의 정상에 있는 모습, 그래서 많은 사람들의 관심과 찬사를 받고 있는 모습이 아닙니다. 그와는 정반대의 엘리야입니다. 지금 엘리야는 내면적 두려움과 자신에 대한 깊은 회의에 빠져 더 이상 탈출구가 보이지 않는 처지에 있습니다.

승리자요 도망자인 사람

엘리야는 갈멜 산에서 바알과 아세라 선지자 850명을 물리치는 통쾌한 승리를 얻었지만, 이세벨의 칼날을 피하여 홀로 도망하는 신세가 된 상태입니다. 깊은 좌절과 패배감, 두려움과 낙심 가운데 홀로 있게 되었으며, 하나님에 대한 믿음과 신뢰도 바닥날 지경에 이른 그런 상태입니다.

엘리야의 이러한 이야기는 우리들에게 귀중한 교훈을 전해 줍니다. 업적과 성취 지향적이고 결과 중심적인 문화 속에 살고 있는 우리들에게, 엘리야의 이야기는 실패가 성공의 반대 개념이 아니라 오히려 성공의 결과일 수 있다는 사실을 가르쳐 주고 있습니다. 다시 말해, 실패는 성공의 반대 개념이 아니라 성공의 결과일 수 있음을 기억하라고 우리에게 가르쳐 주는 것입니다.

물론 엘리야가 '성공' 했었다는 사실은 아무도 의심하지 않습니다. 그보다 더 위대한 불의 사자가 어디에 있으며, 그보다 더 열정적이고 역동적인 하나님의 사람이 어디에 있습니까? 그의 메시지는 쉬지 않고 흘러내리는 용암과 같았고, 대낮의 하늘을 가로질러 비취는 섬광과도 같았습니다. 그가 일구어 낸 업적은 모든 예언자들이 그렇게도 성취하고 싶어했던 그런 것이 아니었습니까?

그는 기근과 한발을 예언했습니다. 그리고 실제로 3년 6개월 동안 온 땅이 바싹 말랐습니다. 그는 바알의 예언자들과 갈멜 산 정상에서 한판 대결을 벌였습니다. 그리고 그 대결에서 그는 천추에 영원히 기억되는 위대한 승리를 쟁취했습니다. 그는 또한 기근을 물리칠 비가 오기를 간절히 기도했습니다. 그러자 비가 억수같이 쏟아졌습니다. 바싹 마른 대지를 흠뻑 적시는 비가 온 것입니다. 그는 예언 사역에서 최고 점수를 받은 사람으로 기록될 것입니다. 그뿐만이 아닙니다.

그는 이세벨 왕후에게 쌍시옷으로 시작되는 욕설을 대담하게 퍼부을 수 있었던 몇 안 되는 사람 중의 하나였습니다. 아마 그 소리를 들은 주변 사람들은 후련함과 통쾌함을 느꼈을 것입니다. 그는 틀림없이 스스로를 행복한 사람, 복 받은 사람이라고 생각했을 것이고, 아마 자신이 하는 일에 대해서도 큰 만족을 느꼈을 것입니다. '이 정도면 충분한 일을 했다'고 생각하면서 이제 은퇴하여 자서전이라도 써야겠다고 마음먹었을지도 모릅니다.

그런데 지금 우리가 보고 있는 엘리야는 그런 엘리야가 아닙니다. 두려움과 자기 연민, 의심과 무력감에 압도되고 있는 왜소하고 초라한 엘리야입니다. 그에게는 더 이상 삶의 의욕도, 자신감도, 사역에 대한 열정도, 헌신도 없습니다. 다 사라져 버리고 이제는 바싹 마른 개울처럼 고갈된 상태입니다. 그는 더 이상 이대로는 살 수 없다는 생각에 이르렀습니다. 그래서 그는 죽기를 열망하고 있습니다. 그는 이세벨의 칼날을 피해 도망하는 도주자 신분으로, 그리고 '자기 자신으로부터 도피'하려는 도망자 신세로 '동굴' 속에 숨어 있습니다. 그는 숨어 지내기 위해 이 동굴로 왔습니다.

'숨어 지내다' 라는 말은 풀이 죽은 상태, 우울한 상태, 침울한 상태에 들어간다는 뜻입니다. 사람의 시선을 피해 동굴 속으로 들어간다는 말입니다. 즉 얼마 동안이나마 안전과 보호를 제공해 주는 동굴 속으로 들어간다는 말입니다. 요즈음 말로 잠적한다는 뜻입니다.

동굴 : 유익한 경험

그러나 한동안 침울한 상태에 있는 것, 그래서 조용히 침묵하고 지내는 것, 동굴 속에 사는 것, 숨어 지내는 것… 이런 일들이 그리 나쁜 건 아닙니다. 다시 말해, 가끔 침체의 늪에 빠져 보는 것도 과히 나쁘지는 않다는 말입니다. 물론 심리치료사나 정신과 의사는 그렇지 않다고 반박하겠지만, 상관없습니다. 우울하거나 나쁜 기분을 '느낄 수 있다는 것'도 괜찮은 일입니다. 아니 오히려 좋은 일일 수도 있습니다.

왜냐하면 그 순간, 우울하거나 침울한 순간에 우리는 우리가 처해 있는 불행이나 좌절들, 두려움과 걱정들을 생각하고 기억해 낼 것이기 때문입니다. 그렇습니다. 우리가 직면한 두려움들이 무엇인지 알고 그것을 느껴 본다는 것은 적어도 우리가 다른 사람들에게 보이는 만큼 그렇게 많이 나빠지지 않았다는 것을 뜻하기 때문입니다.

그리고 "나는 지금 기꺼이 도움을 받아야만 하는 처지구나" 하는 사실을 알게 될 것이고, 그럴 때에만 나를 도우려는 친구의 수고가 정말로 고마운 줄을 알게 될 것입니다.

그러나 도움이 절실하게 필요하다는 것을 내 자신이 깨닫지 못하고 있는데 친구가 도우려 하면, 그 도움은 오히려 거추장스런 장애가 되는 경우가 많습니다. 아브라함 링컨이 가장 훌륭했을 때는, 종종 그에게 찾아온 우울증에 시달릴 때였다고 합니다. 마틴 루터의 천재성은 그가 침울했을 때, 심적 압박 때문에 심한 변비에 걸려 있을 때 드러났다고 합니다.

천재들에게 있어서 침울함은 종종 그들에게 아름다움과 능력과 삶의 목적 의식을 가져다 주었다고 합니다. 최소한 일차적 단계에서의 침울함은 사람에게 자기 보존력과 자기 방어력을 제공해 주는 기회가 됩니다. 마치 고통처럼, 우울함이나 의기소침함도 때때로 구속적일 수 있다는 말과 같습니다.

실패는 곧 더 큰 성공에 이르는 기회

엘리야는 매우 침울했습니다. 문자 그대로 그는 '동굴 안'에 있었습니다. 그는 탈진했습니다. 그도 그럴 것이 상상도 못할 정도의 엄청난 성공이 순식간에 잿더미로 바뀌지 않았습니까? 이것은, 대중의 눈으로 볼 때 엄청난 성공을 거둔 것 같은 공인이 있는데 당사자 개인은 허무하게만 느끼는 매우 고전적인 경우와 동일합니다.

기대와 실제적 경험 사이의 갈등은 매우 견디기 힘듭니다. 엘리야는 저쪽을 기대했는데 실제로 그가 경험한 것은 이쪽이었습니다. 엘리야는, 성공했다는 느낌이 결국 엄청난 추락으로 이어진 경우입니다. 참으로 비참한 경험이었습니다. 일반적으로 우리가 기대하는 것은 자그마한 성공이 좀 더 큰 성공으로 이어지고, 큰 성공들은 점점 더 큰 성공으로 이어지는 것입니다. 지금도 여전하지만 한때 우리 나라에서도 널리 퍼졌던 건강과 번영의 신학이 바로 그것입니다.

그러나 우리는 우리가 더 많은 것을 가질수록 더 많은 것을 잃게 된다는 사실을 알고 있습니다. 더 많이 성취하면 할수록 작은 실패도 더 크게 보인다는 진리를 알고 있습니다. 운동 선수들, 사업가들, 학자들 모두 개개인의 성공이 더 큰 실패에 이르는 '기회'라는 사실을 알고 있습니다. 그래서 우리는 이른 나이에 탈진과 좌절의 희생양이 되는 것입니다. 성공에 대해 우리가 지불해야 하는 값은 종종 실패에 대한 두려움입니다. 바로 이 지불해야 할 청구서를 손에 쥐고 하나님의 선지자 엘리야는 동굴 속에 숨었던 것입니다.

아무도 숨어 있는 엘리야에게 다가갈 수 없습니다. 자기도 자기 자신에게 다가갈 수 없습니다. 그렇게 깊은 동굴에 숨어 있는데 누가 그에게 다가갈 수 있단 말입니까? 본문은 우리에게 이렇게 알려 주고 있습니다. "그곳에 이미 잠복해 계신 하나님, 예언자들의 사생활 속으로 사전 예고 없이 밀고 들어가시는 하나님 외에는 아무도 그곳에 있는 그에게 다가갈 수 없다"고 말입니다.

그에게 다가간 하나님이 질문을 던지십니다. 그렇습니다. 동굴 속에 있는 엘리야를 향해 질문을 던지시는 분은 하나님입니다.

"엘리야야, 너는 지금 여기서 뭐하고 있느냐?" 물론 하나님은 엘리야가 동굴에서 무엇을 하고 있는지 잘 알고 계십니다. 패배와 도피, 좌절과 허탈 속에 숨어 지내는 엘리야를 하나님이 모르실 리가 없잖습니까? 그분은 "참 안됐구나!" 하시며 엘리야를 측은히 여기십니다.

"엘리야야, 너는 지금 여기서 무엇을 하고 있느냐?"라는 질문에, 엘리야는 이렇게 대답합니다. "내가 만군의 야웨 하나님을 위하여 열심이 특심特甚하오니 이는 이스라엘 자손이 주의 언약을 버리고 주의 단을 헐며 칼로 주의 선지자들을 죽였음이오며 오직 나만 남았거늘 저희가 내 생명을 찾아 취하려 하나이다"(14절).

그의 말이 맞습니다. 하나도 틀리지 않습니다. 그가 할 수 있는 옳은 일은 다했고 또한 그 일들은 모두 성공했습니다. 그런데 이것이 아이러니라는 말입니다. 다시 말해, 그가 노력을 했는데 실패했다는 것이 아닙니다. 또는 어찌해야 할 바를 몰라 아무 일도 하지 않았다는 것도 아닙니다. 그는 자기가 마땅히 무엇을 해야만 하는지 잘 알았고, 그래서 그 일들을 해냈습니다.

그렇다면 성공 뒤의 승리감과 영광과 자긍심이 생겨야 하는 것 아닙니까? 그런데 도대체 승리와 영광과 행복과 자긍심은 다 어디로 사라져 버렸단 말입니까? 엘리야는 지쳤습니다. 성공에 지쳤던 것입니다. 실패에 대한 두려움에 지친 것입니다. 그는 너무도 심히 탈진해 버렸던 것입니다.

그분 안에 거하는 것의 중요성

"엘리야야, 여기서 무엇을 하고 있느냐?" 하나님이 물으십니다. "아무것도 안 하고 있습니다!" 엘리야의 대답입니다. 여기서 이스라엘의 선지자는 두 번째 교훈을 배우게 됩니다. 첫 번째 교훈은 '실패는 종종 성공(후)에 지불하는 값'이라는 사실을 깨달은 것이었습니다.

두 번째 교훈은 '하나님을 위해 무엇인가를 하는 것' 보다는 '하나님 안에 있는 것' 즉 '하나님과 함께 있는 것'이 신실함의 궁극적인 징표라는 것입니다.

수많은 일을, 그것도 너무나 잘 해냈던 그는 이제 아무것도 할 수 없는 지경에 놓였습니다. 그는 마지막으로 무엇인가를 배워야만 했습니다. 그래서 하나님은 그를 동굴 어귀에 세우셨습니다. 그가 할 일은 이제 아무것도 없습니다. 그곳에는 오직 하나님이 하실 일만 남았습니다. 사람이 침체에 빠졌을 때 스스로 할 수 있는 일이라고는 아무것도 없습니다. 침체라고 불리는 동굴 어귀에서는 오직 하나님의 행동만 있을 뿐입니다. 강한 바람, 폭풍, 지진, 광풍, 격렬한 진동, 맹렬한 불이 지나갑니다.

그렇다면 이런 것들은 무엇을 의미하는 겁니까? 결국 하나님은 자연을 만드신 분이셨고, 지금도 그러하다는 것입니다. 그리고 가장 원시적인 사람이든 가장 똑똑한 사람이든 모두 다, 이런 현상을 통해 나타나는 자연의 세력들은 결국 인간 존재를 보잘것없고 사소한 것들로 축소시켜 버리고, 사람의 설명이나 통제를 넘어선 자연의 위대한 힘을 보여주고 있다는 사실에 동의할 것입니다. 이러한 일들은 아직도 하나님의 일이라고 하지 않습니까? 그러나 하나님은 그것들 안에 계시지 않았습니다. 그 후 어떤 부드럽고 조용한 소리가 들려왔습니다. 엘리야는 그 소리를 듣고서 외투 자락으로 얼굴을 감싸고 나가 동굴 어귀에 섰습니다. 아니 그 목소리가 그를 동굴 어귀로 불러냈습니다.

동굴 입구에서 하나님의 질문이 들렸습니다. "여기서 무엇을 하고 있느냐?" 그러자 엘리야는 다시 자기 이야기를 합니다. "내가 만군의 하나님 야웨를 위하여 열심이 특심하오니 이는 이스라엘 자손이 주의 언약을 버리고 주의 단을 헐며 칼로 주의 선지자들을 죽였음이오며 오직 나만 남았거늘 저희가 내 생명을 찾아 취하려 하나이다"(14절).

그러자 하나님이 그에게 말씀하십니다. "가라. 광야로 가는 길을 따라 다메섹으로 가라. 거기서 네가 해야 할 일이 있다. 너의 후계자를 세우는 일이 있다. 가라. 네가 해야 할 일이 있기 때문이다. 여기서는 할 수 없는 일이다."

예배에 대한 비유

사람은 하루 종일 교회 안에 머물러 있을 수 없습니다. 계속해서 기도만 할 수는 없는 노릇입니다. 삶은 '살아야' 하는 것입니다. 일을 해야 하고 노력도 해야 하고 그래야 한다는 말입니다. 이것은 하나님의 선지자에게도 마찬가지입니다. 선생이나 학생들에게도, 세상의 사람들에게도 마찬가지입니다. 그러나 이것이 이전처럼 일하라는 부르심은 아닙니다. 마치 아무 일도 일어나지 않았던 것처럼 말입니다.

엘리야는 자기의 일터로 돌아갔습니다. 그러나 그것은 더 이상 자신의 개인적인 일이 아니었습니다. 그것은 하나님의 일이었습니다. 그는 이제 중요한 사실을 배웠습니다. 먼저 그가 있어야 할 곳에 '있지' 않는 한 그는 일을 '할 수' 없다는 것을 배운 것입니다. '행위' doing 는 '존재' being에 의존적이라는 것이었습니다. 그는 그의 비천해짐을 통해서 강해졌습니다. 그것은 자신의 새로운 힘을 발견했기 때문이 아니라 하나님의 힘을 새롭게 발견했기 때문에 가능했습니다. 그가 갈 수 있었던 것은 바로 그러한 발견 때문이었습니다.

어떤 의미에서 엘리야와 그의 동굴은 '예배에 대한 비유'이기도 합니다. 사람들은 자주 예배합니다. 혹은 자주 교회에 갑니다. 이것이 항상 똑같은 일은 아닙니다. 왜냐하면 때로는 뭔가 치유되기를 절실하게 원하기 때문이기도 하고, 때로는 희망이 절실히 필요하기 때문이기도 합니다. 우리는 상처 입은 사람들, 다친 사람들, 궁핍한 사람들입니다. 우리는 교회를 '삶의 거친 표면을 고르게 하는 장소'로 이해합니다. 그리고 바로 그런 교회에서 우리는 고백합니다. 그리고 기분이 나쁘고 우울하고 침체되어 있음에 대해 좋게 생각합니다.

우리는 또한 우리가 교회에 온종일 머물러 있을 수 없다는 것도 압니다. 우리는 바깥으로 나가서 일을 해야 한다는 사실도 압니다. 그러나 그렇게 할 수 있는 때는, 오로지 우리가 교회에서 발견하기를 바라는 것이 우리의 더 나은 모습도, 생존을 위한 처방전도, 용기의 영적 형태도 아니라는 것을 충분히 알게 되었을 때입니다. 더불어 우리가 교회에서 발견하기를 간절히 바라는 것은 '하나님의 힘과 능력과 사랑'이라는 사실을 온전히 깨닫게 될 때 우리는 담대하게 바깥으로 나가서 일할 수 있게 될 것입니다.

하나님의 목소리를 천둥이나 번개 속에서가 아니라 우리의 마음속에서 듣게 될 것이라는 간절한 기대와 소망이 있을 때, 우리는 "너는 여기서(교회) 무엇하고 있는가? 이제 가거라. 내 은혜가 너와 함께할 것이다. 내 은혜가 네가 궁핍하고 연약할 때 충족되기 때문이다"라는 그분의 말씀을 듣게 될 것입니다.

우리는 산이나 불 속이나 삼림에 계신 하나님을 예배하지 않습니다. 우리가 예배하는 하나님은 우리의 숨결보다 더 가까이 계시는 하나님, 손이나 발보다 더 가까이 계시는 하나님입니다. '사랑'이 그 이름이신 분, 우리가 가슴으로 기대하고 침묵으로 기꺼이 들으려 할 때, 그 하나님은 우리에게 말씀하실 것이고, 우리가 가야 할 길로 내보내시고, 성령의 능력을 기뻐하게 하실 것입니다.[1] 아멘.

기묘 14

하나님의 놀라운 계획
이사야 25:1-12

주는 나의 하나님이시라 내가 주를 높이고 주의 이름을 찬송하오리니 주는 기사를 옛적의 정하신 뜻대로 성실함과 진실함으로 행하셨음이라 주께서 성 읍으로 무더기를 이루시며 견고한 성읍으로 황무케 하시며 외인의 궁성이 성읍이 되지 못하게 하사 영영히 건설되지 못하게 하셨으므로 강한 민족이 주를 영 화롭게 하며 포학한 나라들의 성읍이 주를 경외하리이다 주는 포학자의 기세가 성벽을 충돌하는 폭풍과 같을 때에 빈궁한 자의 보장이시며 환난 당한 빈핍한 자 의 보장이시며 폭풍 중에 피난처시며 폭양을 피하는 그늘이 되셨사오니 마른 땅에 폭양을 제함 같이 주께서 외인의 훤화를 그치게 하시며 폭양을 구름으로 가리 움 같이 포학한 자의 노래를 낮추시리이다 만군의 여호와께서 이 산에서 만민을 위하여 기름진 것과 오래 저장하였던 포도주로 연회를 베푸시리니 곧 골수가 가 득한 기름진 것과 오래 저장하였던 맑은 포도주로 하실 것이며 또 이 산에서 모든 민족의 그 가리워진 면박과 열방의 그 덮인 휘장을 제하시며 사망을 영원히 멸 하실 것이라 주 여호와께서 모든 얼굴에서 눈물을 씻기시며 그 백성의 수치를 온 천하에서 제하시리라 여호와께서 이같이 말씀하셨느니라 그 날에 말하기를 이 는 우리의 하나님이시라 우리가 그를 기다렸으니 그가 우리를 구원하시리로다 이는 여호와시라 우리가 그를 기다렸으니 우리는 그 구원을 기뻐하며 즐거워하리 라 하리라 여호와의 손이 이 산에 나타나시리니 모압이 거름물 속의 초개의 밟힘 같이 자기 처소에서 밟힐 것인즉 그가 헤엄치는 자의 헤엄치려고 손을 폄 같 이 그 속에서 그 손을 펼 것이나 여호와께서 그 교만과 그 손의 교활을 누르실 것이라 너의 성벽의 높은 보장을 헐어 땅에 내리시되 진토에 미치게 하시리라

God's Wonderful Counsel

야웨여, 주는 나의 하나님이시라. 내가 주를 높이고 주의 이름을 찬송하오리니
주는 기사를 옛적의 정하신 뜻대로 성실함과 진실함으로 행하셨음이라.
주께서 성읍으로 무더기를 이루시며 견고한 성읍으로 황무케 하시며
외인의 궁성으로 성읍이 되지 못하게 하사 영영히 건설되지 못하게 하셨으므로
강한 민족이 주를 영화롭게 하며 포학한 나라들의 성읍이 주를 경외하리이다.
주는 포학자의 기세가 성벽을 충돌하는 폭풍과 같을 때에 빈궁한 자의 보장이시며
환난 당한 빈핍한 자의 보장이시며 폭풍 중에 피난처시며
폭양을 피하는 그늘이 되셨사오니 마른 땅에 폭양을 제함같이
주께서 외인의 훤화를 그치게 하시며 폭양을 구름으로 가리움 같이
포학한 자의 노래를 낮추시리이다.
… 주 야웨께서 모든 얼굴에서 눈물을 씻기시며
그 백성의 수치를 온 천하에서 제하시리라. 야웨께서 이같이 말씀하셨느니라.
그 날에 말하기를 이는 우리의 하나님이시라.
우리가 그를 기다렸으니 그가 우리를 구원하시리로다.
이는 야웨시라. 우리가 그를 기다렸으니 우리는 그 구원을 기뻐하며 즐거워하리라
할 것이며 야웨의 손이 이 산에 나타나시리니 모압이 거름물 속의
초개의 밟힘 같이 자기 처소에서 밟힐 것인즉 그가 헤엄치는 자의 헤엄치려고
손을 폄 같이 그 속에서 그 손을 펼 것이나 야웨께서
그 교만과 그 손의 교활을 누르실 것이라.
너의 성벽의 높은 보장을 헐어 땅에 내리시되 진토에 미치게 하시리라.

_이사야 25:1-12

이사야는 종종 '이스라엘 예언자들의 왕자'라고 불립니다. 그가 남긴 유려한 시의 매력과 힘 때문만은 아닙니다. 그가 다루는 주제들의 장엄함과 광활함, 그가 꿈꾸고 그려 내는 환상의 위대성, 그가 내다보는 지평선의 광대함이 그에게 그런 명예로운 칭호를 부여했을 것입니다. 이사야서는 쉽게 읽는 책이 아닙니다. 쉽게 읽혀지는 책도 아닙니다.

이사야서는 가벼운 마음으로 한입에 집어넣을 수 있는 진미珍味도, 큐티QT를 위한 가벼운 재료도, 재미있는 토막 뉴스거리도 아닙니다. 이사야서를 포함하여 성경은 분주한 여행객이 잠깐 멈춰 서서 먹는, 일종의 '영혼을 위한 패스트푸드'가 결코 아닙니다. 여러분이 말씀을 듣는 것은 품위 있게 앉아 정찬正饌을 먹는 것입니다.

'기묘한 모사'의 놀라운 계획

이번 장 메시지의 제목 안에는 '놀라운 계획'이란 문구가 들어 있습니다. 이 문구는 성경 가운데 유일하게 이사야서에서만 사용된 독특한 것입니다. 28장의 끝 부분에 가면 이사야는 창조 질서에 대해 언급하면서 이렇게 말한 적이 있습니다.

이 모든 것이 만군의 야웨로부터 온 것이다.
그의 모략(עֵצָה)은 기묘(פלא)하며
그의 지혜(תּוּשִׁיָּה)는 광대(גדל)하니라.

선지자 이사야는, 이 세계와 자기를 창조하신 창조주 하나님께 대하여 "창조주여, 당신은 '모략'에 있어서 기묘하신 분입니다"라고 하는 것입니다. 이 세상을 만드신 하나님의 디자인과 계획은 기묘하기가 이루 말할 수 없어 측량할 수 없다는 것입니다. 신묘막측神妙漠測이라는 말이 그것을 가리킵니다. 누가 하나님의 마음을 읽을 수 있으며 누가 감히 그분의 계획을 담을 수 있겠습니까? 그런데 이러한 하나님의 모략(계획)의 기묘함이 창조 세계에만 드러난 것은 아닙니다.

이사야는 다윗의 가문으로부터 오실 위대한 왕을 가리켜 '기묘한 모사' Wonderful Counselor[1]라고 부릅니다. 이렇게 부른 이유는, 다윗의 위대한 자손이 이룬 것을 사람들이 보게 될 때 그들은 이 자손이 이 세상 누구도 상상치 못할 엄청난 계획, 즉 위대한 왕이신 '하나님의 계획'을 실행하기 위해 왔다는 것을 알게 되기 때문입니다. 이 메시아는 이 세상 어떤 군왕이 이룬 것보다 탁월한, 그것을 뛰어넘는 위대한 업적을 이루게 될 것입니다. 따라서 그가 행하는 모든 일들은 '놀라운 일들' 奇事이며, '기적과 같은 일들'이며, 사람들에게 '놀람'과 '경이로움'이 된다는 것입니다.

위대한 왕이신 야웨 하나님의 계획(바로 이것을 이사야는 그분의 '모략' Counsel이라 부른다. 그러나 한 가지 기억해야 할 사실은 여기서 '모략'이라 함은 '권고'나 '상담' 또는 '자문'이 아니라 왕이 그 마음속에 실행하려고 계획한 '프로그램'을 말한다). 그분의 프로그램이 완성될 때 사람들은 상상을 초월한 놀라운 일들을 보게 된다는 것입니다. 어떤 놀라운 일들일까요? 이사야는 도래할 환상적인 시대를 다음과 같이 묘사하고 있습니다. 마치 잃어버렸던 에덴의 회복을 그리듯이 말입니다.

늑대가 어린 양과 함께 거하며
표범이 어린 염소와 함께 누우며

송아지와 어린 사자와 살진 짐승이 함께 있어
어린아이에게 인도함을 받을 것이다.…
나의 거룩한 산 모든 곳에서 해됨도 없고
상함도 없을 것이니
이는 물이 바다를 덮음같이
야웨를 아는 지식이 세상에 충만할 것이기 때문이라(사 11:6-9).

그분의 계획과 프로그램이 온전하게 이루어질 때, 이 세상은 더 이상 날카로운 이빨과 발톱으로 인해 피로 물들여지는 정글이 아니라 평화의 낙원이 될 것입니다. 하나님은 세계 역사에 대한 그분의 프로그램謀略, counsel 을 성취시키실 것입니다.

이사야와 그 뒤에 이어지는 상처 입고 찢겨진 후손들은, 인간의 위대한 제국들이 칼과 창을 사용해 이 세상을 피로 물들이는 것을 무력하게 바라보면서 그 약속된 인물을 열망할 수밖에 없었습니다.

그런데 육체를 입고 오신 이 놀라운 '기묘자 모사', 다시 부활하신 이 놀라운 '기묘자 모사'를 보았던 사람들은 경이와 기사를 본 것입니다. 그러나 그들이 본 것은 겸손한 시작일 뿐이었습니다. 미래에 대한 위대한 약속이 사실상 실현되는 거대한 시작이었던 것입니다. 그것은 세상을 향해 '희망'을 제공했습니다. 그들이 보았던 것 때문에 그들은 세상을 향해 좋은 소식을 전하게 되었습니다. 그들의 메시지는 분명했습니다. "놀라운 기묘자 모사이신 예수 그리스도 안에서, 세상을 위한 하나님의 놀라운 계획이 실현되고 있습니다."

그리고 이 복음을 들었던 수많은 사람들은 마음으로 믿었고 그 말씀을 다른 사람들에게 전하기 시작했습니다. 이런 이유로 2000년이 지난 오늘까지도 전 세계적으로 예수님의 출생을 축하하는 것입니다.

그러나 이 세상은 아직도 피를 흘리고 있습니다. 사람들은 점점 더 잔인해지고 악해져만 갑니다. 20세기는 그 어떤 세기보다 인간의 잔혹상과 잔악함을 과시했던 세기였습니다. 이러한 고민스런 문제들은 신앙에도 커다란 질문을 던지게 되었습니다.

이런 이유 때문에 어떤 사람들은 예언자의 우주적 환상을 그들이 이해하고 믿을 수 있을 만큼 작게 축소시켜 주머니 안에 소유하기 시작했습니다. 그들은 '약속된 평화'를 좁은 의미로 축소시켜, 개인적인 환난과 난관에서도 평화를 잃지 않는 개인적이고 내면적인 경험으로 인식하게 되었습니다.

하나님의 우주적 환상을, 하나님이 자신들의 죄를 용서해 주신다는 확신과 함께 오는 일종의 내적 평화로 축소시킨 것입니다. 물론 그런 평화는 그들에게 '기사'이며 '경이'일 것입니다. 그러나 그런 평화는 너무나 축소된 '기사'이며 '경이'입니다. 그렇지 않을 경우, 어떤 사람들은 크리스마스 이야기를 인류에 대한 인간의 지속적인 낙관주의를 표현하는 신화에 불과한 것으로 생각합니다. 그런 면에서 크리스마스는 현대인들에게 깊은 의미가 있다는 것입니다. 인간의 무한한 가능성들이야말로 용감한 새 세상을 창조하는 전망을 제공한다는 것입니다.

나는 이번 장에서 '놀라운 기묘자 모사'의 계획을 이사야 24-27장에서 이사야가 말하고 있는 하나님의 '놀라운 계획' Wonderful Counsel 의 맥락에서 바라보려고 합니다. 특별히 25장을 24:21-23과 26:1-3과 함께 이 장의 본문 말씀으로 선택했습니다.

본문을 보면 이사야는 하나님의 놀라운 모략에 대해 즐거워하며 축하합니다. 이 세상이 가야 할 과정과 결과를 담고 있는 하나님의 놀라운 계획과 프로그램이야말로 우리 인류에게 진정한 희망을 줄 것입니다. 이사야는 하나님의 놀라운 계획을 세 가지로 나누어서 말합니다.

· 첫째, 하나님이 계획하신 '해체' demolition
· 둘째, 하나님이 준비하신 '잔치' feast

· 셋째, 이러한 계획이 우리에게 던져주는 '희망' hope

하나님이 계획하신 '해체'

이사야가 보았던 세상은 '두 도시'(성읍)로 구성된 세계였습니다. 아마 우리가 오랫동안 알고 있는 '두 세상'과 비슷할 것입니다. '냉전' 시대 동안, 모스크바와 워싱턴은 세계 지도에서 두 개의 주요한 좌표였습니다. 우리는 아직도 이러한 '두 도시의 이야기들' tales of two cities 속에 살고 있습니다. 이사야에게 있어서 두 도시는 하나님의 도시인 시온과 위대한 제국 앗시리아의 수도 니느웨였습니다.

이사야가 선지자로 사역하고 있었을 때, 이미 앗시리아는 동지중해 지역을 제패하였고 지중해 쪽으로 서진하여 북 이스라엘의 수도인 사마리아를 파괴했을 때입니다. 물론 이사야가 구체적으로 니느웨를 거명하고 있지는 않습니다. 그러나 그에게 니느웨는 이 세상에서 힘과 세력을 함부로 행사하고, 하늘에 자신의 이름을 내려는 교만한 꿈을 꾸면서, 하나님 나라에 대해서는 거침없이 대항하는 과거와 미래의 모든 도시의 상징이었습니다.

이사야는 믿음의 눈으로 두 도시 세계를 바라보았습니다. 아니, 계시의 안경으로 이 세상 역사를 바라보고 있었습니다. 이미 그의 삶은 그의 내면의 눈에 비친 환상에 사로잡혀 있었습니다. 그것은 하늘 보좌에 관한 환상이었습니다(사 6장). 그는 사역 초기에 천상의 보좌에 좌정하시고 스랍들의 찬양 속에 계신 만군의 하나님을 보았습니다. "거룩하다 거룩하다 거룩하다, 만군의 야웨 하나님, 온 땅이 그의 영광으로 가득 차 있도다!" 그러므로 그에게 있어서 세상 역사의 종국, 두 도시 역사의 마지막은 너무도 분명하였습니다. 너무도 분명하였기에 그는 그 환상을 노래하고 축하하는 찬송시를 작사할 수 있었던 것입니다.

세상 나라들이 뭐라고 떠들어 대든지, 그 나라들이 모여 위대한 왕에 대항하는 모의를 하든지, 이 세상 권력의 중심이 현재 어디에 있든지, 이 모든 것은 상관없습니다. 이러한 지상 세력과 권력들보다 더 위대하신 분이 그 손안에 궁극적 힘과 최종적인 세력을 갖고 계시며, 마침내 그의 왕국은 승리할 것입니다.

시편의 시인도 이 사실을 웅변적으로 노래한 적이 있습니다.

어찌하여 열방이 분노하고
　민족들이 허사를 경영하는고?
세상의 군왕들이 나서며
　관원들이 서로 꾀하여
야웨와 그 기름 받은 자를 대적하며
　우리가 그 맨 것을 끊고 그 결박을 벗어 버리자 하도다.
하늘에 계신 자가 웃으심이여
　주께서 저희를 비웃으리로다.
야웨의 아들이 철장으로 저희를 깨뜨림이여
　질그릇같이 부수리라 하시도다(시 2:1-4, 9).

지상적 힘의 집합체요 세상 권력의 상징인 '도시'를 하나님은 '돌무더기로, 폐허의 잔해들로, 다시는 재건하지 못하는 영원한 파멸로' 만드실 것입니다. 인간의 도시와 성읍들을 무너뜨려 철저하게 해체시키실 것입니다. 지구상에서 가장 힘센 강대국들은 자신들이 헛된 꿈을 꾸었다는 사실을 비참하게 고백하지 않을 수 없게 될 것입니다. 그들이 보유한 엄청난 수의 군대들, 전무후무한 첨단 무기들, 치밀한 정보기관들, 막대한 부와 재물들로 적들의 성벽과 방어벽들을 무너뜨릴 수는 있겠지만 역사를 통제하고 그 결과를 조작할 수는 없을 것입니다.

겉보기에 연약하고 힘도 없는 하나님의 백성, 그 '가난하고 비천한' 사람들을 압제하고 짓누르려는 모든 시도는 실패로 돌아갈 것입니다. 위대한 보좌에 앉아 계신 왕이 그들에게 있어 폭풍을 막아 주는 대피소요, 뜨거운 한낮 태양의 열기를 막아 주는 그늘이요, 압제자의 손으로부터 보호해 주는 피난처가 되시기 때문입니다.

세상 역사를 지배하고 통제하려는 꿈을 꾸었던 거만한 세상 군왕들과 나라들에 대해 이사야는 다시금 입을 열어 외칩니다. 이사야는 그들을 '모압'이라는 이름으로 부릅니다. 이스라엘의 옛적 원수 나라인 모압은 일반적으로 적대적인 세상 권력과 나라들을 대표합니다.

> 야웨의 손이 이 산에 나타나시리니
>   모압이 거름물 속의 초개의 밟힘 같이
>   자기 처소에서 밟힐 것인즉
> 그가 헤엄치는 자의 헤엄치려고 손을 폄같이
>   그 속에서 그 손을 펼 것이나
> 야웨께서 그 교만과 그 손의 교활을 누르실 것이라.
>   너의 성벽의 높은 보장을 헐어 땅에 내리시되
>   진토에 미치게 하시리라(사 25:10-12).

하나님의 '놀라운 모략'은 이것입니다. 하나님의 성읍을 압제하는 '도시'는 마침내 훼파되리라는 것입니다. 마치 소돔과 고모라처럼, 니느웨와 바벨론처럼 말입니다. 역사는 성 어거스틴 St. Augustine이 그의 위대한 신학적 저술인 「신의 도성」 The City of God에서 말한 것처럼, '두 도시에 관한 이야기'입니다.

수세기에 걸쳐 그렇게도 하나님의 도시를 멸망시키려고 애썼던 도시 바벨론에 관하여 이사야는 이렇게 노래합니다.

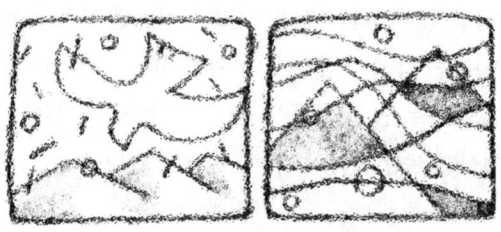

하나님 나라에 대항하는 모든 세력들은 반드시 무너져 버릴 것입니다. 이사야는 밝아 오는 새날을 축하하는 위대한 잔치를 묘사합니다.

야웨여, 주는 옛적에 계획하신(모략)대로
놀라운 일들(기사)을 행하셨습니다.
완벽한 성실함으로 그 일들을 행하셨습니다.
주께서 성읍(도시)으로 무더기를 이루시며
견고한 성읍으로 황무케 하시며
외인의 궁성으로 더 이상 성읍(도시)이 되지 못하게 하셨으니
다시는 그 도시(성읍)가 재건되지 못할 것입니다(사 25:1-2).

역사의 끝은 자만하고 거만하던 도시 바벨론이 무너져 내린 것을 직시할 것입니다. 바벨론에 애착을 갖거나 매력을 느끼는 사람들은 경고를 받아야 할 것입니다.

하나님이 준비하신 '잔치'

그렇습니다. 하나님 나라에 대항하고 저항하는 모든 세력들은 반드시 무너져 내릴 것입니다. 이것은 하나님의 놀라운 모략이며 계획입니다. 그러나 더 크고 위대한 모략(계획)이 동반될 것입니다. 이사야는 이러한 경이를 묘사함에 있어서 그가 할 수 있는 모든 가능한 대조법을 다 동원하고 있습니다. 그는 지금까지 파괴와 파멸, 폐허와 해체의 장면을 묘사했습니다. 잔인하고 포악한 자의 노래를 잠재웠습니다. 이제 이사야는 밝아 오는 새날을 축하하는 위대한 잔치를 묘사합니다.
이사야가 묘사하는 그대로 그림을 그려 보겠습니다. 그는 우리에게 그 잔치를 특징짓는 세 가지 특징들, 그리고 잔치를 열게 될 때 이루어질 세 가지 영광스런 실체들을 보여 줍니다.
먼저 세 가지 특징입니다.
· 첫째로, 장엄한 연회석상이 '이 산' 즉 예루살렘 성읍이 있는 시온

산에 차려질 것이라는 점입니다. 계시록이 분명하게 밝히듯, 하나님이 다스리시는 도시, 하늘에서 땅으로 내려오는 도시에서 이러한 잔치가 열리게 된다는 것입니다.
- 둘째로, 하나님이 연회석의 주인이 되시는 축제가 될 것이라는 점입니다. 그분의 선한 마음과 자비로운 가슴, 끝없는 풍성함과 부요함으로부터 준비된 잔치라는 점입니다. 인류에게 주시는 하나님의 좋은 선물입니다.
- 셋째로, '모든 사람'을 초청한다는 것입니다. 놀라운 기묘자 모사의 복음이 선포된 곳이라면 어디든지, 온 세상 모든 사람에게 잔치의 초대장이 나갈 것이라는 점입니다.

다음은 이 잔치가 축하하고 있는 세 가지 영광스런 실체들입니다.
- 첫째로, '하나님 나라의 승리'라는 찬란한 실체입니다. 왕위 대관식에 있어야 할 모든 것이 다 있습니다. 모든 나라와 민족이 참여하는 화려한 대관식입니다.
- 둘째로, 모든 민족을 감싸고 있던 절망의 휘장이 제거될 것입니다. 즉 엄청난 입으로 모든 것을 다 삼켜 버리는 죽음이 삼킴을 당할 것입니다. 죽음과 죽음에 이르게 하는 모든 것들, 삶의 충만함과 싱싱함과 향연을 빼앗아가 버리는 모든 것들, 그리고 반역하는 인류가 사는 도시 위로 엄습하는 공포의 그림자들이 그 도시와 함께 멸망할 것입니다.
- 셋째로, 이 세상에서 하나님의 백성이 겪어야만 했던 굴욕과 수치와 압제가 제거될 것입니다. 그들은 마침내 자유로운 몸이 될 것입니다. 만왕의 왕이요 만주의 주님이신 분이 베푸신 대 연회에 손님으로 초대받는 영광을 얻게 될 것입니다. 이사야가 말하고 있는 축제의 잔치는, 계시록 7장과 19장에 묘사된 어린양의 결혼 잔치가

갖는 모든 특징을 다 담고 있습니다.

어쩌면 이것은 옛날 옛적의 환상적인 이미지들처럼 보일지도 모릅니다. 그리고 어떤 의미에서는 정말 그렇습니다. 아시다시피, 중세 후기 또는 초기 르네상스 화가들은 이런 환상적인 장면들을 화폭에 담거나, 고딕 성당들과 오래된 교회당들의 천정과 벽들에 그려 넣었기 때문입니다. 그 그림들을 보면서 우리는 매우 생소한 느낌을 가질 것입니다.

그러나 그런 장엄한 축제의 잔치에 대한 환상적인 장면들은 지금 우리의 실제 삶 속에서 이미 시연되고 있다는 사실에 놀랄 뿐입니다. 어디서 그렇다는 말입니까? 언제 그렇다는 것입니까? 주님의 만찬(성찬)을 시행할 때입니다! 주님의 만찬은 그러한 축제의 잔치를 미리 보여주는 시사회라 할 수 있습니다.

그리고 사실상 모든 기독교인의 축제들, 기독교적인 모든 축제들 - 그것이 크리스마스든지 부활절이든지 성령강림절이든지 심지어 신년이든지 결혼식이든지 기념일이든지 어떤 형태의 연회든지 간에 - 은 그것들 나름대로 장차 올 위대한 축제의 잔치를 미리 맛보게 하는 경험들이며 기회들입니다. 만일 그러한 종말론적 축제의 잔치가 오지 않는다면, 기독교인들의 모든 축제는 결국 바보들의 잔치일 뿐입니다. 역사는 반드시 축제의 잔치로 끝날 것입니다!

하나님의 계획이 주는 '희망'

우리가 살고 있는 이 시대는 그러한 잔치를 기대하고 사는 사람들을 이상하게 봅니다. 그러한 축제의 연회를 기대하면서 어떤 종류의 잔치든지 여는 것을 이상하게 보는 시대에 우리는 살고 있습니다. 그런데 이사야가 우리에게 그러한 잔치에 대한 환상을 제시하였던 당시에는 더욱 그러했습니다. 그가 살던 시대, 이사야가 알고 있던 세계는 이미 무너져 내렸으며, 모든 것이 혼란과 혼돈의 상태에 있었습니다. 옛 세상의 죽음을 경험하고 있던 시대였습니다. 희망은 사라진 지 오래되었고, 미래는 현재로부터 철저하게 단절되어 있었습니다.

그러나 이사야는 이 모든 혼돈과 소요 너머를 바라보았습니다. 역사의 지평선 너머에서 부상하는 새로운 세상을 바라보았던 것입니다. 아니, 그에게 그런 세상이 계시되었습니다. 그는 모든 혼란과 혼돈과 무질서 위에 계신 주님, 그 하나님을 보았습니다. 그리고 하나님의 '놀라운 모략'과 '놀라운 기묘' 속에 담겨져 있는 내용이 그에게 계시되었습니다. 바로 그곳에서 '희망'과 '노래'가 나왔던 것입니다. 믿기 어려울 정도의 담대함과 당당함으로 그는 역사의 한가운데 서서 노래하기 시작했습니다. 역사의 끝에 불려질 장엄한 노래를, 힘찬 국가를 부르기 시작한 것입니다.

> 오 주님, 당신은 나의 하나님이십니다.
>   내가 당신을 높이며 당신의 이름을 찬양합니다.
> 야웨여, 주는 옛적에 계획하신(모략)대로
>   놀라운 일들(기사)을 행하셨습니다.
>   완벽한 성실함으로 그 일들을 행하셨습니다(25:1).
> 그는 야웨시라. 우리가 그를 믿었다.
>   그의 구원을 기뻐하며 즐거워하자(25:9).

우리는 현재 일어나는 일들이나 사건들에 대해 쉽게 노래하거나 신음합니다. 이것은 신앙이 없는 사람들, 하나님의 주 되심을 믿지 못하는 사람들이 하는 일들입니다. 그리고 종종 우리도 그런 사람들의 음악에 맞추어 악기를 두드리는 경우가 있습니다. 그러나 우리가 연주하는 신앙의 현絃은 다른 곳으로부터 신호를 받습니다. 신앙은 왕의 오케스트라를 들으면서 최후의 위대한 잔치에 음을 맞추는 것입니다.

예수님은 이사야의 격정적인 음조를 건네받아 그의 제자들에게 이렇게 말씀하셨습니다. "세상에서는 너희가 환난을 당하나 담대하라. 내가 세상을 이겼노라"(요 16:33). 그러한 희망 때문에 바울은 빌립보 감옥의 어두움 속에서 노래를 부를 수 있었던 것입니다. 그러한 희망 때문에 순교자들은 사자 앞에서나 화형대 위에서도 힘차게 노래할 수 있었던 것입니다.

희망을 갖고 사는 것이 항상 쉬운 일은 아닐 것입니다. 그러나 바울이 아브라함에 대해 말한 것을 기억해 보십시오. "그는 바랄 수 없는 중에 바라고 믿었습니다. 그렇게 해서 그는 모든 민족의 조상이 된 것입니다"(롬 4:18).

그렇습니다. 모든 희망이 사라지는 가운데서도, 아니 절망의 한복판에서도 아브라함은 희망하고 믿었다는 것입니다. 그리하여 아브라함은 우리 신앙의 조상이 된 것입니다. 아멘.

복음 15

내 백성을 위로하라
이사야 40:1-8

님이 가라사대 너희는 위로하라 내 백성을 위로하라 너희는 정다이 예루살렘에 말하며 그것에게 외쳐 고하라 그 복역의 때가 끝났고 그 죄악의 사함을 다 그 모든 죄를 인하여 여호와의 손에서 배나 받았느니라 할찌니라 외치는 자의 소리여 가로되 너희는 광야에서 여호와의 길을 예비하라 사막에서 우리의 대로를 평탄케 하라 골짜기마다 돋우어지며 산마다, 작은 산마다 낮아지며 고르지 않은 곳이 평탄케 되며 험한 곳이 평지가 될 것이요 여호와의 영광이 나타나고 모든 육체가 그것을 함께 보리라 대저 여호와의 입이 말씀하셨느니라 말하는 자의 소리여 가로되 외치라 대답하되 내가 무엇이라 외치리이까 가로되 모든 육체는 풀이요 그 모든 아름다움은 들의 꽃 같으니 풀은 마르고 꽃은 시듦은 여호와의 기운이 그 위에 붊이라 이 백성은 실로 풀이로다 풀은 마르고 꽃은 시드나 우리 하나님의 말씀은 영영히 서리라 하라

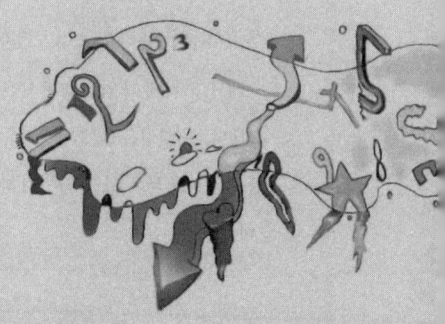

Comfort My People!

"너희는 내 백성을 위로하라! 위로하라!" 너희의 하나님께서 말씀하신다.

"예루살렘에게 부드럽게 말하고, 그들에게 알려 주어라.

이제 복역 기간이 끝나고 죄에 대한 형벌도 다 받고,

지은 죄에 비하여 갑절의 벌을 받았다고 외쳐라."

외치는 소리가 들려온다.

"광야에 주께서 오실 길을 닦아라.

사막에 우리의 하나님께서 오실 큰길을 곧게 내어라.

모든 계곡은 메우고, 산과 언덕은 깎아 내리고,

거친 길은 평탄하게 하고, 험한 곳은 평지로 만들어라.

주의 영광이 나타날 것이니, 모든 사람이 그것을 함께 볼 것이다.

이것은 주께서 친히 약속하신 것이다."

외치는 소리가 들려온다. "너는 외쳐라."

그래서 내가 "무엇이라고 외쳐야 합니까?" 하고 물었다.

"모든 육체는 풀이요, 그의 모든 아름다움은 들의 꽃과 같다.

주께서 그 위에 그 입김을 부시면, 풀은 마르고 꽃은 시든다.

그렇다. 이 백성은 풀에 지나지 않는다.

풀은 마르고 꽃은 시드나, 우리 하나님의 말씀은 영영히 서 있다."

_이사야 40:1-8

다음은
어느 직장인의 전형적인 하루 생활입니다. 아마 우리도 이 사람과 그렇게 많이 다르지는 않을 것입니다. 그는 저녁 때 침대에 들면서 알람시계를 점검합니다. 요즈음은 한 시간 정도 앞으로 당겨 놓습니다.
- 이른 아침에 시끄럽게 울리는 알람 소리를 끄기 위해 팔을 쭉 뻗습니다.
- 아직도 잠이 덜 깬 상태에서 알람시계 버튼을 누릅니다.
- 무엇인지 자기도 모르는 소리를 중얼대면서 일어납니다.
- 그리고 주섬주섬 옷을 주어 입습니다.
- 시간에 쫓기다 보니 아침을 거르기 일쑤입니다. 물론 아내도 밥을 차려 주지 않습니다!
- 어쩌다 밥을 먹게 되는 날이면 마지막 밥숟가락을 입에 물고, "늦었어! 빨리 가야 해!" 하고 서두릅니다.

직장에서는,
- 주식시장의 동향을 살핍니다. - 증권 회사원
- 학교에서 학생들을 가르칩니다. - 교사
- 자동차를 고칩니다. - 자동차 정비사
- 각종 보험을 팝니다. - 보험 판매원
- 사람을 치료합니다. - 의사
- 충치 먹은 이를 때웁니다. - 치과의사
- 각종 증명서를 발급해 줍니다. - 구청 직원
- 끊어진 전선을 고칩니다. - 한전 직원

반복되는 삶

이처럼 우리는 매일 서로 다른 삶의 트랙을 돕니다. 그러다 보면 몸과 마음은 지치기 일쑤입니다. 걱정스런 일들이 마음을 어수선하게 만듭니다.
- 아내는 항상 피곤해 보입니다. 만성 피로에 시달리는 듯합니다.
- 지금 일하고 있는 직장에서 언제 해고될지 모릅니다.
- 내가 하고 있는 일에 대해 충분한 보상을 받는 것 같지 않습니다.
- 결혼한 자녀의 부부 생활에 점점 금이 가는 것 같습니다.
- 사춘기 딸아이의 귀가 시간이 너무 늦습니다.

그러다가, 잠시 일을 멈추고 커피를 마시는 시간이 돌아옵니다. 이 시간에는 약간의 생기가 다시 도는 듯합니다. 그러나 그것도 잠깐, 다시 일로 돌아옵니다. 그리고는 다시
- 지난달 밀린 할부금들, 월세들을 걱정합니다.
- 아들의 데이트하는 습관이 심상치 않은 것 같습니다.
- 얼마 전부터 가끔씩 가슴에 통증을 느낍니다.
- 신경성 소화불량이 점점 자주 찾아오는 것 같습니다.

그러다가 점심식사 시간이 됩니다.
- 직장 동료들과 어울려 식당으로 삼삼오오 걸어갑니다.
- 정신없이 국밥을 먹습니다.
- 그리고 왜 내가 이렇게 긴장하고 사는가 하고 스스로 의아해하기도 합니다.
- 다시 일로 돌아갑니다.
- 찾아온 손님과 이야기합니다.

- 학생들에게 받아쓰기를 시킵니다.
- 아말감으로 충치 먹은 어금니를 채웁니다.
- 돈 많은 여자와 결혼한 동생이 그렇게 부러울 수가 없습니다. 나는 왜 이리도 못 사나 하고 한숨짓기도 합니다.

그러다 보면 저녁 퇴근 시간이 됩니다.
- 얼마나 도로가 막히는지 정말로 짜증납니다. 가다 서다를 반복합니다. 피곤하기 그지없습니다. 만사가 귀찮습니다.
- 집에 돌아옵니다. 간단히 씻고 저녁을 먹습니다. 배가 부르도록 먹습니다. 하루 종일 별로 먹은 것이 없기 때문입니다.

정말 피곤하고 지루한 하루였습니다. 다람쥐 쳇바퀴 도는 듯한 하루였습니다. 소파에 앉아 신문을 읽습니다. TV를 봅니다. 마침내 피곤한 몸을 이끌고 침대로 들어갑니다. 그리고 중얼댑니다.
- "내가 하루 종일 한 일들이 얼마나 별 볼일 없는 것들인가?"
- "다람쥐 쳇바퀴 도는 것처럼 보이는 내 인생! 아이고!"
- "잠이나 자자꾸나!"
- "여보, 불 꺼요, 불 꺼!"

말이 '불 꺼!'지 그야말로 삶을 향한 절규입니다.

눈에 보이는 모든 것은 사라진다

이런 말을 중얼대는 사람이 어찌 나 혼자뿐이겠습니까? 수천 수만의 사람들이 날마다 그렇게 중얼거리며 살고 있습니다. 우리는 스스로에게 묻습니다.
- 언제쯤 이런 중얼거림에서 벗어날 수 있을 것인가?

· 어떻게 사람들은 본래의 자기 모습이 아닌 다른 모습으로 되어 갈 수 있단 말인가?
· 생각하는 어떤 것도 그에 따르는 결과가 없어!
· 우리의 말은 공허하고 아무런 결과도 얻지 못하는 것 같구나!

그렇습니다!
· 우리가 두 눈으로 보고 있는 것들 역시 모두 시들어 갑니다.
· 우리들이 사랑하고 있는 모든 것 역시 죽어 갑니다.
· 우리들이 원하고 바라는 모든 것은 사라져 갑니다.
· 우리들이 꿈꾸고 있는 모든 것은 무너져 내립니다.
· 어느 것 하나도 오랫 동안 지속되는 것이 없습니다.

이러한 사실이 우리를 슬프게 합니다. 영원히 지속되는 것이 없다는 사실 앞에서 우리는 슬퍼집니다.
정녕코 영원히 지속되는 것이 이 세상에 없다는 말인가요?
· 사랑도, 꿈도, 우정도, 열정도, 애정도, 관계도…

그 어느 것 하나도 오랜 기간 동안 지속되는 것 같지 않습니다. 모든 것이 시들시들해져 버립니다. 그러나 모든 사람은 적어도 지속적인 '그 무엇'을 지녀야 합니다. 아니 꼭 지녀야만 합니다.
· 지금 여기 삶의 한가운데서 영원히 지속되는 그 무엇 말입니다.
· 우리 인생의 한복판을 가로질러 지속되는 그 무엇 말입니다.
· 우리 삶의 구심점이 되는 것 말입니다.
· 우리 인생의 기반이 되는 아르키메디안 포인트(Archimedian point, 어떤 것의 토대가 되는 확고부동한 점) 말입니다.

그러나 무엇이 지속적인 것입니까? 무엇이 오래도록 계속되는 것입니까?

- 우리가 보는 그 어느 것도 지속적이지 않습니다.
- 우리가 손으로 만질 수 있는 그 어느 것도 영원한 가치를 갖고 있지 않습니다.
- 집house은 가정home으로 남아 있을 수 없습니다.
- 주식이나 증권은 영원하지 않습니다.

우리가 두 눈으로 보는 그 어느 것도 영원하지 않습니다. 우리가 두 손으로 만질 수 있는 것들은 결국 없어집니다. 손에 잡히는 모든 것은 사라집니다. 시간은 모든 것을 잡아먹습니다. 시간의 흐름 앞에서는 천하장사도 전혀 힘을 쓰지 못합니다. 시간은 미인美人의 최대 적입니다.

그렇다면 정말 아무것도 영원히 지속되지 못한단 말입니까?
- 이에 대해 오늘 우리가 읽은 본문이 대답해 줍니다.
- 이사야 40장이 선언합니다. "영원히 지속되는 것이 있다!"

바벨론 강변에 주저앉은 백성

40장 6절, 7절, 8절에 귀를 기울여 보십시오!

모든 사람들은 풀과 같고
  그들의 모든 아름다움은 들의 꽃과 같다.
야웨께서 그 위에 숨을 내쉬면
  풀은 마르고 꽃은 시든다.
풀은 마르고 꽃은 시들지만
  우리 하나님의 말씀은 영원히 서리라.

이 말씀은 이미 50년 동안이나 바벨론에서 유배 생활을 하고 있던 사람들에게 외쳐진 말씀이었습니다. 50년이라… 인생살이에서 50년이란 세월은 정말로 긴 세월입니다. 그러니까, 지금으로부터 되돌아간다면 1955년이겠지요. 거의 두 세대를 지나는 세월입니다.

바벨론으로 강제 이주 당해서 유배 생활을 하고 있던 대부분의 사람들은,
- 예루살렘의 영광에 대해 전혀 아는 바가 없었습니다.
- 예루살렘 성전이 있던 그 찬란한 도시에 대해서도 아는 바가 없었습니다.
- 성소의 커튼 뒤, 하나님이 진실로 현존하시던 곳에 대해 알지 못하는 사람들이었습니다.

그들이 이곳 바벨론에 와서 산 지 50년이나 되어 갑니다. 죽음의 그림자가 깊게 드리웠던 지난 50년 세월이었습니다. 젊은 세대는 그들의 부모들이 말하는 예루살렘의 찬란했던 영화와 영광에 대해 실감나게 믿을 수가 없었습니다. 오로지 늙은 부모 세대만이 과거의 찬란한 영광에 대해 말할 뿐이었습니다.

현존하시고 임재하시던 하나님의 영광에 대해 경험적으로 말할 수 있는 세대는 오로지 노인 세대뿐이었던 것입니다. 젊은이들은 그런 이야기를 하는 노인들의 말을 들을 때면 항상 의심쩍어 했으며, 그들에게는 더 이상 놀랄 만한 일이 되지 못했습니다.

그렇게 해서 그들은 바벨론 강변, '어두움' 가운데 앉아 있었습니다. 그리고 그들은
- "하나님은 지금도 살아 계시고, 당신들을 돌아보고 계신다"라는 확신에 찬 '목소리'를 간절히 기다리고 있었습니다.
- "하나님은 예전에 아브라함과 맺었던 언약을 기억하시고 그 언약

에 대해 아직도 신실하시다"라는 확신에 찬 '목소리'를 갈망하고 있었습니다.

그렇지 않다면 하나님의 언약적 성실하심(אמת, '에메트')과 자비로운 돌보심(חסד, '헤세드')에 대한 이야기는 모두 착각이나, 자기 기만이나, 아니면 전설에 불과한 것이 아니었겠습니까?

그들은 환영幻影과 착각과 혼란스러움 가운데 살고 있었습니다. 그들은 하나님에 의해서, 사람들에 의해서 잊혀진 바 된 것처럼 보였습니다. 그들은 지금 '흑암' 가운데 살고 있었던 것입니다. 그들에게 위로를 건네줄 사람이 없었습니다. 그저 절망 가운데 주저앉아 있을 뿐입니다. 그들의 슬픈 상황에 대해 한 시인은 다음과 같이 노래했습니다.

예루살렘이 밤에 목놓아 우니
눈물이 뺨을 타고 흐른다.
아무도 위로해 주는 사람이 없구나!
사랑하던 사람들도 다 가고 없으며
친구들은 다 배반하여 원수가 되었구나.

그녀(시온)의 멸망이 놀라울지라도
아무도 위로해 주지 않는구나!

시온이 손을 뻗었으나
아무도 위로해 줄 사람이 없구나!

"사람들이 제 신음 소리를 들었으나
아무도 저를 위로해 주지 않습니다"(애 1:2, 9, 17, 21).

'위로'의 목소리, '요구'의 목소리

바로 그때 어디선가 소리가 들려왔습니다. 아주 부드럽고 잔잔한 음성이었습니다.

너희들은 내 백성을 위로하라, 위로하라!
너희들은 부드럽게 그들에게 말하거라.
그들의 유배 생활이 끝이 났고
그들의 죄들이 용서함을 받았다고.

천상 어디에선가 들려오는 이 목소리의 주인공은 놀랍게도 하나님 자신이었습니다. 기나긴 침묵 끝에 드디어 입을 여신 것입니다. 그의 천상의 사역자들인 천사들에게 긴급히 명령을 내리시는 순간입니다. 이제는 내 백성을 위로할 때가 되었다는 것입니다.

천상 어디에선가 들려오는 이 목소리는 바벨론 유배지의 어둠 속을 뚫고 들어왔습니다. 너무도 긴 세월 동안 어두움의 그늘에 앉아 있던 사람들에게 들려온 희망의 메시지였습니다. 마치 그리스도의 탄생 소식이 어두웠던 세기에 세상 속으로 뚫고 들어온 것과 같습니다.

"놀라운 선물이 조용하게 주어졌습니다.
찬란한 선물이 고요하게 주어졌습니다."

아니면, 성 어거스틴이 쓰고 있듯이,
· 사람을 만드신 그분이 사람이 되셨습니다.
· 별들을 다스리시는 그분이 사람이 되어 어머니 품안의 젖먹이 아기가 되셨습니다.

- 세상의 '떡' 이신 그분이 사람이 되어 굶주리시게 되었습니다.
- 세상의 '샘물' 이신 그분이 사람이 되어 목마르시게 되었습니다.
- 세상의 '빛' 이신 그분이 사람이 되어 어두운 밤에 잠드시게 되었습니다.
- 세상의 '길' 이신 그분이 사람이 되시는 그 먼 여정旅程 때문에 지치시게 되었습니다.
- 산 자와 죽은 자의 '재판장' 이신 그분이 사람이 되어 인간에게 심판 받게 되었습니다.
- '의'義이신 그분이 사람이 되어 불의한 자에 의해 사형 선고를 받게 되었습니다.
- '선생' 이신 그분이 사람이 되어 채찍질을 당하게 되었습니다.
- '포도나무' 이신 그분이 사람이 되어 가시 면류관을 쓰시게 되었습니다.
- '기초' 가 되신 그분이 사람이 되어 나무 위에 매달리시게 되었습니다.
- '힘' 이신 그분이 사람이 되어 약하게 되었습니다.
- 모든 사람을 건강하게 하시는 그분이 사람이 되어 상처를 입게 되었습니다.
- '생명' 이신 그분이 사람이 되어 죽게 되었습니다.

이상야릇하게도 하나님의 목소리가 어둠 속에서 가장 분명하게 들리고 있습니다.
- 내 백성을 위로하라, 내 백성을 위로하라.
- 그들에게 부드럽게, 정답게 말하라.
　－내가 그들을 잊지 않았다고,
　－이젠 폐허가 된 저 멀리 있는 성전에 내가 있는 것이 아니라고,

―나는 지금 여기 있노라고,
　　―비록 날이 어둡다 하더라도, 아무리 삶이 지루하고 의미 없는 것처럼 보인다 하더라도, 나는 지금 여기에 너희와 함께 있노라고.

그렇습니다. 이것은 사실입니다. 이것이 선지자가 광활 광대한 천상의 신비 속에서, 동시에 바벨론의 어둠 속에서 들었던 '목소리' 입니다.
　그러나 선지자는 어두움 속에서 한 가지 이상의 목소리를 지금 듣고 있습니다. 선지자는 무엇인가를 요구하는 '명령의 목소리' 도 듣고 있습니다.

　광야에 야웨를 위하여 길을 준비하여라!
　사막에 우리 하나님을 위하여 대로를 곧게 하여라!

그러나 우리는 기억해야 합니다. 선지자가 들었던 최초의 음성은 '명령의 목소리' 가 아니라 '위로의 목소리' 였다는 사실을 말입니다.
　이것이 하나님이 항상 우리들에게 말씀하시는 순서입니다. 그분은 먼저 우리를 위로해 주기 원하십니다. 어떤 위로입니까? 어떤 형태의 위로입니까?
　· 죄의 용서
　· 사막의 물
　· 배고픈 사람들을 위한 음식
　· 눈먼 자들을 위한 시력의 회복
　· 갇힌 자들에게 주어지는 자유
　· 무료한 삶에 주어지는 충만한 의미
　· 미래를 위한 희망

이와 같은 것들은 '위로'를 다른 방식으로 말하는 방법입니다.

그러나 불행하게도 우리는 하나님이 말씀하신 순서를 종종 뒤집어 버리는 경향이 있습니다. 참으로 신기한 일입니다.

다시 말해서 10명 중 9명은 하나님이 우리에게 뭔가 요구하신다고 말할 것입니다. 즉 하나님은 우리에게 위로를 주시기 전에 먼저 우리에게 요구하시는 게 있다는 것입니다.

10명 중 9명은 우리에게 말하기를,

- "만일 하나님이 요구하시는 것을 당신이 행한다면, 하나님이 당신에게 복을 주실 것입니다"라고 할 것입니다.
- "만일 당신이 교회에 정규적으로 성실하게 출석하고 성경을 매일같이 읽고 도둑질이나 거짓말을 하지 않고 혼전 성교를 하지 않는다면, 하나님이 당신에게 복을 주실 것입니다"라고 할 것입니다.

그렇다면 이렇게 말하는 게 무슨 문제가 있습니까? 예, 문제가 심각합니다. 만일 이런 식으로 우리가 생각한다면, 아니 그러한 신학을 갖고 있다면 심각한 문제입니다. 왜냐하면 그렇게 말하는 것은,

- 하나님의 은혜는 나의 행동에 달려 있다고 말하는 것이 되기 때문입니다.
- 하나님이 행하시는 일은 전적으로 나의 행동에 달려 있다고 말하는 것이기 때문입니다.

그러나 성경은 이와 정반대로 말합니다.

- 하나님의 은혜는 우리의 행위를 앞섭니다.
- 하나님의 은총은 항상 먼저 옵니다.
- 우리의 행동은 그 은혜에 대한 반응입니다.
- 우리의 행위는 하나님께 대해 "감사합니다!"라고 말하는 방식에

불과합니다.

우리는 이러한 성경의 정통적 목소리에 귀를 닫고 있습니다! 왜냐하면, 성경의 각 권들을 자세히 살펴보면 "위로하라, 내 백성을 위로하라"는 목소리가 항상 먼저 온다는 사실을 확인할 수 있기 때문입니다.
- 하나님이 애굽의 노예 생활로부터 자기 백성을 구출해 내셨습니다. 그 후에 그분은 그들에게 십계명을 주셨습니다.
- 베들레헴의 예수님이라는 선물이 오신 후에야, 십자가를 지고 자기를 따르라는 예수님의 부르심이 있었습니다.
- 결혼식 잔치로의 초대가 있은 후에야, 예복을 입으라는 요청이 있었습니다.

'위로'는 언제나 '요구'에 앞서서 옵니다. 위로를 주신 후에야 비로소 그분은 우리에게 무엇인가를 요구하십니다.

우리들의 삶을 통해서 보면 이것이 사실이라는 것을 곧 알게 됩니다. 우리들 대부분은 부모로부터 순종을 요구받기 전에 먼저 그분들의 사랑과 돌봄을 받습니다. 우리가 우리의 부모들에게 순종하는 것은 먼저 우리가 사랑을 받고 돌봄을 받았기 때문입니다.

하나님은 '요구'를 하십니다. 그렇습니다! 그러나 항상 그보다 먼저 '위로'를 주십니다.

풀은 마르고 꽃은 시드니

대림절 Advent 주간에는 시간을 내어 이사야 40장을 읽고 명상해 보십시오. 물론 헨델의 오라토리오 메시아 중 첫 부분의 노래들도 감상해 보십시오. 이사야 40장은 시입니다. 이사야 40장을 가사로 삼아 노래하는 테너의 독창이 일품일 것입니다. 읽고 또 읽어 보십시오. 큰 소리를 내어 읽어 보십시오. 눈으로만이 아니라 귀로 들려지게 말입니다. 그렇게 해 보면, 이사야 40장이 마치 출렁이는 대양 大洋과 같다는 것을 느끼게 될 것입니다. 파도가 솟구치다 다시 내려앉고, 그러다가 다시 오르고 내려앉는 것과 같은 느낌을 가질 것입니다. 그 속에는,

- 깊음이 있습니다. 그리고 높음도 있습니다.
- 썩어짐도 있습니다. 그리고 영광도 있습니다.
- 절망이 있습니다. 그리고 희망도 있습니다.

선지자는 지속적으로 그의 입장을 한쪽에서 다른 한쪽으로 바꾸어 갑니다. 한 순간에는 이 세상을 인간의 눈으로 바라봅니다. 그리고 말합니다.

- 얼마나 침울한 세상인가!
- 참으로 무의미한 일들의 연속이지 않은가!
- 지루하고 지겨운 삶의 연속이다!

그러나 그 다음 순간 그는 하나님의 눈으로 이 세상을 바라보기 시작합니다. 그리고 말합니다.

- 얼마나 흥미진진한가요!
- 참으로 희망적입니다!
- 찬란한 내일이 밝아 옵니다!

그는 인간의 눈을 가지고 사람들을 바라봅니다. 그리고 말합니다.

- 모든 사람은 풀입니다,
- 그들의 영광은 모두 들판의 꽃과 같습니다.
- 풀은 마르고 꽃은 시듭니다.

그는 인간의 눈을 가지고 우리를 쳐다봅니다. 그리고 말합니다.
- 어려서 학교에 갑니다.
- 그리고 훌륭한 교육을 받습니다.
- 그 후에 직장을 갖습니다.
- 진급의 사닥다리를 올라갑니다.
- 결혼합니다.
- 가족을 부양합니다.
- 때가 되면 은퇴합니다.
- 나이를 먹습니다.
- 그리고 죽습니다.

우리가 이런 방식으로 삶을 바라본다면 결국 다음과 같이 말할 것입니다.
- 인생은 얼마나 무료한 것인가!
- 참으로 삶은 비어 있어!
- 허무하단 말이야!

영원한 것을 외쳐라

우리가 이러한 방식으로 삶을 바라본다면, 우리는 하나님의 목소리를 들을 준비가 되어 있는 것입니다. 그분이 말씀하십니다. "외쳐라!" "소리 질러라!"

그러자 선지자가 묻습니다. "하나님, 내가 무엇이라고 외치오리까? 무엇을 외치란 말입니까? 어떤 의미 있는 것에 대해 말할 수 있단 말입니까? 어디 희망적인 일들이 있단 말입니까?" 그때 하나님은 말씀하십니다.

- 외쳐라!
- 외쳐라, "풀은 마르고 꽃들은 시들지만, 우리 하나님의 말씀은 영원히 견디느니라!"
- 외쳐라, "나사렛 예수 안에서 육체가 된 하나님의 말씀은 영원히 남아 있을 것이다."
- 외쳐라, "하나님의 말씀이, 백마를 타시는 분이 세상을 가로질러 달려가며 '정복하고 또 정복하리라' 고 하신다."
- 때가 점점 가까이 오고 있다. 시간이 점점 가까워지고 있다. 물이 바다를 덮음같이 모든 땅이 하나님의 영광으로 가득 찰 시간이 다가 오고 있다."

그러나
- 외쳐라!
"우리는 하나님이 그분의 권세로 정해 놓으신 그때와 그 시간을 알 수 없다!"
- 외쳐라!
"하나님이 그분의 엄청난 약속들을 이루실 때를 우리가 기다리는 동안, 하나님은 약한 자에게 힘을 주시고 지친 자들이 기운을 추스를 수 있게 하신다!"

젊은이가 피곤하여 지치고,
소년이라도 넘어지고 뒤쳐지지만,
야웨를 신뢰하는 자는
독수리가 날개 치고 창공을 향하여 올라가듯이
새로운 힘을 얻을 것이며, 달려가도 피곤치 않고
걸어가도 지치지 않을 것입니다. 아멘.[1]

십자가 16

모든 우상을 폐위시키십시오
이사야 46:1-11

러졌고 느보는 구부러졌도다 그들의 우상들은 짐승과 가축에게 실리웠으니 너희가 떠메고 다니던 그것은 피곤한 짐승의 무거운 짐이 되었도다 그들은 그들은 일제히 엎드러졌으므로 그 짐을 구하여 내지 못하고 자기도 잡혀 갔느니라 야곱 집이여 이스라엘 집의 남은 모든 자여 나를 들을찌어다 배에서부터 내게 안겼고 태에서 남으로부터 내게 품기운 너희여 너희가 노년에 이르기까지 내가 그리하겠고 백발이 되기까지 내가 너희를 품을 것이라 내가 지었은즉 품을 것이요 구하여 내리라 너희가 나를 누구에 비기며 누구와 짝하며 누구와 비교하여 서로 같다 하겠느냐 사람들이 주머니에서 금을 쏟아 내며 은을 저울에 달아 장색에게 주고 그것으로 신을 만들게 하고 그것에게 엎드려 경배하고 그것을 들어 어깨에 메어다가 그의 처소에 두면 그것이 서서 있고 거기서 능히 움직이지 못하며 그에게 부르짖어도 능히 응답지 못하며 고난에서 구하여 내지도 못하느니라 너희 패역한 자들아 이 일을 기억하고 장부가 되라 다시 생각하라 너희는 옛적 일을 기억하라 나는 하나님이라 나 외에 다른이가 없느니라 나는 하나님이라 나 같은이가 없느니라 내가 종말을 처음부터 고하며 아직 이루지 아니한 일을 옛적부터 보이고 이르기를 나의 모략이 설 것이니 내가 나의 모든 기뻐하는 것을 이루리라 하였노라 내가 동방에서 독수리를 부르며 먼 나라에서 나의 모략을 이룰 사람을 부를 것이라 내가 말하였은즉 정녕 이룰 것이요 경영하였은즉 정녕 행하리라

Cast Every Idol From Its Throne

벨은 엎드러졌고 느보는 구부러졌도다.

그들의 우상들은 짐승과 가축에게 실리었으니

너희가 떠메고 다니던 그것은 피곤한 짐승의 무거운 짐이 되었도다.

그들은 구부러졌고 그들은 일제히 엎드러졌으므로

그 짐을 구하여 내지 못하고 자기도 잡혀갔느니라.

야곱 집이여, 이스라엘 집의 남은 모든 자여! 나를 들을지어다.

배에서 남으로부터 내게 안겼고 태에서 남으로부터 내게 품긴 너희여!

너희가 노년에 이르기까지 내가 그리하겠고

백발이 되기까지 내가 너희를 품을 것이라.

내가 지었은즉 안을 것이요 품을 것이요 구하여 내리라.

너희가 나를 누구에 비기며 누구와 짝하며 누구와 비교하여 서로 같다 하겠느냐?

_이사야 46:1-5

인간 본성에 관하여 16세기의 종교개혁자 칼빈은 다음과 같이 관찰한 바가 있습니다. "인간 본성은 우상들을 영속적으로 만들어 내는 공장이다."
- 인간 본성은 끊임없이 우상들을 제작하는 공장이라는 것입니다.
- 하루도 쉬지 않고 부단히 우상들을 설계하고 생산하는 공장이라는 것입니다.
- 그 가동률은 100%이며 불황을 모르는 공장이라는 것입니다.

무슨 의미입니까? 우리를 포함한 모든 사람은 사용자들이 쉽고 편리하게 사용할 수 있는 신神들을 쉬지 않고 대량으로 만들어 내고 있다는 것입니다. 어떤 신들입니까?
- 우리가 통제하고 조절할 수 있는 신들
- 우리가 마음대로 조작할 수 있는 신들
- 우리를 꾸짖거나 경고하거나 위협하거나 책망하거나 말대꾸를 하지 않는 신들입니다.

무거운 짐이고 멍에인 우상들

인간 본성은 우상숭배적인 경향이 매우 농후하다는 것을 안 칼빈은 우상숭배에 관한 신학을 수립했습니다. 그는 신학적으로 우상숭배가 무엇인지 연구하는 데 상당한 노력과 시간을 보냈던 것입니다. 그렇습니다!

· 우리는 바로 이러한 신학을 유산으로 받은 후예들입니다.
· 우리는 피 속에 우상 파괴주의를 유전인자로 갖고 있습니다.
· 우리는 하나님의 질투를 매우 강조하는 신학적 전통에 서 있는 사람들입니다.

- 하나님은 질투하십니다.
- 하나님은 다른 경쟁자들을 용납하지 않으십니다.
- 이스라엘을 향한 하나님의 첫 번째 말씀은 하나님과 경쟁 관계에 있는 신들에 관한 것입니다.
 "너는 내 앞에 다른 신들을 두지 말지니라."
 "너는 너를 위하여 우상을 만들지 말지니라."
 "너는 그 신들이나 그 형상들에 엎드려 절하거나 경배하지 말지니라."

- 하나님의 백성은 우상을 타파하는 사람들이어야 합니다.
- 하나님의 백성은 우상을 박살내는 사람들이어야 합니다.
- 하나님의 백성은 우상을 공격하는 사람들이어야 합니다.

어떤 우상 파괴자가 되어야 하는지, 어떻게 우상을 박살내는지를 알고 싶다면 구약 성경으로 돌아가십시오. 그곳에서 방법을 배우게 될 것입니다. 왜냐하면 구약은 부단히 우상들을 공격하고 있기 때문입니다.

우상을 공격하는 다양한 방법들 중 가장 치명적인 무기는 우상이 주장하는 내용들을 조롱하거나 비웃는 것입니다. 구약이 어떻게 우상들을 비웃고 조롱하는지 들어 보십시오. 구약은 말합니다.

· 우상들은 아무것도 구출하지 못하는 무능한 것들이다!
· 우상들은 약속들을 지키지 않는다!

· 우상들은 환난으로부터 우리를 구원하지 않는다!
· 우상들은 오히려 우리를 어려움 가운데 빠뜨린다!
· 우상들은 우리를 짓누른다!
· 우상들은 시체처럼 무지하게 무겁다!

다시 이사야 46장의 첫 구절을 귀담아 들어 보십시오. 이해를 돕기 위해 다음과 같이 쉽게 번역해 보았습니다.

벨은 웅크리고 있고 느보는 구부리고 있다. 그것들의 형상(우상)들은 짐승들 위에, 짐 싣는 가축들 위에 실리고 있다. 피곤한 짐승들 위에 실린 짐꾸러미들처럼 어디론가 운반되어 간다. 벨과 느보가 함께 웅크리고 구부리고 있다. 무능력하고 무기력하여 자기들을 운반하는 자들을 구원할 수 없구나. 아무런 맥도 못 추고 포로가 되어 사로잡혀 갈 뿐이다(사 46:1-2).

이 말씀의 배경이 되는 역사적 상황은 약 2500년경의 바벨론 성입니다. 페르시아 왕인 고레스가 바벨론 성문 앞에 서 있습니다. 바벨론 성이 페르시아 군대에 의해 함락 직전에 놓이게 된 것입니다. 그렇다면 지금까지 바벨론을 수호해 주었다고 믿었던 그 신들은 도대체 어디에 있는 것입니까? 바벨론의 대표적 신들인 벨과 느보는 어디에서 무엇을 하고 있다는 말입니까?

불행하게도 바벨론 인들은 지금 그 신들을 짐처럼 싸고 있습니다. 그 신상(우상)들을 세워 두었던 받침대에서 끌어내려 나귀등에 싣고 피난 길에 오르게 된 것입니다. 다른 사람들을 구원할 것이라고 여겼던 신들이 이제 오히려 구원받는 지경이 돼 버렸습니다.

벨과 느보, 지금에 와서야 그 우상들의 정체가 분명하게 드러난 것입니다.

이 우상들은 사람들이
- 끌고 가야 할 '멍에들'이며
- 짊어지고 가야 할 '짐들'입니다.
- 그렇습니다. 이 우상들은 시체처럼 '무거운 짐들'입니다.

선지자는 바로 이 무거운 짐짝 같은 신들에 대비하여 이스라엘의 하나님을 놓고 있습니다. '이스라엘의 하나님과 무거운 신들.' 어떤 대조입니까? 이스라엘의 신과 이방신들과의 극명한 차이는 무엇입니까? 선지자는 말합니다.

"이방신들은 짊어져야 하는 짐들이다! 이스라엘의 하나님은 '짐'과는 정반대이다. 다시 말해서 이스라엘의 하나님은 들리시는 분이 아니라 드시는 lift 분이며, 들려 가시는 분이 아니라 들고 가시는 carry 분이며, 떠받들려 있는 분이 아니라 떠받치는 support 분이다."

> 야곱의 집안아, 내 말을 들어라.
> 이스라엘 집안의 모든 남은 자들아, 내 말을 들어라.
> 너희가 태어날 때부터 내가 너희를 안고 다녔고,
> 너희가 모태에서 나올 때부터 내가 너희를 품고 다녔다.
> 너희가 늙을 때까지 내가 너희를 안고 다니고,
> 너희가 백발이 될 때까지 내가 너희를 품고 다니겠다.
> 내가 너희를 지었으니 내가 너희를 품고 다니겠고,
> 안고 다니겠고 또 구원하여 주겠다(사 46:3-4, 표준새번역).

선지자가 묻고 있는 근본적인 질문은 이것입니다.
- 누가 누구를 메고 가는가?
- 누가 누구를 지고 가는가?

우리가 하나님을 지고 가는가? 아니면 하나님이 우리를 지고 가시는가? 우리가 하나님을 들고 가는가? 아니면 하나님이 우리를 들고 가시는가?

· 누가 누구를 메고 가는가?
· 누가 누구를 지고 가는가?

규례와 의무에 파묻혀 버린 기독교

우상들은 짐들입니다. 사람들이 메고 가야 할 무거운 짐들입니다. 사람들이 짊어지고 가야 할 무거운 짐들입니다. 우상에 대해 선지자 예레미야가 한 말은 정곡을 찌릅니다. 들어 보십시오.

우상은 숲 속에서 베어 온 나무요,
조각가가 연장으로 다듬어서 만든 공예품이다.
그들은 은과 금으로 그것을 아름답게 꾸미고,
망치로 못을 박아 고정시켜서 쓰러지지 않게 하였다.
그것들은 논에 세운 허수아비와 같아서, 말을 하지 못한다.
걸어다닐 수도 없으니 늘 누가 메고 다녀야 한다(렘 10:3-5, 표준새번역).

· 누가 누구를 메고 간다는 말입니까?
· 누가 누구를 지고 간다는 말입니까?

이러한 질문은 단지 이사야 시대에만 던져진 것이 아닙니다. 예수님이 사시던 당시에도 마찬가지입니다. 예수님이 지상에 계시던 당시, 종교 그 자체가 우상이 되어 버렸습니다.
· 종교는 짐 이외의 아무것도 아니었습니다.

오늘날 기독교 신앙은
짊어 지고가야 할 우상들로 변하려는 위협에 노출 되어 있습니다.
그러나 그것은 결코 지고 가야 할 무거운 짐이 아닙니다.

- 종교는 털끝만큼 작고 사소한 것들을 한 치의 오차도 없이 준수하는 일들이 전부였습니다.
- 종교는 약 600여 개나 되는 규칙들과 규정들을 순종하려는 짜증나는 노력의 연속이었습니다.

종교는 사람들의 어깨를 짓누르는 무거운 짐이었습니다.
예수님은 종교 선생들에 대해 이렇게 말씀하십니다.

> 그들[율법학자들과 바리새파 사람들]은 지기 힘든 무거운 짐을 묶어서 남의 어깨에 지운다(마 23:4, 표준새번역).

예수님이 이런 문제들에 대해 무엇이라 말씀하셨는지 아십니까? "수고하고 무거운 짐 진 자들아! 다 내게로 오라. 내가 너희를 쉬게 하리라"(마 11:28)고 하셨습니다.

그렇습니다. 분명히 우리 주님은 그렇게 말씀하셨습니다. 그렇다면 그 이후로 예수님을 따르는 제자들의 어깨로부터 종교적인 짐들이 영원히 내려졌다고 생각하십니까? 천만의 말씀입니다. 약 15세기가 지난 후 마틴 루터 시대에 이르러서까지도 예수님의 복음, 곧 '[짐을] 들어올리는 능력'에 대해 말씀하셨던 예수님의 복음은 계속해서 수천 수만 가지의 '하라', '하지 말라'는 규정들과 규례들 아래 파묻혀 있었습니다. 참으로 안타깝고 슬픈 사실입니다.

그렇다면 마틴 루터나 다른 종교개혁자들이 이러한 잘못된 신앙과 신학을 모두 개혁하고 바꾸었습니까? 불행하게도 현실은 그것 또한 "아니오!"입니다. 오늘날 우리를 포함한 수천 수백만 크리스천들에게 있어서 기독교 신앙은 우리를 들어올리는 힘이 되는 대신에, 아직 우리가 메고 가야 할 무거운 짐들로 남아 있습니다.

많은 크리스천들에게 기독교 신앙은
- 메고 가야 할 물건들이며,
- 어깨에 짊어져야 할 짐들이며,
- 준수하고 지켜야 할 의무들로 가득 찬 삶이며,
- 쓰러지지 않게 받쳐 주어야 할 원인입니다.

'기독교 신앙은 짊어져야 할 짐'이라는 생각은 대부분의 설교들을 통해서도 드러납니다. 이럴 경우 그런 설교들은 대부분 도덕적인 강론이나 도덕적 요구들이 되기 십상일 것입니다. 주일에 예배하러 모인 그리스도인들은 다음과 같은 설교나 교훈을 들을 것입니다.
- 덜 세속적이 되십시오. 좀 더 영적으로 되십시오(영적인 사람).
- 자녀들과 좀 더 많은 시간을 보내십시오(좋은 부모).
- 좀 더 나은 아내나 남편이 되십시오(좋은 부부 생활).
- 움켜잡는 데 덜 집착하고 후하게 베푸는 사람이 되십시오.
- 좀 더 많은 신앙을 가지십시오(신앙인).
- 좀 더 규칙적으로 기도하십시오(기도 생활).
- 좀 더 성실하게 교회에 출석하십시오(성수 주일).
- 좀 더 적극적으로 낙태 반대 운동가가 되십시오(행동하는 신앙인).
- 헌금하는 일을 게을리하지 마십시오(십일조 생활).

그렇습니다! 우리가 이런 유의 설교를 반복적으로 듣고 있다면, 우리 시대의 종교 역시 루터 시대의 종교나 예수님 당시의 종교와 전혀 다를 바가 없는 것입니다. 어떤 종교입니까? 하나님이 우리를 위해 일하시는 대신에 우리가 하나님을 위해 일하는 종교입니다.

그러나 곰곰이 생각해 보면 이것보다 더 모순되고 말도 안 되는 일이 어디 있겠습니까?

- 하나님을 우리 등에 업고 갈 수 있다고 생각하는 것
- 하나님은 우리의 땀과 애씀에 의지하실 것이라고 생각하는 것
- 우리가 얼마나 많이 열정적으로 기도하느냐에 따라 하나님의 자비가 달라진다고 생각하는 것
- 우리가 드리는 십일조에 따라 우리를 향하신 하나님의 애정의 강도가 조절된다고 생각하는 것
- 별로 달갑지 않은 사람들에게 억지로라도 보여 준 친절에 따라 하나님이 우리에게 보상해 주시리라고 생각하는 것

이렇게 생각하는 것이 얼마나 모순적이고 어처구니없는 일인 줄 아십니까! 그럼에도 불구하고 우리는 무의식적으로 이렇게 생각하고 이렇게 행동해 오지 않았습니까? 참으로 안타깝고 슬픈 사실입니다.

우리를 찾아 업어 주시는 하나님

이제, 이사야 46장의 말씀을 다시 한번 들어 보십시오.

야곱 집이여, 나를 들을지어다.
이스라엘 집의 남은 모든 자여, 나를 들을지어다.
배(עמס)서 남으로부터 내게 안긴(עמס, 짐을 싣다 / 지다) 자들아!
태(מרחם)에서 남으로부터 내게 안아 들리운(נשא, 짐을 들다) 자들아!
너희가 노년에 이르기까지 내가 그리하겠고
백발이 되기까지 내가 너희를 질(סבל, 짐을 지다 / 노인을 봉양하다) 것이다.
내가 만들었은즉(עשה, 창조하다)
내가 안아 들 것이요(נשא, 짐을 들다)
내가 품을 것이요(סבל, 짐을 지다 / 노인을 봉양하다)

내가 구하여 내리라(מלט, 구출하다).

이 말씀 안에는 음악이 있습니다! 음악 그리고 평화… 그리고 힘이 있습니다.
· 우리가 하나님을 업고 가지 않습니다.
　　하나님이 우리를 안아 업고 가십니다.
· 우리가 하나님을 위하여 일을 하지 않습니다.
　　하나님이 우리를 위하여 일하십니다.

만일 기독교 신앙이 우리, 나를 위한 그 찬란한 광채를 상실했다면,
만일 기독교 신앙이 나의 어깨를 짓누르는 짐이 되었다면,
만일 기독교 신앙이 나를 안아 들어 주는 힘이 되지 못했다면,
기억해 내십시오!
· 복음의 진수는 우리를 짊어지시는 하나님 안에 있지,
　　하나님을 짊어지고 가는 우리에게 있지 않다는 사실을!
· 복음의 정수는 우리를 찾으시는 하나님 안에 놓여 있지,
　　하나님을 찾는 우리 안에 놓여 있지 않다는 사실을!

신학자들은 이것을 가리켜 '하나님의 선행'先行, 다시 말해서 '하나님의 앞서 가심'이라고 부릅니다. '앞에 먼저 가 계시는 하나님'이라는 뜻입니다.
· 하나님은 언제나 우리를 앞서 가십니다.
· 하나님은 언제나 우리보다 앞서서 일들을 하십니다.

12세기에 살았던 클레보의 버나드 Bernard of Clarvaux는 하나님의 선행을 자기의 제자 수도승들에게 가르쳤습니다. 그가 그들에게 이렇게 말

했다고 전해져 옵니다.

여러분들이 교회당에서 기도하기 위하여 아무리 일찍 잠에서 깨어 일어난다 하더라도, 그것이 아주 추운 겨울 새벽이든, 아니면 깜깜한 밤중이든 상관없이, 여러분은 언제나 여러분보다 더 먼저 깨어 여러분을 기다리고 있는 하나님을 발견하게 될 것입니다.

아니면 '하나님의 선행'을 이렇게 생각해 보면 어떨까요?
우리 삶의 어느 곳에도 하나님의 은혜가 닿지 않는 곳은 없습니다.
· 우리는 하나님에 둘러싸여 있습니다.
· 우리는 하나님의 선하심과 은혜에 감싸여 있습니다.
  － 하나님은 지나간 우리의 과거를 용서하실 뿐 아니라
  － 하나님은 현재에도 우리에게 힘을 주십니다.
  － 그리고 하나님은 우리를 그분의 자비로 가득 찬 미래로 인도하십니다.

선지자 이사야는 말씀하고 있습니다. "하나님께서는 우리가 어머니의 태로부터 노년에 이르기까지 우리를 안아 업고 가실 것이다."
바로 이러한 메시지를 교회는 다시금 듣고 또 들어야 할 필요가 있습니다. 그렇지 않으면 교회는
· 너무도 쉽게 은혜 없는 교회가 되어 버리기 때문입니다.
· 너무도 쉽게 활동 지향적인 교회가 되어 버리기 때문입니다.
· 너무도 쉽게 하나님 없이 독자적으로 알아서 일하는 교회가 되어 버리기 때문입니다.
· 너무도 쉽게 우상숭배적인 교회가 되어 버리기 때문입니다.
· 너무도 쉽게 하나님 은혜의 경이로움을 상실하는 교회가 돼 버리

기 때문입니다.

그렇습니다.
- 우리가 하나님을 모시고 다니는 것이 아니라,
  하나님이 우리를 안아 업어 주십니다.
- 우리가 하나님을 찾는 것이 아니라,
  하나님이 우리를 찾으십니다.

이러한 사실을 블레즈 파스칼Blaise Pascal보다 더 유려하고 의미 있게 말한 사람은 별로 없을 것입니다.
- 만일 하나님이 이미 우리를 발견하시지 않았더라면 우리는 하나님을 찾을 수 없었을 것입니다.
- 우리는 하나님을 찾습니다. 그러나 그러한 우리의 추구를 가능하게 하는 힘은 바로 우리 안에 있는 하나님의 '생명'입니다.
- 우리는 우리의 마음을 다해 하나님을 추구하고 그분을 향해 움직여 나아갑니다. 그러나 그러한 우리 마음의 움직임을 가능케 하는 원동력은 우리를 향하여 움직여 오시는 하나님 은혜의 '움직임'입니다.
- 우리는 우리의 영으로 하나님을 간절하게 사모합니다. 그러나 우리의 영이라는 것이 주님의 '촛불'이 아니고 무엇이겠습니까?
- 우리는 우리의 마음으로 하나님을 찾습니다. 그러나 하나님은 그분을 찾는 사람의 마음을 비추는 '빛'이십니다.

누가 누구를 찾는 것입니까?
누가 누구를 추구하는 것입니까?
누가 누구를 사모하고 있다는 말입니까?

누가 누구를 업는다는 말입니까?
누가 누구를 짊어진다는 말입니까?
　－기독교 신앙은 우리의 노력들에 의존하고 매달리는 종교로 바뀔 위험에 부단히 노출되고 있습니다.
　－기독교 신앙은 짊어지고 가야 할 우상들로 변하려는 끊임없는 위협에 노출되어 있습니다.

이러한 부단한 위협과 도전을 염두에 두고, 마음으로 알고 있을 예수님의 한 말씀에 귀를 기울이십시오.

수고하고 무거운 짐진 자들아
다 내게로 오라.
내가 너희를 쉬게 하리라.
나는 마음이 온유하고 겸손하니
나의 멍에를 메고 내게 배우라.
그러면 너희 마음이 쉼을 얻으리니
이는 내 멍에는 쉽고 내 짐은 가벼움이라(마 11:28-30, 개역성경).

이 말씀은 종교가 그들의 짐이 되어 버린 사람들을 향하여 예수님이 하신 말씀입니다. "종교적인 무거운 짐들을 짊어져서 피곤하고 지친 사람들은 모두 내게로 오라. 내가 너희를 대신 업고 가리라."
　기독교 신앙은 우리가 만들어 놓은 종교 속에서 일하는 것이 아닙니다. 기독교 신앙은 하나님이 우리 가운데서 일하고 계시다는 사실에 대한 새로운 인식이며, 앎이며, 그것을 향유하는 것입니다.
　그렇다고 아무것도 하지 않는다는 말은 아닙니다.
　· 바울의 말대로 우리는 우리의 구원을 이루어 가야 할 것입니다.

- 우리는 우리의 구원받은 삶을 영위함에 있어서 열정적이어야 할 것입니다.

그러나 그러한 에너지는 하나님의 에너지입니다. 그러한 에너지는 우리 가운데서 일하시는 하나님의 에너지입니다.

이것이 복음의 핵심입니다. 이 복음이야말로 우리 눈을 우리 자신과 우리의 종교적 의무들로부터 돌려, 오로지 하나님께만 고정시키게 합니다. 그렇습니다!
- 하나님은 처음부터 우리 가운데서, 우리 안에서 일하고 계십니다.
- 하나님은 이 늦은 시기에 손을 떼시면서 우리에게 나머지 일을 하라고 맡기신 것이 아닙니다.
- 그는 우리가 짐을 지고 메고 가도록 하시지 않습니다.

그리스도의 십자가를 바라보십시오.
- 그리스도의 십자가는 그분이 그렇게 하시지 않을 것이라는 서약입니다.
- 그리스도의 십자가는 어머니의 태로부터 우리의 노년에 이르기까지 그가 우리를 짊어지고 가실 것이라는 그분의 서약인 것입니다.[1] 아멘.

모순 17

부조리 속에 거하시는 하나님
이사야 55장

른 자들아 물로 나아오라 돈 없는 자도 오라 너희는 와서 사 먹되 돈 없이, 값 없이 와서 포도주와 젖을 사라 너희가 어찌하여 양식 아닌 것을 위하여 주며 배부르게 못할 것을 위하여 수고하느냐 나를 청종하라 그리하면 너희가 좋은 것을 먹을 것이며 너희 마음이 기름진 것으로 즐거움을 얻으리라 귀를 기울이고 내게 나아와 들으라 그리하면 너희 영혼이 살리라 내가 너희에게 영원한 언약을 세우리니 곧 다윗에게 허락한 확실한 은혜니라 내가 그를 만민에게 증거로 세웠고 만민의 인도자와 명령자를 삼았나니 내가 알지 못하는 나라를 부를 것이며 너를 알지 못하는 나라가 네게 달려올 것은 나 여호와 네 하나님 이스라엘의 거룩한 자를 인함이니라 내가 너를 영화롭게 하였느니라 너희는 여호와를 만날만한 때에 찾으라 가까이 계실 때에 그를 부르라 악인은 그 길을, 불의한 자는 그 생각을 버리고 여호와께로 돌아오라 그리하면 그가 긍휼히 여기시리라 우리 하나님께로 나아오라 그가 널리 용서하시리라 여호와의 말씀에 내 생각은 너희 생각과 다르며 내 길은 너희 길과 달라서 하늘이 땅보다 높음 같이 내 길은 너희 길보다 높으며 내 생각은 너희 생각보다 높으니라 비와 눈이 하늘에서 내려서는 다시 그리로 가지 않고 토지를 적시어서 싹이 나게 하며 열매가 맺게 하여 파종하는 자에게 종자를 주며 먹는 자에게 양식을 줌과 같이 내 입에서 나가는 말도 헛되이 내게로 돌아오지 아니하고 나의 뜻을 이루며 나의 명하여 보낸 일에 형통하리라 너희는 기쁨으로 나아가며 평안히 인도함을 받을 것이요 산들과 작은 산들이 너희 앞에서 노래를 발하고 들의 모든 나무가 손바닥을 칠 것이며 잣나무는 가시나무를 대신하여 나며 화석류는 질려를 대신하여 날 것이라 이것이 여호와의 명예가 되며 영영한 표징이 되어 끊어지지 아니하리라 하시니라

God Inhibits The Absurd

너희 목마른 자들아 물로 나아오라. 돈 없는 자도 오라.
너희는 와서 사 먹되 돈 없이, 값없이 와서 포도주와 젖을 사라.
너희가 어찌하여 양식 아닌 것을 위하여 은을 달아 주며
배부르게 못할 것을 위하여 수고하느냐. 나를 청종하라. 그리하면
너희가 좋은 것을 먹을 것이며 너희 마음이 기름진 것으로 즐거움을 얻으리라.
… 야웨의 말씀에 내 생각은 너희 생각과 다르며 내 길은 너희 길과 달라서,
하늘이 땅보다 높음 같이 내 길은 너희 길보다 높으며
내 생각은 너희 생각보다 높으니라. 비와 눈이 하늘에서 내려서는
다시 그리로 가지 않고 토지를 적시어서 싹이 나게 하며 열매가 맺게 하여
파종하는 자에게 종자를 주며 먹는 자에게 양식을 줌과 같이
내 입에서 나가는 말도 헛되이 내게로 돌아오지 아니하고 나의 뜻을 이루며
나의 명하여 보낸 일에 형통하리라 (하시니라).

_이사야 55:1-2, 8-11

시지프스라는 이름을 아십니까? 시지프스는 고대 그리스 신화에 등장하는 인물로, 고린도라는 나라의 왕입니다. 그는 못된 짓을 수없이 많이 했기 때문에 신들의 미움을 샀고, 결국 끔찍한 형벌을 받게 되었습니다. 그에게 내려진 형벌은 커다란 바위를 산꼭대기로 밀어 올리는 것이었습니다. 그러나 시지프스의 바위가 산꼭대기에 다다르면 바위는 다시 아래로 굴러 떨어졌습니다.

그래서 시지프스는 영원토록 바위를 산꼭대기까지 운반하는 작업을 되풀이해야만 했습니다. 아마도 신들은, 무익하고 희망이 보이지 않는 노동보다 더 무서운 형벌은 없다고 생각했었나 봅니다.

시지프스는 바로 우리 자신

프랑스의 작가 알베르 카뮈는 1942년에 「시지프스의 신화」 *Le Mythe de Sisyphe* 라는 평론을 발표했었습니다. 이 평론은 인생이라는 것이 부조리하다는 사실에 대해 시험적으로 접근한 글로서, 평론에는 '부조리에 관한 시론 試論' 이라는 부제가 붙어 있습니다. 아마도 카뮈는 시지프스라는 인물 안에서 '부조리한 인간'의 전형을 보았던 것 같습니다. 그렇다면 부조리한 인간의 모습이란 인간의 어떤 모습을 가리키는 말이겠습니까?

시지프스는 날이면 날마다, 밤이면 밤마다
    돌을 굴려 산으로 올립니다.

시지프스는 바위를 산꼭대기까지 올리는 일을
영원히 반복해야만 했습니다. 그의 운명은 부조리합니다.
우리의 삶도 부조리합니다. 모순 그 자체입니다.

한 해가 오고 또 한 해가 가도
그는 끊임없이 다시 돌을 굴려 올라가야 합니다.
그는 영원토록 돌을 굴려 산 위로 올라갑니다.
그리고 다시 굴러 내려오는 돌을 또 밀어 올립니다.

시지프스는 불합리하고 부조리한 영웅입니다. 그의 운명은 부조리합니다. 모순덩어리라고 할 수 있습니다. 그는 전 생애 동안 아무것도 이룰 수 없는 인물입니다. '허무'라고 불리는 산을 오르며 전 생애를 바치고 있는 것입니다. 많은 사람들이 "우리도 그래!"라고 말합니다. "시지프스는 바로 우리야" "우리가 시지프스야"라고 사람들은 말합니다. 매일같이 우리는 알고 있는 최선을 다합니다. 그러나 결국에 가서 보면
  · 우리가 무엇을 이루었는지,
  · 우리가 얻은 것이 무엇인지,
  · 우리가 성취한 것이 무엇인지 전혀 알지 못합니다.

결국에 가 보면,
  · 아무것도 잡히는 게 없습니다.
  · 무엇 때문에 그렇게 반복적인 일을 하고 있었는지 도무지 이해가 되지 않습니다.
그렇습니다. 인간의 삶은 부조리합니다. 모순덩어리 그 자체입니다.

인간의 삶은 부조리하다

인생 자체가 온통 부조리로 덮여 있어서 삶에 대해 어떤 의미 있는 말도 할 수 없다는 뜻에서 '인간의 삶은 부조리하다'고 말하는 것이 아닙니다.

'인간의 삶은 부조리하다'라고 말하는 것은, 침묵을 지키는 우주에 비견하여 인간의 삶을 볼 때, 또 피로 젖어 있는 인간 역사에 대비하여 인간의 삶을 바라볼 때

　―인간의 삶이 아무런 가치가 없는 것 같고,
　―사소한 일인 것 같고,
　―뚜렷한 핵심이 없는 것 같고,
　―허무하고 공허해 보인다는 의미입니다.

그래서 우리는 시지프스에 대해 동정적인 마음을 가질 수밖에 없습니다. 시지프스가 돌을 굴려 산 위로 올리고 돌이 내려오면 다시 올리는, 그런 허무한 일들을 하는 것처럼 우리 역시 인생의 부조리 안에서 허무하게 노동을 하기 때문입니다.

그러나, 그러나… 그것이 전부는 아닙니다. 우리 크리스천들은 이런 와중에서도 한 가지를 확신하고 믿습니다. 우리는,

- 하나님이 부조리에 내재하신다고 믿습니다.
- 하나님이 삶의 모순 가운데 거하신다고 믿습니다.
- 따라서 우리는 웃을 이유가 있고 기뻐할 이유가 있고 즐거워할 이유가 있다고 믿습니다.

그렇습니다. 누가 뭐라 하더라도 부조리한 이 세상은 아직도 하나님의 세상이라고 우리는 굳게 믿고 있습니다. 이러한 이유 때문에, 우리는 세상의 모든 일들이 마침내 올바르게 되리라는 것도 압니다.

이사야 55장을 썼던 시인 예언자도 그렇다고 말했습니다. 그가 이 세상에서 계속 살아가고 있는 것도 바로 그런 이유 때문이었습니다. 하나님이 부조리에 내재하신다는 것을 그가 믿지 않았더라면, 그는 이사야 55장을 지금의 형태로 기록하지는 않았을 것입니다.

'부조리하신 하나님'을 알았던 예언자

이사야 55장을 쓴 예언자 시인은 지금 바벨론에 포로로 잡혀가 살고 있는 유대인들을 향해 말하고 있습니다. 그 당시 바벨론은 세계 경제의 중심지였습니다. 큰돈을 벌려면 그곳에 가야 할 정도로 세계 경제의 중심부였습니다. 당시 유대인들 대부분은 바벨론의 경제 세계에 잘 적응하고 살았습니다. 어떤 사람들은 사업에 성공했습니다. 많은 부를 얻기도 했습니다. 그러나 문제는 그들의 성공이 그들의 진정한 배고픔을 채워 주지는 못했다는 것입니다. 가만히 들여다보면, 그들의 성공이라는 것은 비어 있는 것, 공허한 것이었습니다. 마치 시지프스처럼 반복되는 허무를 계속하는 것에 불과했습니다.

그래서 예언자는 묻습니다.

- 왜 빵이 아닌 것에 돈을 쓰고 있습니까?
- 진정으로 삶에 생명을 주지 못하는 것에 왜 그렇게 헛된 수고를 아끼지 않습니까?
- 만족시켜 주지 못하는 것에 대해 왜 그렇게 애를 씁니까?
- 왜 그런 것을 위해 헛되이 일하십니까?

시인이며 예언자인 그는 애절하게 권고합니다.

- 당신의 삶을 낭비하지 마십시오!
- 만족시켜 주지 못하는 것을 추구하느라 당신의 인생을 허비하지 마십시오!
- 와서 돈 없이 값없이 포도주와 우유를 사십시오.

앞선 예언자들이 대중을 움직이지 못했던 것과 같이, 대중을 움직일 수 없었던 예언자의 이런 말에는 '절망의 억양'이 깊게 깔려 있습니다.

낭비처럼 보이는 하나님의 일

그의 설교는 성공적이지 못했습니다. 아무도 그의 말을 심각하게 새겨듣지 않았습니다. 그의 외침은 매우 공허한 듯했습니다. 이전 예언자들의 모든 설교가 그랬던 것처럼 말입니다. 이스라엘에 등장했던 수많은 예언자들을 보십시오.

- 예언자들이 등장합니다.
- 예언자들이 말했습니다.
- 예언자들은 정죄했습니다.
- 예언자들은 고난을 당했습니다.
- 예언자들은 절망했습니다.
- 그리고 예언자들은 입을 다물고 침묵했습니다.
- 그들 중 아무도 사람들을 회개시키지 못했습니다.
- 그들 중 사람들을 회개시키는 일에 성공한 사람은 아무도 없었습니다.

하나님은 엄청난 낭비를 하신 것 같습니다. 그분은 헛된 수고를 하신 것 같습니다. 아무도 변화되는 사람이 없는 것처럼 보이며, 오히려 사람들은 고집스럽고 반항적으로 되어 가는 듯 보입니다.

그렇다면 그들, 설교자들과 예언자들은 도대체 어떤 목적을 이루었다는 말입니까?

도대체 그들의 설교는 무슨 소용이 있었다는 말입니까?

얼마나 엄청난 낭비입니까?

- 그들은 그들의 사역의 끝에 가서 그들의 노력이 아무런 진보도 없었다는 것을 알게 되었습니다.
- 그들 모두는 사역의 첫걸음을 뗄 때와 같은 자리, 제자리에 서 있

었습니다.
- 그러므로 그 다음에 등장하는 예언자도 언제나 처음부터 다시 시작해야만 했습니다. 왜냐하면 앞의 예언자가 이루어 놓은 게 아무것도 없기 때문입니다.

한 사람이 지나가면 다른 예언자가 오지만, 예언자들은 점점 입을 다물고 침묵하기 시작했습니다. 그들 중 아무도 하나님의 백성을 회개하도록 만들지 못했기 때문입니다.

하나님 말씀에 대한 확신

이처럼 수세기에 걸친 예언자들의 실패에도 불구하고, 이사야 55장을 썼던 예언자는 하나님이 자신을 부르셨다는 강한 확신을 갖고 있었습니다.
그는 믿고 있었습니다.
- 자기를 통해 하시는 '하나님의 말씀들'은 결코 실패하지 않을 것이다.

그는 믿고 있었습니다.
- 하나님이 자기를 통해서 하신 말씀들 가운데 어느 하나도, 결코 땅에 헛되이 떨어지지 않을 것이고 낭비되지도 않을 것이다.

그는 믿고 있었습니다.
- 하나님의 약속들 중 어느 하나라도 결코 성취되지 않은 채로 지나가지는 않는다.
- 심지어 하나님이 그분의 약속들을 이루시는 방식이 우리의 이해를 훨씬 뛰어넘는 방식이라 할지라도, 하나님의 약속은 반드시 성취될 것이다.

들어 보십시오. 이 아름답고 감동적인 말씀을 말입니다.

비와 눈이 하늘에서 내려서는
다시 그리로 가지 않고
토지를 적시어서 싹이 나게 하며
열매가 맺게 하여 파종하는 자에게 종자를 주며
먹는 자에게 양식을 줌과 같이
내 입에서 나가는 말도
헛되이 내게로 돌아오지 아니하고
나의 뜻을 이루며
나의 명하여 보낸 일에 형통하리라(사 55:10-11).

하나님 말씀의 '무오성'無誤性에 대해 이보다 더 아름다운 진술이 그 어느 곳에 있겠습니까?
- 하나님의 말씀들은 실수가 없다는 것입니다.
- 하나님의 말씀들은 오류가 없다는 것입니다.
- 하나님의 말씀들은 실패하지 않는다는 것입니다.
- 하나님의 말씀들은 헛되이 떨어지는 법이 없다는 것입니다.

그것들은 그것들이 맡은 임무를 성취하는 데 결코 실패하지 않습니다. 그것들은 맡겨진 사명들을 이루는 데 결코 실패하지 않습니다.
- 하나님이 하신 모든 말씀은 마치 선교지에 보냄을 받은 사도들과 같습니다.
- 하나님이 하시는 말씀들은 하나하나가 모두 프로그램화된 미사일과 같다고 할 수 있습니다.
- 하나님의 말씀들은 그것이 의도했던 표적을 정확하게 맞춥니다.

· 하나님의 말씀들은 결코 오류가 없습니다.

'하나님의 말씀은 오류가 없다'의 뜻은,
· 그것들 중 쓸모없는 것은 하나도 없다는 의미입니다.
· 그 말씀들 중 목표물을 찾지 못한 말씀은 하나도 없다는 뜻입니다.
· 그 말씀들은 본래 하나님이 의도하셨던 것을 성취하는 데 결코 실패하지 않는다는 의미입니다.

이 말씀이 조금은 추상적으로 들릴지도 모르겠습니다. 그러나 이 말씀은 결코 추상적으로 들리도록 의도된 말씀이 아닙니다. 예언자가 이런 말씀을 했을 때, 그 말씀들은 사람들에게 희망을 불어넣고 기쁨을 주었습니다. 이 말씀을 듣고 읽었을 때, 그들은 말했습니다.
· 하나님은 신뢰할 만한 분이다.
· 하나님은 그가 과거에 하셨던 모든 약속을 성취하실 것이다.

부조리 가운데 계시는 하나님

그렇지만 한 가지를 기억해야만 합니다.
· 하나님이 자신의 말씀들을 이루실 때 때때로 우리에게 부조리하게 보이는 방식으로 이루실 것이라는 사실입니다.
· 다시 말해서 하나님은 불합리하고 부조리한 가운데 거주하신다는 말입니다.
· 하나님은 우리의 이성으로 볼 때 도무지 말이 되지 않는 상황에 계신다는 것입니다.

불합리함, 부조리는 언제나 하나님이 거하시는 숙소입니다.

- 우리가 현재 있는 곳에서는 그 하나님을 직접 볼 수 없습니다.
- 우리가 현재 서 있는 각도에서는 하나님의 숙소 안이 들여다보이지 않습니다.
- 하나님은 우리의 눈으로 볼 때는 언제나 부조리해 보이는 옷을 걸치고 계시는 분입니다.
- 하나님은 부조리 가운데 자신을 숨기고 계십니다.

구약 성경은 정말로 부조리 가운데 거하시는 하나님에 대해 말하고 있습니까? 성경은 말도 되지 않는 방식으로 거하시는 하나님, 부조리 가운데 거하시는 하나님에 대해 말하고 있습니까? 예, 그렇습니다. 다음과 같은 경우를 살펴보십시오.

첫 번째 예: 하나님이 선택하셨던 민족
- 하나님이 자신이 좋아하는 양떼로 선택하셨던 사람들은 도대체 어떤 사람들이었습니까?
- 하나님이 어느 날 온 세상을 위한 구세주를 주시겠다고 약속하신 그 민족은 어떤 민족이었습니까?
  - 고도의 문명을 발달시킨 민족이 아니었습니다.
  - 잡다한 노예들로 구성된 초라한 민족이었습니다.
  - 미개한 민족, 천박한 민족, 통제하기 어려운 민족이었습니다.
  - 예측하기 힘든 민족, 언제 어디로 튈지 모르는 그런 민족이었습니다.

그렇다면 이것은 말이 되지 않는 일입니다. 상식을 벗어난 일이 아닙니까? 그렇습니다. 부조리! 합리적이지 못합니다.

두 번째 예: 아브라함에게 주신 약속
- 하나님은 아브라함에게 하늘의 별처럼, 바닷가의 모래처럼 셀 수 없이 많은 자손들을 주겠다고 약속하셨습니다.
- 그러면서도 하나님은 아브라함에게 그의 외아들을 죽여 번제물로 바치라고 명하셨습니다. 그렇다면 어떻게 수많은 자손들을 만들 수 있겠습니까?

이것 역시 말이 되지 않는 일입니다. 상식을 벗어난 일 아닙니까? 그렇습니다. 부조리입니다! 합리적이지 못합니다.

세 번째 예: 모세의 '약속의 땅' 입성을 막으심
- 모세는 하나님의 백성을 이집트에서 구출하여 40년 동안 광야를 거치면서 그들을 인도했습니다. 참으로 엄청난 수고를 한 인물입니다.
- 그런데 어느 날, 그것도 딱 한 번 하나님께 불순종한 것 때문에 하나님은 모세를 약속의 땅에 들어가지 못하도록 막으셨습니다! "너는 멀리서 그 땅을 바라볼 수는 있지만 내가 이스라엘 백성에게 주려는 그 땅으로 들어가지는 못할 것이다!"

그렇다면 이것은 말이 되지 않는 일입니다. 상식을 벗어난 일이 아닙니까? 그렇습니다. 부조리입니다! 합리적이지 못합니다.

네 번째 예: 다윗의 잘못에 대한 벌
- 다윗은 밧세바라는 여자와 불륜을 저질렀습니다. 그리고 그녀의 남편을 살해했습니다. 그 후 하나님은 다윗을 용서하시고 생명을 보존할 수 있게 해 주셨습니다.

- 그런데 하나님이 예언자 나단의 입을 통해서 다윗에게 말씀하시기를, 그 불륜 가운데서 태어난 자녀, 아무런 죄도 짓지 않은 그 자녀는 '죽을 것'이라고 하였습니다(삼하 12:14).

그렇다면 이것도 말이 되지 않는 일입니다. 상식을 벗어난 일이 아닙니까? 그렇습니다. 부조리입니다! 합리적이지 못합니다.

이런 하나님을 이해할 수 있겠습니까? 아마도 이해할 수 없을 것입니다. 적어도 우리라면 어떤 일을 그런 식으로 처리하지는 않을 것이기 때문입니다. 아빌라의 테레사는 16세기에 살았던, 재치 있고 사람들의 마음을 편안하게 해 주는 명랑한 성격의 여성 크리스천이었습니다.

테레사가 그녀의 일생 중 가장 힘든 시간을 보내고 있을 때였습니다. 너무도 힘들고 괴로운 나머지 그녀는 하나님께 분명한 어조로 또박또박 불평을 토로했습니다.

- "하나님, 어떻게 이럴 수가 있습니까?"
- "어떻게 당신은 나를 이런 식으로 취급하실 수 있단 말입니까?"

그때 하나님은 "그래? 나는 내 친구들을 언제나 그런 식으로 취급해!" 하셨습니다. 그랬더니 테레사가 뭐라고 받아쳤는지 아십니까?

- "아하, 그래서 당신은 그렇게 친구가 없군요!"
- "당신에게 친구가 없는 건 전혀 이상할 것이 없군요!"

'언제나 거기에' 계시는 분

하나님은 생각할 수 없는 곳에 거주하십니다.
하나님은 부조리에 거주하십니다.
이 말의 의미는 무엇입니까?

- 믿는 일은 결코 쉽게 오지 않는다는 것입니다.
- 문제들과 고통들에도 불구하고 우리는 하나님을 언제나 믿는다는 것입니다.

우리 주위를 둘러보십시오. 참으로 부조리한 일들이 많이 보입니다.
- 우리가 알고 있는 주변 사람들 가운데 어떤 사람들은 이모저모로 심한 상처를 입기도 합니다. 참으로 안타까울 때가 있습니다. 그들에게 있어 "하나님을 믿는다"는 일이 결코 쉽지 않은 것을 봅니다.
- 우리 가까이 있는 사람들 가운데 암에 걸려 너무도 쉽게 죽는 경우가 있습니다. 우리의 기도들이 고통이나 죽음을 막지 못합니다.
- 친구들이나 친척들의 결혼 생활이 종종 치열한 전쟁터가 돼 버리는 경우가 있습니다. 그리고 그들의 자녀들은 그 가운데서 견딜 수 없는 지옥을 경험하기도 합니다.

그런데 문제는, 하나님은 그런 사람들을 위해서 기적을 행하시지 않는다는 것입니다. 기적을 일으키면 그들이 금방 하나님을 믿을 것 같은데도 말입니다!

그러나 어디 그뿐입니까? 우리 곁에 있는 사람들의 고통은 그저 시작일 뿐입니다. 눈을 들어 좀 더 멀리 보십시오.
- 우리는 굶주림 가운데 고통 당하는 사람들을 위해 기도를 드립니다. 그러나 우리의 기도에는 아랑곳하지 않고 그들은 계속해서 굶어 죽어 갑니다.
- 우리가 압제 당하는 사람들을 위하여 기도하지만 우리의 기도와는 상관없이 계속해서 그들의 자유는 사라지고 있습니다.

그리고 우리가 하나님을 믿을 때에라도, 그런 일들의 의도가 분명치 않습니다. 모든 것이 명쾌하게 설명되지도 않습니다.

하나님이 정말로 우리를 돌보시고 있다고 우리가 믿고 있을 때라도, 우리는 하나님이 우리를 많이 돌보고 계시지 않는 것 같은 상처들을 몸으로 느낍니다. 곰곰이 생각해 보면, 하나님은 언제나 '신비'로 남아 계십니다. 왜냐하면 그분은 부조리 가운데 거하시기 때문입니다. 그분이 단호하게 말씀하십니다.

> 내 생각은 너희 생각과 다르며
> 내 길은 너희 길과 다르다.
> 하늘이 땅보다 높음 같이
> 내 길은 너희 길보다 높으며
> 내 생각은 너희 생각보다 높으니라!

소위 우리가 '모순들', '부조리', '말도 되지 않는 일들'이라고 부르는 것들 가운데서 하나님은 자신의 목적을 일구어 가십니다.
- 하나님의 지혜는 찾으려 해도 찾을 수 없고,
- 하나님의 지혜는 우리가 사전에 갖고 있는 생각들과 사고들을 산산조각 냅니다.
- 하나님의 지혜는 "우리에게 가장 좋은 게 이것일 거야", "일이란 이런 식으로 되어야 해"라고 단정적으로 말하는 우리의 모든 사전事前적 생각들을 부서뜨립니다.

우리의 이성적 생각들은 이런 일들에 대해 결코 주도적인 핸들을 갖고 있지 못합니다. 우리의 신앙만이 이런 일들에 대해 주도적인 핸들을 가지고 있습니다.

우리의 신앙은 우리에게,

- 나쁠 때나 좋을 때나
- 아플 때나 건강할 때나
- 죽을 때나 살아있을 때나

"하나님은 언제나 거기에 계시다" God is there 고 말합니다.

'거기에 계시는 이 하나님', 다른 말로 하자면 '존재하시는 하나님'은 우리를 사랑하시는 하나님입니다. 비록 우리가 "사랑이신 하나님이 어떻게 저런 일들이 일어나도록 그냥 두실 수 있을까" 하고 의아해할 때에도 '거기 계시는 하나님', '살아서 존재하시는 그 하나님'은 우리를 사랑하시는 분입니다.

하나님은 부조리에 거하시는 분입니다.
- 그분은 이 모든 혼란스럽고 말도 되지 않는 일들 가운데서 일하고 계십니다. 마치 반죽 그릇에 들어 있는 효소처럼 말입니다.
- 그분은 비밀스럽게 이 세상을 만들어 가고 계십니다. 마침내 이 세상이 구원을 받을 수 있도록 은밀하게 만들어 가고 계십니다.
- 모든 모순과는 정반대의 방향으로 말입니다!

들어 보십시오. 이 아름다운 말씀에 귀 기울여 보십시오.

비와 눈이 하늘에서 내려서는
다시 그리로 가지 않고
토지를 적시어서 싹이 나게 하며
열매가 맺게 하여
파종하는 자에게 종자를 주며
먹는 자에게 양식을 줌과 같이
내 입에서 나가는 말도

헛되이 내게로 돌아오지 아니하고
나의 뜻을 이루며
나의 명하여 보낸 일에 형통하리라.

하나님의 말씀은…
- 하나님의 말씀은 살아있고 활동적이며 날이 선 어떤 칼보다 더욱 날카로워 영으로부터 혼을 나누고 골수로부터 관절을 나눌 때까지 꿰뚫어 쪼갭니다(히 4:12).
- 하나님의 말씀은 망치 같아서 돌과 같은 마음을 깨부숩니다.
- 하나님의 말씀은 불과 같아서 하찮은 쓰레기들은 모두 태워 사릅니다.
- 하나님의 말씀은 우리의 길을 조명해 줍니다.
- 하나님의 말씀은 어두운 밤길을 비추는 램프와 같습니다.
- 하나님의 말씀은 우리가 누구인지, 우리가 어떻게 되어야 하는지를 보여 주는 거울과 같습니다.

- 하나님의 말씀은 오류가 없습니다.
- 하나님의 말씀은 실패하지 않습니다.
- 하나님의 말씀은 하나님이 의도하시고 목적하신 일을 반드시 이룹니다.

어떤 일입니까? 하나님이 목적하신 일이 무엇입니까?
하나님은 무엇을 향하여 일하고 계십니까?
- 하나님은 깨지고 조각난 그분의 세계를 통일하시기 위해 일하고 계십니다.
- 그것은 깨진 내 마음일 수도, 내 가정일 수도, 내 인생일 수도 있습

니다.
- 그분은 그것들을 회복하시고 온전하게 만들어 가십니다. 그분의 비밀스런 손길로, 그분의 부조리한 방식으로 그렇게 하실 겁니다.
- 하나님은 모든 것들의 변혁을 위해 일하고 계십니다.

그리하여 우리의 삶뿐만 아니라 이 세상 모든 자연 만물도 변화될 것입니다.
- 산들과 언덕들도 그들의 오랜 침묵을 깨고 큰소리로 노래할 것입니다.
- 들의 초목들과 산의 나무들도 손뼉 치며 노래할 것입니다.
- 아무것도 생산할 수 없었던 저주받은 땅 사막도 그 저주의 차꼬를 끊어 버릴 것입니다.
- 쓸모없는 가시덤불과 엉겅퀴 대신에, 백향목과 전나무 숲이 광야를 덮을 것입니다.

이것이 주님의 영광과 명예가 될 것입니다.
이것은 아무도 깨 버릴 수 없는 영원한 징조가 될 것입니다.

전능하신 하나님,
우리가 들었던 당신의 말씀을 송축합니다.
우리가 낙심하였을 때,
우리가 혼란스러울 때,
우리가 패배하였을 때,
주의 성령으로 그 말씀이 기억나게 해 주시고,
주의 말씀의 능력으로 우리가 희망을 갖고 살게 해 주십시오.
우리의 주님 예수 그리스도의 이름으로 기도합니다. 아멘.

찬양 18

아브라함의 하나님을 찬양합시다
이사야 56:1-8

The God of Abraham Praise

야웨께서 이같이 말씀하시되 너희는 공평을 지키며 의를 행하라.

나의 구원이 가까이 왔고 나의 의가 쉬 나타날 것임이라 하셨은즉,

안식일을 지켜 더럽히지 아니하며 그 손을 금하여 모든 악을 행치

아니하여야 하나니 이같이 행하는 사람, 이같이 굳이 잡는 인생은 복이 있느니라.

야웨께 연합한 이방인은 야웨께서 나를 그 백성 중에서 반드시 갈라내시리라

말하지 말며 고자도 나는 마른나무라 말하지 말라.

… 내가 내 집에서, 내 성안에서 자녀보다 나은 '기념물' (야드)과 '이름' (쉠)을

주며 영영한 이름을 주어 끊치지 않게 할 것이며

또 나 야웨에게 연합하여 섬기며 나 야웨의 이름을 사랑하며 나의 종이 되며

안식일을 지켜 더럽히지 아니하며 나의 언약을 굳게 지키는 이방인마다

내가 그를 나의 성산으로 인도하여 기도하는 내 집에서

그들을 기쁘게 할 것이며 그들의 번제와 희생은 나의 단에서 기꺼이 받게 되리니

이는 내 집은 만민의 기도하는 집이라 일컬음이 될 것임이라.

이스라엘의 쫓겨난 자를 모으는 주 야웨가 말하나니

내가 이미 모은 본 백성 외에 또 모아 그에게 속하게 하리라 하셨느니라.

_이사야 56:1-8

5절을 주의해서 읽어 보십시오. "그들에게 내가 내 성전(집)에서, 내 성안에서 '야드 바 쉠(יד ושם)'을 줄 것이다."

· 야드(יד)는 히브리어로 '기념물' 입니다.
· 바(ו)는 히브리어로 '그리고' 입니다.
· 쉠(שם)은 히브리어로 '이름' 입니다.

"그들에게 내가 나의 성전 안에서, 성전 벽 안에서 '야드 바 쉠', 즉 기념물과 이름을 줄 것이다"(5절).

희생자들에게 주시는 '야드바쉠'

'야드바쉠'은, 예루살렘에 있는 유대인 대학살 기념관 Holocaust Memorial 의 이름입니다. 이곳은 제2차 세계대전 당시 나치의 히틀러에 의해 학살당한 600만 명의 유대인들을 추모하기 위해 만들어졌습니다.

'야드바쉠'의 중앙부에는 기념 홀이 하나 있는데, 들어서는 사람마다 온몸에 전율을 느낄 정도로 고요하고 엄숙합니다. 그 안의 바닥에는 주요 대학살 장소의 이름들이 기록되어 있습니다. 영원히 꺼지지 않는 불꽃이 바닥의 한가운데서 조용히 타오르고 있고, 그 바닥에는 죽음의 캠프 중 하나에 묻혀 있던 재들을 갖다 놓았습니다.

· 여기서 주창자 主唱者 는 죽은 자들을 위한 고대 히브리인들의 기도를 부릅니다.
· 여기에다 외국 정부의 수반들과 대사들은 애도와 묵념의 화환을

놓습니다.
- 여기에 1977년 이집트의 대통령 사다트가 방문했을 때 방명록에 다음과 같이 기록하였습니다.

"하나님이 평화를 위한 우리의 발걸음들을 인도해 주시기를 기원합니다. 우리 모두 힘을 합하여 인류를 위해 모든 고난이 멈추게 합시다."

'야드바쉠'은 예루살렘을 향해 서 있지 않습니다. '야드바쉠'은 지중해를 바라보고 지어졌습니다. 강제 수용소의 독가스실에서 죽어간 그들이, 저 지중해로부터 자신들의 고향인 이스라엘 땅으로 돌아오기를 바랐던 그 소망을 나타내기 위해 그렇게 지어졌습니다. 이제 그들은 유대의 언덕들과 산들이 내려다보이는 이 언덕 위에서 기억될 것입니다.

"그들에게 내가 나의 성전 안에서, 성전 벽 안에서 '야드바쉠'을 주겠다."

이스라엘 국가는 이 구절을 이사야 56장에서 취하여 유대인 대학살 때 죽어 간 유대인 희생자들에게 적용한 것입니다. 이렇게 함으로써, 이사야 56장이 하지 않는 일을 하고 있습니다. 그것이 무엇입니까?
- 이사야 56장은 유대인 희생자들에 대해 말하는 것이 아니라 이방인 희생자들에 대해 말하고 있습니다.
- 이사야 56장은 이방인 박해의 희생자들이 아닌 유대인 박해의 희생자들에 관해 말하고 있는 본문입니다.
- 이사야 56장은 내시들과 이방인들에 대해 말하는 본문입니다.

"나의 언약을 굳게 잡는 내시(고자, 생식기가 불완전한 사내)들에게는 내가 내 집에서, 내 성안에서 … 기념물과 이름을 주며 … 또 나 야웨에게 연합하여 섬기는 이방인마다 내가 그를 나의 거룩한 산으로 인도하여 기도하는 내 집에서 그들을 기쁘게 할 것이다"(4-5절).

내시들과 이방인들은 모두 유대인 사회에서 버림 받은 자들입니다. 내시들과 이방인들은 유대인들의 배척과 따돌림에 의해 희생당한 자들입니다.
- 이사야 56장은 내시들과 외국인들, 이방인들을 받아들이지 않는 공동체를 향하여 말씀하고 있습니다.
- 이사야 56장은 다음과 같이 질문하는 공동체를 향한 말씀입니다.
"예루살렘 성전에서 예배드릴 자격이 있는 자는 누구인가?"
"성전에서 예배드릴 때 하나님은 누구의 예배를 받아 주실까?"
- 그들에 의하면, 내시들은 결코 하나님의 성전에서 예배드릴 자격이 없는 사람들입니다. 왜냐하면 그들은 신체적으로 흠이 있는 자들이기 때문입니다.
- 그들에 의하면, 이방인들이나 외국인들 역시 하나님의 성전에서 예배드릴 자격이 없습니다. 왜냐하면 그들은 인종적으로 흠이 있는 자들이기 때문입니다.

하나님이 맺으신 단 하나의 언약

이사야 56장은 바벨론 포로기 이후, 즉 예루살렘에서 추방당하여 바벨론에 살았던 이주민들이 다시 팔레스타인 지방으로 돌아간 이후의 일을 다루는 본문입니다.
이사야 56장은 유대인들에게 말씀하는 본문입니다.
- 편협한 민족주의 의식을 갖고 있는 유대인들

하나님의 언약에는 오직 하나의 언약만 있습니다.
바로 은혜 언약입니다. 하나님은 그리스도를 통하여 우리를
그 언약의 일원으로 만드셨습니다.

- 자기들만이 하나님이 사랑하시는 유일한 민족이라고 생각하는 유대인들
- 모든 다른 민족들을 증오하고 경멸하며 하나님도 그렇게 생각하실 것이라고 믿는 유대인들
- 하나님이 장차 어느 날엔가 모든 다른 민족들을 멸하시고, 이 세상을 유대 민족을 위한 자유의 세계로 만드실 것이라고 꿈꾸는 유대인들

이사야 56장은 바로 그러한 유대인들을 향하여 말씀하시는 본문입니다. 자신들만의 민족적인 삶을 새롭게 세워 가는 도중 어디에선가, 그들은 하나님이 그들을 택하신 것은
- 이방인들을 위한 빛이 되게 하기 위해서라는 사실을,
- 하나님의 은혜를 열국에 전파하는 선교사들로 부르셨다는 사실을 망각했던 것입니다.

이사야 56장은 유대인들에게 그들이 받은 신적神的 소명, 곧 선교적 소명을 기억나게 하는 말씀입니다. 이사야 56장은 말씀하십니다. "완고하고 독선적인 나라가 되지 말라. 당신들이 이 세상에 존재하게 된 이유와 목적을 기억하라."
그것은 그들이
- 어두움 가운데 있는 나라들에게 '빛'이 되고
- 이방 나라들에게 '복의 근원'이 되는 것이 신적 소명이라는 말입니다.

성전은 단지 유대인들만을 위한 곳이 아니라 모든 민족과 나라들을 위한 기도의 집입니다. 하나님은 자신의 기도의 집 안에서 하나님의 언

약을 굳게 붙잡고 지키는 모든 이방인들을 기쁘고 즐겁게 하신다는 것입니다.
- 이사야 56장은 성전에 누가 들어오고 누가 빠져야 하는가에 관한 유대인들의 논쟁을 반영하고 있는 본문입니다. 누가 하나님께 예배할 자격이 있고, 누가 예배할 자격이 없는가에 관한 유대인들의 논쟁을 반영하는 말씀입니다.
- 이사야 56장은 이러한 배타적 정신에 대한 저항이며 책망입니다.

그런데 이방인들이 성전 예배에 참석하기 위한 유일한 조건이 있습니다.
- 그들은 반드시 하나님이 아브라함과 사라와 맺으신 언약을 받아들여야 합니다.
- 그들은 이스라엘 백성 가운데 하나가 되어야 합니다.
- 그들은 이스라엘이라 불리는 감람나무에 접붙여져야 합니다.

왜냐하면 언약은 오로지 하나이기 때문입니다. 오직 하나의 언약만이 있기 때문입니다. 그것은 바로 은혜 언약입니다.[1]
두 개의 언약이 아닙니다.
- 하나는 이스라엘과 맺은 하나님의 언약이고
- 다른 하나는 이방인들과 맺은 하나님의 언약이라고 생각해서는 안 됩니다.

언약에는 오직 하나의 언약만 있을 뿐입니다. 우리는 종종 이스라엘과 맺은 옛 언약이 있고 그리스도 안에 있는 새 언약이 있다고 말하는 습성이 있습니다.
그러나 개혁신학의 가르침은 이렇습니다. "우리 이방인들은 하나님이 아브라함·사라와 맺으신 언약과 동일한 언약 속의 일원들이다. 옛 언약과 새 언약은 동일한 언약이다."

칼빈도 이렇게 말했습니다. "복음은 다른 구원의 방법을 가져오는 일에 관하여 율법을 전적으로 대체하지 않는다. 그와는 반대로 복음은 율법이 약속했던 모든 것들을 확증하고 만족시켜 주며, 그림자들에 실체를 제시한 것이다"(기독교강요 2, 9, 4).

선지자 스가랴는 이 사실을 매우 극적으로 표현했습니다. 그는 각각의 언어들을 사용하는 나라들로부터 온 열 사람이 한 유대인을 만나 그의 옷을 붙잡으면서, "우리가 당신과 함께 가렵니다. 하나님이 당신과 함께 계시다는 말을 우리가 들었기 때문입니다"(슥 8:23)라고 말할 날을 내다보고 있는 것입니다. 그리스도를 통하여 하나님은 우리를 아브라함·사라와 맺으신 언약의 일원으로 만드셨습니다.

배척의 신비, 그리스도의 신비

바울은 로마서 11장에서, 이방인 크리스천들은 이스라엘이라 불리는 감람나무에 접목된 야생 감람나무 가지와 같다고 했습니다.
- 기독 교회들은 유대인들을 대치하지 않았습니다. 그와는 정반대입니다.
- 기독 교회들은 하나님의 옛 백성으로 접목된 것입니다.
- 기독 교회들은 이스라엘의 역사—이스라엘이 살고, 이스라엘이 그 안에서 움직이고, 이스라엘이 그 안에서 존재를 지니는—를 떠나서는 그 정체가 불투명한 사람들입니다.

비록 대다수의 유대인들이 그리스도에 대해 부정적인 입장을 보이거나 그를 철저하게 배척하지만,

- 하나님이 유대인들을 향하여 '아니오!' 라고 말씀하시는 것은 아닙니다.
- 하나님이 유대인들을 자신의 언약적 상대방으로 삼는 것을 거절하신 것은 아닙니다.
- 하나님은 지금도 그들을 향해 신실하십니다.

나 야웨가 말하노라.
위로 하늘을 측량할 수 있으며 아래로 땅의 기초를 탐지할 수 있다면
내가 이스라엘 자손에 행한 모든 일을 인하여
그들을 다 버리리라(렘 31:37).

- ─하나님이 일단 하신 말씀은, 이스라엘이 그들의 메시아를 거절한다고 해서 허무하게 사라지거나 없어지지 않는다는 것입니다.
- ─하나님의 말씀은 일단 선언되면 이스라엘이 그리스도를 배척한다고 해서 무효화되지는 않는다는 것입니다.

- 그리스도에 대해 이스라엘이 "아니오!"라고 한다는 것은 불신자들이 그리스도에 대해 "아니오!"라고 하는 것과 같지 않습니다.
- 그리스도에 대해 이스라엘이 "아니오!" 하는 것은 특별한 "아니오!"입니다. 존경과 관심의 대상이 되어 마땅한 "아니오!"입니다.

하나님의 뜻과 의지는 이스라엘의 "아니오!"라는 말 속에서 역사하고 있습니다.
- 하나님은 이스라엘의 마음을 굳어지게 하셨습니다. 그래서 그들은 "아니오!"라고 말할 수밖에 없는 것입니다.
- 하나님이 이스라엘의 마음을 완고하게 하신 것은 목적이 있기 때

문입니다.
- 하나님이 이스라엘의 마음을 돌과 같이 굳어지게 한 것은 복음이 이스라엘로부터 이방인들에게 전해지도록 하기 위함입니다.

이러한 이유 때문에 이스라엘에는 눈먼 상태가 오게 된 것입니다. 언제까지 그들의 눈먼 상태가 지속될 것입니까? 이방인들의 충만한 숫자가 차기까지 그럴 것입니다(롬 11:25). 그리고 이방인들의 충만한 수가 차게 될 때, 모든 이스라엘이 구원을 얻게 될 것입니다.[2]
- 하나님이 유대인들을 버리셨다는 것은 말이 되지 않습니다.
- 하나님이 그들을 언약의 파트너로 삼는 것을 거절하셨다는 것도 말이 되지 않습니다.

만일 하나님이 그들을 버리셨다면, 우리는 심각한 문제에 빠질 것입니다. 왜냐하면 하나님이 아브라함, 사라와 그들의 자손들에게 신실하시지 않다는 게 분명해진다면, 우리도 하나님이 우리에게 신실하실 것이라고 믿을 만한 이유가 없기 때문입니다.

만일 하나님이 이스라엘을 던져 버리신다면 우리도 던져 버리실 수 있을 것입니다. 그러므로 '온' 이스라엘을 향한 하나님의 자비(신실하심)와 은혜는
- 우리의 희망의 근거이며,
- 그 누구도, 그 무엇도 우리를 주님 그리스도 예수 안에 있는 하나님의 사랑으로부터 끊을 수 없다는 우리 신앙고백의 근거입니다.

이스라엘이 그리스도를 배척하고 버린 것은 '신비'입니다. 그러나 이 신비는 더욱 깊은 신비를 만나게 됩니다. 더욱 깊은 신비는 이것입니다.

- 이스라엘이 그리스도를 배척함에도 불구하고 하나님은 이스라엘을 향해 신실하시다는 사실입니다.
- 하나님은 이스라엘 온 백성을 불순종 안에 갇히게 함으로써, 모든 사람, 즉 유대인과 이방인 모두에게 자비를 베푸시려 한다는 사실입니다.

바울은 로마서 11장에서 이렇게 말했습니다.

이방인 크리스천인 당신들이 한때는 하나님께 대해 불순종하였으나 유대인들이 그리스도께 대해 "아니오!"라고 했기 때문에 당신들이 하나님의 은혜와 자비를 받게 된 것처럼, 이제 그들이 이 모든 세기들 동안 불순종하게 된 것은 그들도 역시 하나님의 은혜와 자비를 받게 되기 위해서입니다. 왜냐하면 하나님이 모두를 불순종에 가둬 놓으신 것은 그가 모든 자에게 자비를 베풀기 위해서입니다.

유진 피터슨의 번역 *The Message*으로 다시 읽어 보겠습니다.

이방인들이신 여러분들, 여러분들은 한때 하나님과는 떨어져 있던 적이 있었습니다. 그러나 그때 유대인들이 하나님 앞에서 문을 세차게 닫고 돌아섰습니다. 그 일로 인해 여러분들을 위한 일들이 열리게 된 것입니다. 자, 이제 그들이 바깥에 있는 자들이 되었습니다. 그러나 여러분들에게 문이 활짝 열려 있지만 그들은 저 뒤편으로 물러가게 되었습니다.

이렇게 되거나 저렇게 되거나 한 가지 분명한 사실은, 하나님께서 우리 모두가 바깥에 있어 본 일이 무엇을 뜻하는지 경험하도록 하시어 개인적 문을 여시고 우리를 다시 불러들여 영접하려 하시는 것입니다.

여러분은 이와 같은 하나님의 놀라운 관용과 아량, 이렇게 깊고 깊은 지혜 같은 것들에 대해 들어 본 일이 있고 경험해 본 일이 있습니까? 우리의 작은 머리를 훨씬 뛰어넘는 일입니다. 우리의 머리로서는 결코 이것을 이해하지 못할 것입니다.

바울은 이것을 가리켜 '그리스도의 신비'라고 불렀습니다. 온 우주 안에서 이보다 더 위대한 신비는 없습니다. 즉 자신의 사랑의 팔로 온 인류를 감싸기 위해 허리를 굽히신 하나님의 신비보다 더 위대한 신비는 없습니다.

세상을 감싸 안는 사랑

조금 불경한 생각을 해 보기로 하겠습니다. 우리가 만일 하나님이었더라면,
- 아마 오래 전에 우리는 인류를 없애 버렸을 것입니다. 그렇게도 속을 썩이고 배반하고 반역하는 인류를 그대로 참을 수 없었을 것입니다.
- 아마 진절머리 나는 이 피조물들을 더 이상 견디기 어려웠을 것입니다.
- 아마 두 발로 걸어 다니는, 너무나 이기적이고 교만하기 그지없는 생물체들을 역겨워했을 것입니다.

만일 우리가 하나님이었더라면,
- 아마 오래 전 일찍이 다음과 같이 말했을 것입니다.
"다 쓸어버리고 다시 시작해야겠다. 이번에 다시 만든다면, 이번만은 잘 만들어야지. 창조된 것에 대해 감사할 줄도 알고 고마워할 줄도 아는 그런 피조물을 만들어야겠다. 그리고 무엇보다도 나를

사랑할 줄 알고 동료 인간을 자기 자신처럼 사랑할 줄 아는 그런 사람을 만들고 싶다."

물론 하나님은 그렇게 하지 않으셨습니다. 하나님은 우리를 지도상에서 다 쓸어버리지 않으셨습니다.
그 대신, 하나님은 우리를 너무도 사랑하시어 그의 외아들, 독생하신 아들을 주셨습니다. 그가 그렇게 하신 이유를 우리가 어떻게 다 알 수 있겠습니까!
- 아무도 하나님의 이유들을 헤아릴 수 없습니다.
- 지금까지 십자가와 부활의 신비를 설명할 수 있는 사람은 아무도 없었습니다.

우리는 종종 놀라기도 하고 궁금해 합니다. 우리는 하나님의 신비와 기적을 깊이 생각할 때, 너무 충격적이어서 손으로 입을 막고 놀랄 정도로 감격해 본 '은혜의 순간'들이 우리 스스로에게 있었는지 궁금해 합니다.
- 이 일에 대해 너무 친숙하거나 잘 알고 있다는 것이 우리에게는 오히려 커다란 저주입니다.
- 이 놀라운 신비에 대해 더 이상 감격할 수 없다는 것이 우리의 저주입니다.
- 이 모든 일에 대해 놀람과 경이가 다 사라졌다는 것이 우리에게는 가장 큰 불행입니다.

세상을 다 감싸 안는 하나님의 사랑은 언제나 놀람과 경탄의 이유여야 합니다. 찬양하고 경배하는 이유 말입니다. 바울도 이러한 하나님의 감싸시는 사랑에 대해 다음과 같이 소리 높여 외쳤습니다.

깊도다! 하나님의 지혜와 지식의 부요함이여! 그의 판단은 측량치 못할 것이며 그의 길은 찾지 못할 것이로다. … 영광이 그에게 세세에 있으리로다. 아멘.

기도 19

지옥에서 드리는 시편
요나 2장

가 물고기 뱃속에서 그 하나님 여호와께 기도하여 가로되 내가 받는 고난을 인하여 여호와께 불러 아뢰었삽더니 주께서 내게 대답하셨고 내가 스올의 뱃속 부르짖었삽더니 주께서 나의 음성을 들으셨나이다 주께서 나를 깊음속 바다 가운데 던지셨으므로 큰 물이 나를 둘렀고 주의 파도와 큰 물결이 다 내 위에 이다 내가 말하기를 내가 주의 목전에서 쫓겨났을찌라도 다시 주의 성전을 바라보겠다 하였나이다 물이 나를 둘렀으되 영혼까지 하였사오며 깊음이 나를 바다 풀이 내 머리를 쌌나이다 내가 산의 뿌리까지 내려갔사오며 땅이 그 빗장으로 나를 오래도록 막았사오나 나의 하나님 여호와 주께서 내 생명을 에서 건지셨나이다 내 영혼이 내 속에서 피곤할 때에 내가 여호와를 생각하였삽더니 내 기도가 주께 이르렀사오며 주의 성전에 미쳤나이다 무릇 거짓되고 것을 숭상하는 자는 자기에게 베푸신 은혜를 버렸사오나 나는 감사하는 목소리로 주께 제사를 드리며 나의 서원을 주께 갚겠나이다 구원은 여호와께로서 나이다 하니라 여호와께서 그 물고기에게 명하시매 요나를 육지에 토하니라

Prayer From Hell

내가 고통스러울 때 주께 불러 아뢰었더니,

주께서 내게 응답하셨습니다.

내가 스올 한가운데서 살려 달라고 외쳤더니,

주께서 나의 호소를 들어주셨습니다.

주께서 나를 바다 한가운데, 깊음 속으로 던지셨으므로,

큰 물결이 나를 에워싸고 주의 파도와 큰 물결이 내 위에 넘쳤습니다.

내가 주께 아뢰기를 '주의 눈앞에서 쫓겨났어도,

내가 반드시 주님 계신 성전을 다시 바라보겠습니다' 하였습니다.

물이 나를 두르기를 영혼까지 하였으며,

깊음이 나를 에워쌌고, 바다풀이 내 머리를 휘감았습니다.

나는 땅 속 멧부리까지 내려갔습니다.

땅이 빗장을 질러 나를 영영 가두어 놓으려 했습니다만,

주 나의 하나님, 주께서 그 구덩이 속에서 내 생명을 건져 주셨습니다.

내 목숨이 힘없이 꺼져 갈 때, 내가 주님을 기억하였더니,

나의 기도가 주께 이르렀으며, 주님 계신 성전에까지 이르렀습니다.

헛된 우상을 섬기는 자들은, 주께서 베풀어 주신 은혜를 저버립니다.

그러나 나는 감사의 노래를 부르며, 주께 희생 제물을 바치겠습니다.

서원한 것은 무엇이든지 지키겠습니다.

구원은 오직 주님에게서만 옵니다.

_요나 2장

요나는 대단한 인물입니다. 무엇 때문에 요나를 대단한 인물이라고 하는 것일까요? 큰 물고기에게 잡아먹힌 후에 그가 기도했다는 것 때문입니까? 물론 그렇게 생각할 수도 있습니다. 그러나 그런 일은 사실 놀랄 만한 것이 못 됩니다.

왜냐하면 대부분의 사람들도 절망적인 상황이나 어려움에 처하게 되면 기도하기 때문입니다. 누구라도 그러한 절망적인 상황에 빠지면 기도할 것입니다. 적어도 "하나님! 살려 주십시오" 하고 말입니다. 요나에게 있어서 놀랄 만한 일은 그가 기도했다는 데 있는 것이 아니라 그의 기도 방식에 있습니다. 그가 드린 기도의 방식을 살펴보면 가히 놀랄 만합니다.

정형화된 요나의 기도문

요나의 기도를 자세히 살펴보면,
- 그는 이미 '만들어진 기도'를 드리고 있습니다.
- 그는 '차용한 기도'를 드리고 있습니다.
- 좀 더 구체적으로 말하자면 그는 성전 예배 의식 때 사용하는 기도문 liturgical prayer 으로 기도하고 있는 것입니다.

만일 우리가 요나와 같은 상황에 처했다면 우리는 아마도 다음과 같이 기도했을 것입니다.
- 오, 하나님, 구해 주십시오!

- 오, 하나님, 살려 주십시오!
- 목숨만 살려 주신다면 평생토록 당신만을 섬기겠습니다!

급하고 절망적인 상황인데, 언제 예배 의식 때 사용하는 기도문으로 기도하겠습니까? 오래 전에 낭송하거나 암송했던 기도문을 사용하여 기도하지는 못할 것입니다. 바로 이것이 요나서 2장의 문제이기도 합니다. 요나서 2장에 기록된 기도는 충동적이거나 임의적인 기도가 아닙니다. 사태가 벌어진 현장에서 즉흥적으로 드리는 기도가 아닙니다. 요나서 2장에 실린 기도는 '잘 짜여진' 기도입니다. 즉 사전에 만들어진 기도입니다.

- 어찌 보면 요나의 기도문은 우리에게 매우 친숙한 기도문이기도 합니다.
- 어디선가 많이 들어 본 기도문입니다.

어디서 들어 봤을까요?
- 요나의 기도는 시편의 기도문을 많이 닮았습니다.
- 요나의 기도는 시편에서 차용된 문구들과 어휘들로 가득 차 있습니다.

다른 말로 하자면,
- 요나가 드린 기도문은 그 자신이 직접 만든 기도가 아닙니다. 즉 다른 사람이 드렸던 기도문입니다. 따라서 현재의 문맥에 잘 맞지 않는 듯한 기도문이기도 합니다.
- 이 기도문은 아마 요나서를 최종적으로 편집한 사람이 요나의 대사로 넣어서 그가 말하고 있는 것처럼 기록한 기도인 것 같습니다.

성경을 열어 1장 17절을 읽어 보십시오. "주께서는 큰 물고기 한 마리를 마련하여 두셨다가 요나를 삼키게 하셨습니다. 요나는 사흘 밤낮을 그 물고기 뱃속에서 지냈습니다." 그리고 바로 2장 10절로 가서 읽어 보십시오. "주께서 그 물고기에게 명하시니, 물고기가 요나를 뭍에다가 뱉어 냈습니다."

그리고 이 두 절을 연결하여 읽어 보십시오. 매우 자연스럽게 연결됩니다. "주께서는 큰 물고기 한 마리를 마련하여 두셨다가, 요나를 삼키게 하셨습니다. 요나는 사흘 밤낮을 그 물고기 뱃속에서 지냈습니다. 주께서 그 물고기에게 명하시니, 물고기가 요나를 뭍에다가 뱉어 냈습니다."

매우 자연스러운 연결입니다. 요나서 2장에 들어 있는 요나의 기도문을 빼도 조금도 이상하지 않습니다. 아무도 "어, 이상한데! 이야기의 전개가 부자연스러워. 아무래도 뭔가 빠진 게 있는 것 같아"라고 말하지 않을 것입니다.

사실상 요나의 기도는 매우 어색한 위치에 있는 듯합니다. 현재 위치는 문맥의 흐름상 잘 맞지 않는 것처럼 보입니다. 위에서 보았듯이, 요나서 2장에 들어 있는 요나의 기도문을 빼고 읽으면 이야기의 전개가 훨씬 자연스럽습니다. 그렇습니다!

- 문학적 관점에서 보면, 요나가 드린 기도의 내용은 요나서의 나머지 부분과 같은 종류의 문학적 형태가 아닙니다. 요나의 기도문은 시이지만 나머지 부분은 모두 이야기체 narrative로 되어 있습니다.
- 심리적 관점에서 보면, 요나의 기도는 매우 이상합니다. 왜냐하면 일반적으로 사람들은 요나가 직면했던 그런 위험한 상황에서는 요나가 드린 그런 기도를 드리지 않기 때문입니다. 죽음에 직면한 사람들은 짧고 급한 어조로 부르짖습니다. 그들은 '정형화된 기도'를 드릴 수가 없습니다.

따라서 많은 주석가들은 이 기도가 원래 요나서의 일부분이 아니었다고 추정합니다. 그들은 후대에 와서 이 기도문이 요나서에 삽입되었을 것으로 추측합니다. 그러나 우리의 관심은 이런 학문적 추측의 진실 여부에 있지 않습니다. 우리의 관심은 요나가 드린 기도에 있습니다.

요나의 기도와 시편

요나의 기도를 자세히 들여다보겠습니다. 보다시피 이 기도는 '시편'의 시입니다. 물론 오리지널한 시편은 아닙니다. 요나의 기도문은 시편으로부터 빌려온 문구들로 구성된 시입니다.

〔1〕 요나는 "내가 받는 고난을 인하여 내가 주께 부르짖었습니다"(2절)라고 기도하고 있습니다. 이런 기도는,
- 시편 18편에서도 발견됩니다.
  "내가 고통 가운데서 주께 부르짖고
  나의 하나님을 바라보면서 살려 달라고 부르짖었더니
  주께서 그의 성전에서 나의 간구를 들으셨습니다.
  주께 부르짖은 나의 부르짖음이 주의 귀에 이르렀습니다"(6절).
- 시편 120편의 시인도 그렇게 기도하고 있습니다.
  "내가 고난을 받을 때에 주님께 부르짖었더니
  주께서 나에게 응답하여 주셨습니다"(1절).

〔2〕 요나는 "주께서 나를 바다 한가운데 깊음 속으로 던지셨으므로, 큰 물결이 나를 에워싸고 주의 파도와 큰 물결이 내 위에 넘쳤습니다"(3절)라고 기도합니다. 그리고 우리는,
- 시편 42편의 목소리가 여기서도 메아리치고 있다는 것을 압니다.

"주께서 일으키시는 저 큰 폭포 소리를 따라
깊은 바다는 깊은 바다를 서로 부르고,
주께서 일으키시는 저 파도의 물결은 모두가 한덩이 되어
이 몸을 휩쓸고 지나갑니다"(7절).

[3] 요나는 "물이 나를 두르기를 영혼까지 하였으며, 깊음이 나를 에 워쌌고 바다풀이 내 머리를 휘감았습니다"(5절)라고 기도합니다.
· 이것 역시 시편 69편 시인의 기도와 같습니다.
"하나님, 나를 구원해 주십시오. 목까지 물이 찼습니다.
발붙일 곳이 없는 깊고 깊은 수렁에 빠졌습니다. 물 속
깊은 곳으로 빠져 들어갔으니, 큰 물결이 나를 덮습니다"(1-2절).

[4] 요나는 "구원은 야웨로부터 옵니다"라고 기도했습니다. 시편 3편의 시인도 그렇게 기도하고 있습니다. "구원은 야웨께 있습니다"(8절).

이러한 목록은 수없이 계속됩니다. 이처럼 시편의 기도와 요나의 기도문은 서로 많이 닮았습니다. 보다시피, 요나의 기도 가운데 어떤 단어나 문구도 그가 직접 만든 것은 없습니다. 요나의 기도문은 그가 창조적으로 만든 기도가 아닌 것입니다. 사용된 단어들과 문구들은 한결같이 시편에서 빌려온 것들입니다. 이것은 생각해 볼수록 놀라운 일입니다.

왜 그렇습니까? 우리가 생각하는 진실한 기도와 정면으로 모순되기 때문입니다. 우리가 생각하는 진실한 기도, 우리가 생각하는 가장 참되고 순수한 기도는,
· 즉흥적으로 드리는 기도이기 때문입니다.
· 마음 깊은 곳에서 솟구쳐 오르는 생각을 그대로 쏟아 내는 것이기

때문입니다.
- 우리의 감정을 있는 그대로 매우 적나라하게 표출하는 것이기 때문입니다.

그러나 성경은 이러한 생각에 동의하지 않습니다. 예를 들어 마리아의 기도를 보십시오. 마리아는 뭐라고 기도하고 있습니까?

> 내 영혼이 주를 크게 높이고 찬양하며
> 내 마음이 하나님 내 구주를 기뻐하였음은
> 그 계집종의 비천함을 돌아보셨음이라(눅 1:46-48).

마리아의 기도 역시 우리에게 친숙하게 들리지 않습니까? 마치 요나의 기도처럼 말입니다.

마리아의 기도 역시 일련의 인용구들로 가득 차 있습니다. 그녀가 드린 기도의 대부분이 시편과 한나의 기도문에서 인용한 구절들로 장식되어 있습니다.

마리아의 기도는 일종의 인용구들의 사슬과도 같습니다. 마리아는 구약 교회의 말씀들을 가지고 노래하고 있는 것입니다.
- 그녀가 노래하는 말들 중 한마디도 오리지널한 것이 없습니다.
- 요나가 기도하는 말들 중 한마디도 오리지널한 것이 없습니다.

바로 이것이 놀라운 사실입니다.

마치 시편이 요나에게 "자, 나의 이 기도문들을 사용해서 기도하라. 그러면 당신은 어떻게 기도하는지 배우게 될 것이다"라고 말하는 것 같습니다.

기도 속으로 인도하는 시편

구약의 많은 시편들 초두에는 (55회) '영장으로 한 노래' (개역성경)라는 문구가 있습니다. 현대적으로 번역하자면 '성가대 지휘자에게' 혹은 '음악 감독을 위하여' For the director of music (NIV역)라는 말입니다.

이것은 특정한 시편들이 성가대 지휘자 혹은 음악 감독과 관련 맺고 있음을 55번에 걸쳐 표시한 것입니다. 이것은 무엇을 의미합니까? 지휘자나 음악 감독의 임무는 예배에 참석한 예배자들을 기도 안으로 인도하는 것이라는 의미입니다. 다시 말해서, 시편을 낭송함으로써 사람들을 기도 안으로 인도하여 하나님께 기도하도록 한다는 말입니다.

마치 그들이 우리에게 다음과 같이 말하고 있는 것과 같다고 할 수 있습니다.

- "당신들은 오직 기도를 안내받음으로써만 기도하는 방법을 배울 수 있습니다."
- "당신들은 누군가가 "자, 기도합니다"라고 말할 때 비로소 기도하는 법을 배우게 될 것입니다."

유진 피터슨은 이러한 일을 통해 우리가 얻는 유익이 참으로 엄청나다고 말한 적이 있습니다. 그에 의하면, 기도를 인도받음으로써 우리는 개인적 감정이나 기분이나 느낌의 압제와 통제로부터 구출받는다고 합니다. 피터슨은 말합니다.

- 그날 그 시간의 기분에 따라 기도하는 것은, 마치 생리기관이나 소화기관의 작동에 따라 기도하는 것과 같다.
- 우리의 감정이나 기분에 따라 기도하는 것은, 마치 날씨에 따라 기도하는 것과 같다.

그렇습니다.
- 느낌들은 우리를 속입니다.
- 기분들은 우리를 기만합니다.
- 기분들은 우리를 잘못 인도합니다.
- 기분이라는 것들은 왔다갔다합니다.
- 기분이나 감정은 결코 일관성을 지니지 못합니다.
- 언제라도 변하는 것이 사람의 기분이나 감정입니다.

물론 감정이나 기분들은 실제적입니다. 그것들은 실질적입니다. 감정들은 중요합니다. 느낌이나 기분들은 머리 위에 있는 머리카락들처럼 실질적이고 중요합니다. 우리의 감정은 손톱처럼 중요합니다.

그러나 감정들이나 느낌들은 '하나님에 대해' 아무것도 말하고 있지 않습니다! 기분들이나 감정들은 우리의 변화무쌍한 심리적 상태에 대해서는 말하지만, 정작 하나님에 대해서는 아무것도 말해 주지 않습니다. 이런 이유 때문에 기도는 기도자의 기분이나 상황이나 감정에 의존해서는 안 된다는 것입니다.

언제 우리는 진실하게 기도합니까?
- 느끼는 것에 따라 기도할 때, 그 기도는 진실한 기도가 되지 않습니다.
- 기분에 따라 기도할 때, 그 기도는 진실한 기도가 되지 않습니다.

우리가 진실하게 기도할 때는 언제입니까?
- 누군가가 "자, 기도합시다!"라고 말할 때입니다.
- 아니, 지휘자나 인도자가 "자, 기도합시다!"라고 말하고 그 기도를 따라서 할 때입니다.

다음의 사실을 기억하십시오.
- 느끼는 것을 기도할 때 우리는 쉽게 지쳐 버립니다.
- 기분에 좌지우지되어 기도할 때 우리는 변덕스러운 기도를 하게 됩니다.
- 감정에 따라 기도할 때 우리는 우리가 기도하고 싶을 때만 기도를 드리게 됩니다.

바로 그때 우리에게는 '지휘자'가 필요합니다. 우리를 기도 안으로 인도해 줄 사람이 필요한 것입니다.
바로 이러한 일을 시편이 하고 있습니다.
- 시편은 우리를 기도 안으로 인도해 줍니다.
- 시편은 우리의 지휘자입니다.
- 시편은 기도의 인도자입니다.

이러한 사실을 알게 되면 우리는 왜 요나가 그렇게 기도했는지 이해하게 됩니다. 왜 요나가 시편의 기도처럼 기도했는지를 알게 됩니다. 그가 드린 기도는 어떤 기도였습니까?
- 시편에서 인용한 문구로 가득 찬 기도문입니다.
- 그가 전에 암송하고 기억했던 구절들로 가득 찬 기도문입니다.

광야에서, 화형대에서 불려진 시편

오늘날 그리스도인들 사이에 널리 퍼져 있는 영적 분위기는, 다음과 같은 종류의 기도를 드리도록 은근히 우리에게 권유하고 있습니다.
- 하나님 앞에 우리 자신들을 다 쏟아 내는 기도입니다.
- 하나님께 우리가 어떻게 느끼고 무엇을 느끼는지에 대해 알리는

기도입니다.

그러나 그러한 기도들은 기도하는 사람 자신에 대한 의식에 압도되고 맙니다. 그런 기도는 '기도자 자신에 관한 의식'으로 가득 찬 기도이기 때문입니다. 그러나 성숙한 기도는 '하나님에 대한 의식'으로 가득 차 있습니다. 성숙한 기도는 자기 자신한테 집착하는 데서 벗어나 하나님을 찬양하는 데로 이끄는 기도입니다. 요나의 기도가 그렇습니다. 특히 기도의 마지막 부분은 더욱 그렇습니다.

내 목숨이 힘없이 꺼져 갈 때 내가 주님을 기억하였더니,
나의 기도가 주께 이르렀으며 주님 계신 성전에까지 이르렀습니다.
나는 감사의 노래를 부르며 주께 희생 제물을 바치겠습니다.
서원한 것은 무엇이든지 지키겠습니다.
구원은 오직 주님에게서만 옵니다.

요나는 자신의 기분이나 감정에 이끌려 기도를 드리는 것이 아니었습니다. 그는 시편에 인도되어 기도를 드렸습니다. 그는 처음부터 마지막까지 시편을 인용했습니다.
이스라엘과 교회는 시편을 우리 손안에 쥐어 주었습니다. 그리고 말합니다. "자, 이 기도를 드리십시오. 그러면 여러분은 기도하는 방법을 배울 수 있습니다."
시편은 구약의 기도들입니다. 시편은 성전의 기도서였습니다. 예수님은 시편을 기도하고 시편을 노래하던 가정에서 태어나셨습니다. 그는 시편을 그의 기도서로 사용하셨습니다. 당시 많은 신실한 유대인들처럼 예수님도 많은 시편들을 마음속으로 외우시고 암송하셨습니다. 마가 요한의 다락방에서 제자들과 함께 최후의 만찬을 드실 때에도 시

편 113편부터 118편까지 암송하며 노래하셨습니다. 또 십자가 위에서 그분은 시편 22편으로 기도하셨습니다.

예수님의 본을 따라 많은 그리스도인들도 시편으로 찬양하고, 시편으로 기도하고, 시편을 부르며 고난 받고, 시편을 암송하면서 죽어 갔습니다. 빌립보의 감옥에 투옥되었던 바울과 실라는 한밤중에 시편을 노래했습니다.

로마 시대의 크리스천 노예들과 숙련공들은 이른 새벽에 지하 무덤에 모여 시편 73편을 암송하였습니다. "하나님은 마음이 정직한 사람과 마음이 정결한 사람에게 선을 베푸시는 분이십니다"(1절).

하루가 저물어 어둑어둑해질 때 그들은 시편 141편을 암송하곤 했습니다. "내 기도를 주님께 드리는 분향焚香으로 받아 주시고, 손을 위로 들고서 드리는 기도는 저녁 제물로 받아 주십시오"(2절).

고대 로마의 원형경기장에서 사자들과 사투를 벌이다 죽어 간 크리스천들은 시편 34편 1절을 노래하였습니다. "내가 야웨를 항상 송축함이여, 그를 송축함이 내 입에 계속하리로다." 혹은 시편 13편 3절을 암송하였습니다. "주님, 나를 굽어 살펴 주십시오. 나에게 응답하여 주십시오. 주 나의 하나님, 내가 죽음의 잠에 빠지지 않게 나의 두 눈에 불을 밝혀 주십시오."

중세기에는 광야와 사막으로 들어가 자신들의 삶을 평생 하나님께 헌신한 사람들이 많았습니다. 그곳에서도 시편은 그들의 영적 훈련을 위한 기본 교과서가 되었습니다.

종교개혁의 주자走者들은 당시 로마 천주교와의 힘겨운 다툼과 싸움을 치르는 동안, 시편을 통해 많은 위로와 힘과 용기를 얻었습니다.

1415년, 종교개혁 운동이 시작되기 1세기 전 요한 후스는 콘스탄틴 종교회의에 의해 이단자로 몰려 사형을 언도받았습니다. 장작더미 위에서 화형 당할 때, 그는 시편 31편을 암송했습니다. "주님, 내가 주께 피하오니 다시는 내가 부끄러움을 당하지 않게 해 주십시오. 주의 의로 우심으로 나를 건져 주십시오." 1년 뒤인 1416년, 동일한 장소에서 프라하의 제롬 역시 동일한 구절을 암송하면서 불길에 싸여 죽어 갔습니다. "주님, 내가 주께 피하옵니다."

병마와 끊임없이 싸우던 위대한 종교개혁자 칼빈, 제자들이 심한 박해를 받고 있다는 소식에 깊이 상심하고 있던 그는 시편 39편 9절을 되뇌면서 하나님의 뜻에 복종하기로 작정했습니다.

"내가 잠자코 있으면서 입을 열지 아니하는 것은 이 모두가 주께서 하신 일이기 때문입니다."

스페인과 프랑스, 이탈리아와 보헤미아, 폴란드와 헝가리의 개신교인들은 거의 1세기 동안 지속된 종교 박해의 칼날을 피해 다니다 체포되어 사형대에 오르곤 했습니다. 그리스도를 향한 충절 때문에 그들은 화형대의 연기로, 단두대의 이슬로 사라져 갔습니다. 교수대에서든 화형대에서든, 그들은 한결같이 시편 118편 24절을 노래하면서 죽음을 맞이하였습니다. "이 날은 주님이 정하신 날, 이 날에 우리가 주와 함께 기뻐하고 즐거워합시다."

시편은 모든 세대의 하나님 백성에게 무엇을 기도해야 할 것인지, 어떻게 기도해야 할 것인지에 대해 가르쳐 왔습니다. 그리고 그들은 시편을 통해 기도의 내용과 기도의 방법을 배웠습니다.

· 시편은 우리를 위한 기도 지휘자입니다.
· 시편은 우리를 기도 안으로 인도합니다.
· 시편은 우리를 하나님의 면전으로 인도합니다.
· 시편은 우리를 우리 자신에 대한 집착으로부터 구출해 하나님을 찬양하는 데로 인도합니다. 아멘.

신앙 20

법정에 선 하나님
욥기 2:1-10; 3:1-10

하나님의 아들들이 와서 여호와 앞에 서고 사단도 그들 가운데 와서 여호와 앞에 서니 여호와께서 사단에게 이르시되 네가 어디서 왔느냐 사단이 여호와께 대답하여 가로되 땅에 두루 돌아 여기 저기 다녀 왔나이다 여호와께서 사단에게 이르시되 네가 내 종 욥을 유의하여 보았느냐 그와 같이 순전하고 정직하여 하나님을 경외하며 악에서 떠난 자가 세상에 없느니라 네가 나를 격동하여 까닭없이 그를 치게 하였어도 그가 오히려 자기의 순전을 굳게 지켰느니라 사단이 여호와께 대답하여 가로되 가죽으로 가죽을 바꾸오니 사람이 그 모든 소유물로 자기의 생명을 바꿀찌라 이제 주의 손을 펴서 그의 뼈와 살을 치소서 그리하시면 정녕 대면하여 주를 욕하리이다 여호와께서 사단에게 이르시되 내가 그를 네 손에 붙이노라 오직 그의 생명은 해하지 말찌니라 사단이 이에 여호와 앞에서 물러가서 욥을 쳐서 그 발바닥에서 정수리까지 악창이 나게 한지라 욥이 재 가운데 앉아서 기와 조각을 가져다가 몸을 긁고 있더니 그 아내가 그에게 이르되 당신이 그래도 자기의 순전을 굳게 지키느뇨 하나님을 욕하고 죽으라 그가 이르되 그대의 말이 어리석은 여자 중 하나의 말 같도다 우리가 하나님께 복을 받았은즉 재앙도 받지 아니하겠느뇨 하고 이 모든 일에 욥이 입술로 범죄치 아니하니라… 그 후에 욥이 입을 열어 자기의 생일을 저주하니라 욥이 말을 내어 가로되 나의 난 날이 멸망하였었더라면, 남아를 배었다 하던 그 밤도 그러하였었더라면, 그 날이 캄캄하였었더라면, 하나님이 위에서 돌아보지 마셨더라면, 빛도 그 날을 비취지 아니하였더라면, 유암과 사망의 그늘이 그 날을 자기 것이라 주장하였었더라면, 구름이 그 위에 덮였었더라면, 낮을 캄캄하게 하는 것이 그 날을 두렵게 하였었더라면, 그 밤이 심한 어두움에 잡혔었더라면, 해의 날 수 가운데 기쁨이 되지 말았었더라면, 달의 수에 들지 말았었더라면, 그 밤이 적막하였었더라면, 그 가운데서 즐거운 소리가 일어나지 말았었더라면, 날을 저주하는 자 곧 큰 악어를 격동시키기에 익숙한 자가 그 밤을 저주하였었더라면, 그 밤에 새벽 별들이 어두웠었더라면, 그 밤이 광명을 바랄찌라도 얻지 못하며 동틈을 보지 못하였었더라면 좋았을 것을, 이는 내 모태의 문을 닫지 아니하였고 내 눈으로 환난을 보지 않도록 숨기지 아니하였음이로구나

God On Trial

…사단이 야웨께 대답하여 가로되 "가죽으로 가죽을 바꾸오니
사람이 그 모든 소유물로 자기의 생명을 바꾸올지라.
이제 주의 손을 펴서 그의 뼈와 살을 치소서. 그리하시면 정녕 대면하여
주를 욕하리이다." 야웨께서 사단에게 이르시되 "내가 그를 네 손에 붙이노라.
오직 그의 생명은 해하지 말지니라." 사단이 이에 야웨 앞에서 물러가서 욥을 쳐서
그 발바닥에서 정수리까지 악창이 나게 한지라.
…그가 이르되 "그대의 말이 어리석은 여자 중 하나의 말 같도다.
우리가 하나님께 복을 받았은즉 재앙도 받지 아니하겠느뇨"
하고 이 모든 일에 욥이 입술로 범죄치 아니하니라.
_욥기 2:1-10

욥이 말을 내어 가로되 "나의 난 날이 멸망하였었더라면,
'남자아이가 태어났어!' 하던 그 밤도 그러하였었더라면,
그 날이 캄캄하였었더라면, 하나님이 위에서 돌아보지 마셨더라면,
빛도 그 날을 비춰지 말았었더라면,
흑암과 사망의 그늘이 다시금 그 날을 자기 것이라 주장하였었더라면,
…그 밤이 광명을 바랄지라도 얻지 못하며,
동틈을 보지 못하였었더라면 좋았을 것을
이는 내 모태의 문을 닫지 아니하였고
내 눈으로 환난을 보지 않도록 하지 아니하였음이로다
_욥기 3:1-10

'나'라면
어떻게 했겠습니까? 단 하루 사이에 모든 것을 잃어버렸다면 나는 어떻게 행동하겠습니까? 단 하루 사이에 자녀를 모두 다 잃어버렸다면 나는 어떻게 했겠습니까?

- 욥기 1장에 나타난 욥처럼 행동했겠습니까?
- 욥처럼 "주신 분도 주님이시요 가져가신 분도 주님이시니, 주님의 이름이 찬양 받으시기를 바랍니다!"(욥 1:21)라고 말하였겠습니까?
- 아니면, 욥기 3장에서 욥이 했던 것처럼 깊은 수렁에 빠져 저주스런 날을 보내고 있었겠습니까?
- 욥처럼 "내가 태어났던 날을 저주하리. 차라리 내가 태어나지 않았더라면, 차라리 그날이 달력에서 없어져 영원히 기억되지 않은 날이었더라면" 하고 탄식했겠습니까?

서로 다른 두 명의 욥

나라면 어떻게 하겠습니까? 욥기 1장, 2장의 욥과 자리를 같이 하겠습니까? 아니면 욥기 3장의 욥과 한편이 되겠습니까?
자, 여기에 서로 '다른' 두 명의 욥이 있습니다.
· 욥기 1장과 2장의 욥은 전통적이고 인습적인 신학을 소유한 욥입니다.
· 판에 박힌 듯한 경건성을 지닌 모습의 욥입니다.

그의 아내가 그에게 하나님을 저주하고 죽으라고 충고하자(2:9), 욥은 즉각적으로 대답합니다. "우리가 하나님께 복을 받았은즉 재앙도 받지 아니하겠느뇨?" 담담하게, 그러나 확신에 찬 심정으로 대답하였습니다.

그러나 욥기 3장의 욥은 그런 식으로 말하지 않습니다. 욥기 3장의 욥은 숨어 계신 듯한 하나님을 큰 소리로 불러내어 "왜 이 세상을 잘못 관리하고 있습니까?"라고 다그치며 책임을 추궁하고 있습니다.

그리고 여기에 전통적이고 인습적인 신학을 신봉하고 주장하는 그의 친구들이 있습니다. 이 친구들은, 자기 이름을 쓸 줄 아는 정도의 나이를 먹은 사람이라면 누구나 다음의 사실들을 안다고 말합니다.

- 하나님은 정의로우시고, 공평하시다.
- 하나님은 나쁜 사람에게는 나쁜 일이 일어나게 하신다.
- 하나님은 좋은 사람에게는 좋은 일이 일어나게 하신다.

이 친구들은, "욥에게 불행한 일들이 닥쳐왔다는 사실은 욥이 뭔가 잘못한 일이 있기 때문 아닌가? 이것은 너무도 자명한 일이 아니겠는가? 그 정도 사실을 아는데 무슨 대학 졸업장까지 필요하겠는가?"라고 말하는 사람들입니다.

그러자 욥은 그의 친구들에게 묻습니다. "당신들, 도대체 그게 무슨 뜻인가?"

- 당신들은 내 자녀들 열 명이 모두 나쁜 애들이었기 때문에 죽었다고 말하는 것인가?
- 당신들은 이 모든 불행들이 내가 죄를 지었거나 나쁘기 때문에 일어났다고 말하는 것인가?
- 내가 저지른 일이 당신들이 저지른 일들보다 무엇이 그렇게 악하고 나빠서 내가 이런 고통을 당해야 한다고 말하는 것인가?

그는 그의 친구들에게 소리칩니다.

너희는 모두가 돌팔이 의사나 다름없어. 입이라도 좀 다물고 있으면, 너희의 무식이 탄로 나지는 않을 것이야(13:4-5, 표준새번역 개정).
너희는 다 쓸데없는 의원이니라. 너희가 잠잠하고 잠잠하기를 원하노라. 이것이 너희의 지혜일 것이니라(13:4-5, 개역성경).

욥기 3장에서 우리는 욥기 1장과 2장에서 만난 욥과는 전혀 다른 욥을 만나게 됩니다. 욥기 3장의 욥은 그가 배워 온, 교육 받은 신학을 내던져 버립니다.
- 그는 자기가 하나님께 잘못했기 때문에 하나님이 형벌을 내리신다는 사실을 더 이상 믿지 않습니다.
- 그는 자신의 결백을 주장합니다. 자신이 이런 엄청난 고난을 받아야 할 아무런 이유가 없다며 하나님께 항변합니다.
- 그는 하나님께 자신이 결백하지 않다는 사실을 증명해 보이라고 격렬하게 항의합니다.

한번 들어 보십시오.
- 우리가 이렇게 행동한다면,
- 우리가 배워 왔고 또 양육받아 왔던 신학을 내던진다면,
- 그리고 그러한 신학을 대치할 새로운 신학을 갖고 있지 않다면,
  - 우리는 블랙홀 속으로 뛰어들어 가는 것과 같습니다.
  - 우리는 바닥으로 한없이 떨어지고 있는 우리를 잡아 줄 누군가가 없을지도 모르는 상태에 빠지게 되는 것입니다.

욥기 3장의 욥은 그의 유년 시절의 신앙과 지금 그가 몸담고 있는 신

앙 공동체의 신앙에 대항하는, '반항하는 욥' 입니다. 유년 시절의 신앙을 던져 버린 후 새로운 신앙고백으로 나가는 길을 아직 찾지 못한 상태에서 욥은 절망에 빠졌습니다. 자기를 키워 온 신학이 더 이상 자신을 지탱해 줄 수 없음은 분명합니다. 그리고 그것을 대체할 수 있는 새로운 신학도 발견하지 못한 상태입니다. 그래서 욥은 절망할 수밖에 없게 된 것입니다.

- 욥은 죽기를 간절히 기도합니다. 그러나 불행하게도 그의 심장은 계속해서 뛰고 있습니다.
- 그는 태양이 성냥불처럼 꺼지기를 기도합니다. 그러나 태양은 계속해서 빛나고 있습니다.

나의 난 날이 멸망하였더라면,
그 날이 캄캄하였었더라면,
하나님이 위에서 돌아보지 마셨더라면,
빛도 그 날을 비취지 말았었더라면,
흑암과 사망의 그늘이 다시금 그 날을 자기 것이라 주장하였었더라면.

열 자녀를 잃은 욥의 고통

우리들 가운데도 자녀를 잃으신 분이 있을 것입니다. 그분들은 그 누구보다도 욥의 비극 안으로 들어가 살 수 있을 것입니다.
- 이 세상에서 자녀를 잃는 것보다 더 큰 비극이 어디 있겠습니까?
- 이 세상에서 자녀를 잃는 것보다 더 심한 고통이 어디 있겠습니까?
- 이 세상에서 자녀를 잃음으로써 입은 상처보다 더 느리게 치료되는 상처가 어디 있겠습니까?

· 먼저 죽은 자식은 평생 가슴에 묻고 산다는 말이 있지 않습니까?

한 젊은 엄마의 이야기를 하겠습니다. 그녀가 결혼하고 갖게 된 아기는 애석하게도 태중에서부터 장이 썩어 가는 병을 얻었습니다. 다른 아이들보다 일찍 태어난 아이는 이미 병을 갖고 있었습니다. 젊은 엄마는 아이가 인큐베이터에서 자라는 것을 보아야만 했습니다. 그러나 이 세상은 그 어린 생명에게 너무도 가혹했습니다. 아이의 장은 계속 썩어 갔으며, 더 이상의 희망은 보이지 않았습니다. 병원에서는 그냥 집으로 데려가라고 했고, 그녀는 아이를 집으로 데려와야만 했습니다. 어린 생명은 집에 와 엄마 품에서 젖을 먹으며 지냈습니다.

그러나 그 행복한 순간도 얼마가지 못했습니다. 퇴원한 지 10여 일 만에, 아니 이 세상에 태어난 지 20여 일 만에 하늘나라로 가고 말았습니다. 승아라는 이름의 그 어린 딸을 하늘로 보낸 직후, 그 젊은 엄마는 가슴이 찢어지는 고통을 겪었습니다.

딸을 저 세상으로 떠나보낸 후 날마다 슬픔 속에서 지내던 그녀는, 어느 날 부엌 싱크대의 배출구가 뭔가에 막혀 있는 것을 보았습니다. 그것을 건져 보니… 사랑하는 딸에게 겨우 며칠밖에 먹이지 못한 분유 숟가락이었습니다! 젊은 엄마는 그것을 보고 부엌에 주저앉아 한없이 울었다고 합니다. 그녀는 아직도 그 아픔에서 온전히 회복되지 못했습니다. 그 아픔은 평생 가슴 저 밑바닥에 남아 있을 것입니다.

창세기의 요셉—아버지 야곱에게 있어 가장 사랑하는 아들—이 들짐승에게 찢겨 죽었다고 형들이 보고하는 장면을 기억할 것입니다. 그 소식을 접한 야곱은 입고 있던 옷을 찢고 여러 날 동안 요셉을 위해 통곡했다고 성경은 기록하고 있습니다. 그의 아들들과 딸이 그를 위로하려고 아무리 애써도 전혀 소용이 없었습니다. 그는 위로받기를 거절했던 것입니다. 그가 말합니다. "내가 슬피 울며 지하의 세계(스올)에, 내 아들에게로 가겠노라"고.

야곱은 한 아들을 잃었습니다. 그러나 욥은 열 자녀를 잃었습니다. 그것도 모두 한 날 한시에 잃었습니다.

- 욥의 슬픔과 같은 슬픔이 어디에 있겠습니까?
- 욥이 절절하게 탄식하고 속절없이 원망한다고 욥을 비난할 수 있겠습니까?

"왜 태어날 때 나는 죽어 나오지 않았는가?
왜 어머니의 태에서 나오자마자 없어지지 않았는가?
왜 나는 낙태된 아기처럼 묻히지 않았단 말인가?
왜 나는 빛을 보지 못한 채 죽은 갓난아이처럼 되지 않았던가?
왜 비참함 가운데 있는 한 영혼에게 빛이 비추었단 말인가?
왜 쓰라림 가운데 있던 육체 위에 빛이 비추었단 말인가?
왜 죽기를 그렇게도 갈망하는 자에게 죽음은 주어지지 않았는가?"
라고 말하는 그를 어떻게 비난한단 말입니까.

그러나 좌우간 욥은 살려는 의지를 잃지 않았습니다. 비참한 불길을 끌 방도를 찾아 부르짖기는 했지만, 그는 결코 자살에 이르는 실질적 행보를 취하지는 않았습니다. 그는 살려는 의지를 간직하고 있었습니다. 왜냐하면 그는 하나님을 재판정에 세우기를 원했기 때문입니다. 그는 법정에 하나님을 세우고자 했던 것입니다.

그분이 계신 곳을 알 수만 있다면, 그분의 보좌까지 내가 이를 수만 있다면, 그분 앞에서 내 사정을 아뢰련만. 내가 정당함을 입이 닳도록 변론하련만…(욥 23:3-4).

그는 검찰관처럼 말합니다.
- 나는 그분을 세워 놓고 반대 심문을 하겠다.
- 조목조목 따져 그에게 날카로운 질문을 던지겠다.
- 내가 결백하지 않다는 것을 증명해 보라고 도전하겠다.
- 나는 그분의 부성적父性的이고 자애로운 성격과 그분이 지금 나에게 행하고 있는 일이 어떻게 조화를 이룰 수 있는지에 대해 말씀해 보라고 그분을 다그칠 것이다.

이렇게 하는 것이 정말 가치 있는 일일까요? 그것이 정말 무슨 효력이 있을 것처럼 들립니까?
- 하나님을 법정에 세우겠다는 생각 말입니다.
- 하나님을 심문하겠다는 생각 말입니다.
- 이러한 엄청난 문제로 하나님을 비난하고 고발하겠다는 생각 말입니다.

하나님을 법정에 세우다

그러나 이것은 우리의 전통입니다. 아니, 성경의 전통 가운데 일부분입니다. 엘리 위젤Elie Wiesel이 한번은 *The Trial of God*(법정에 선 하나님)이라는 각본을 쓴 적이 있습니다.[1] 이 극은 1649년 우크라이나의 샴고로드Shamgorod라는 마을을 배경으로 하여 전개됩니다.

이 극에 등장하는 모든 사람은 하나님에 대해 강한 분노를 품고 있습니다. 특히 베리쉬라는 여관 주인의 가슴속에는, 하나님이 이 세상을 다스리는 방식에 대한 불만과 분노가 그대로 담겨 있습니다.

여관 주인 베리쉬에게는 한나라는 이름의 딸이 있었는데, 어느 날 이 딸이 결혼하게 되었습니다. 그런데 결혼식을 준비하는 과정에서 엄청난 비극이 발생했습니다. 그 마을의 모든 유대인이 코사크 족에 의해 살해당한 것입니다! 유일하게 베리쉬와 그의 딸 하나만 살아남았습니다. 그러나 그것이 그들에게 행운을 의미하는 것은 아니었습니다. 딸 하나는 수없이 강간을 당해야만 했고, 아버지 베리쉬는 그 광경을 무기력하게 바라봐야만 했으니까요.

이제 베리쉬는 분노로 미칠 지경이 되었습니다. 그의 분노는 자기 동네 사람들을 살해한 코사크 족뿐만 아니라 그러한 인종 학살을 허락한 하나님을 향해 불타올랐습니다.

그때, 방랑 극단의 단원들 세 명이 베리쉬의 여인숙에 오게 되었습니다. 그들이 이 동네에 온 것은 마을에 사는 유대인들을 위해 부림절 연극 공연을 하기 위해서였습니다. 물론 그들은 마을의 유대인들이 모두 다 살해당했다는 사실을 전혀 모르고 있었습니다.

베리쉬는 그들에게 일이 되어진 자초지종을 이야기했습니다. 그리고 말을 다 마친 후 그들에게 한 가지 제안을 합니다. "자, 이제 여러분은 여기에 왔습니다. 온 김에 좀 더 진지한 연극을 무대에 올려보지 않겠습니까? 제목은 '재판' 입니다. 전능자 하나님, 하늘과 땅을 창조하신 하나님을 재판하는 연극 말입니다. 아무런 죄 없이 죽어 간 마을 사람들의 영혼에 대해 하나님께 책임을 묻는 재판입니다."

그 단원들은 베리쉬의 제안을 받아들였습니다. 재판장 역할은 그들이 맡고 베리쉬는 하나님을 고발하는 역할을 맡았습니다. 베리쉬가 말했습니다.

"연극을 함에 있어서 나는 단 한 가지 조건을 제안합니다. 그것은 내가 극중에서 검찰관이 되는 것입니다. 나는 하나님에게 왜 그가 살해자들에게 힘을 주었으며, 왜 희생자들에게는 수치와 눈물 외에 그 무엇도 주지 않았는가를 직접 따져 물어 볼 것입니다."

떠돌이 연극 단원들은 〈재판〉이란 극을 준비하기 시작했습니다. 그런데 뜻하지 않은 문제가 발생했습니다. 논고할 검찰관은 있는데 피고를 변호해 줄 변호인이 없는 것입니다. 한 연극 단원이 질문 아닌 질문을 합니다. "이 우주 가운데 전능하신 하나님의 사건을 맡을 변호인이 아무도 없단 말인가?"

그때 어떤 낯선 사람이 다가오더니 말했습니다. "내가 하겠소. 내가 하나님을 변호하겠소이다."

몇몇 사람들은 전에 그를 어디선가 본 일이 있다고 했습니다. 그를 처음 보았을 때 인상이 과히 편하지 않았었다는 말도 덧붙였습니다. 그래도 그가 누구인지 정확히 아는 사람은 아무도 없었습니다.

이 이방인은 자신의 정체 알리기를 거절했습니다. 그가 자신에 관해 알린 것은 이름이 샘이라는 것뿐이었습니다. 그런데 샘은 믿어지지 않을 정도의 놀라운 말솜씨를 갖고 있었습니다. 하나님에 관한 사건, 하나님이 세상을 다루시는 방식에 관한 사건에 있어서, 샘이야말로 승소 판결을 얻어 낼 수 있는 유일한 사람이었습니다.

샘은 매우 현란하고 탁월한 변호인이었습니다. 베리쉬가 제기한 모든 논지를 조목조목 반박하는 탁월한 변론 솜씨를 보였습니다. 샘이 법정에 서서 말했습니다.

- 만일 하나님이 우리의 질문들에 대답하지 않기로 작정하신다면, 아마도 거기에는 이유들이 있을 것이다.
- 하나님은 하나님이시다.
- 그의 뜻과 의지는 우리의 의지와는 별개이며 독립적이다.

이것이 그의 변론의 요지였습니다. "하늘이 땅보다 높은 것처럼, 그분의 길은 우리의 길보다 높으며 그분의 생각은 우리의 생각보다 높다"(참조. 사 55:9).

샘은 계속해서 열변을 토합니다. "우리 인간이 할 수 있는 일은 견디는 것이고, 받아들이는 것이고, '아멘' 하는 것이다."

그러자 하나님을 고소하는 역할을 맡은 베리쉬가 혼신의 힘을 다하여 그의 논지를 조목조목 반박하기 시작합니다.

"아니오, 결코 그럴 수 없어요! 하나님이 내 생명을 원하신다면, 하나님, 가져가시오! 하나님이 내 목숨을 바란다면, 하나님 나를 죽여 주시오! 우리 모두를 죽이란 말이오! 나는 이것이 '그의' 잘못이라고 외치고 또 외칠 것입니다. 나는 내 목숨의 마지막 한 줌을 사용해서라도 나의 항변을 온 천하에 알리겠습니다. 나의 마지막 숨을 다 바쳐 나는 나의 항의를 하나님께 외칠 것입니다."

그러나 베리쉬와는 전혀 달리, 샘은 하나님의 뜻에 전적으로 순응할 것을 말합니다. 샘이 법정에 서서 말합니다.

- 나는 하나님의 종입니다.
- 하나님은 세상을 창조하시면서 나에게 의견을 묻지 않으셨습니다.
- 하나님은 그가 원하시는 대로 이 세상을 만드셨고 나를 창조하셨습니다.
- 우리가 해야 할 일은 그를 영화롭게 하는 것이며 그를 찬양하는 것이며 그를 사랑하는 것입니다.

법정은 엄숙하고 조용해졌습니다. 사람들은 할말을 잃었습니다.
그런데 법정은 샘이란 사람이 정말로 누구인지 알고 싶었습니다.

- 그는 성자 聖者 인가?
- 그는 예언자인가?
- 도대체 그는 누구란 말인가?

연극이 진행되면서 샘의 정체가 밝혀집니다. 샘은 사단이었습니다. 샘이 사단이라니!

모순투성이 세상

여기서 우리는 엘리 위젤이 이 극본을 통해 이루려는 것이 무엇인지 인식할 수 있습니다. 위젤이 하고자 하는 바는,
- 우리를 욥의 세계로 이동시키는 것입니다.
- 그리고 하나님의 마음이 어떻게 작동하는지를 욥에게 설명하고 있는 그의 친구들의 세계로 우리를 이동시키는 것입니다.
- 그 친구들이 누구입니까? 그들은 욥에게 "언젠가 모든 일이 정상적이 될 거야!", "언젠가 당신은 뒤를 돌아보며 당신이 겪어야만 했던 모든 고난이 왜 필요했던가를 이해하게 될 거야!"라고 말하는 자들 아닙니까?
- 위젤은 바로 그러한 욥의 친구들의 세계로 우리를 이동시키고 있는 것입니다.

위젤이 말하고 있는 바는, '악'惡이라 불리는 실질적 존재 앞에서 하나님을 변호하려는 모든 인간적 노력들은 적절하지 못할 뿐만 아니라 모두 악마적이라는 것입니다. 하나님의 방식들을 정당화하려고 노력하는 것은 우리가 사단의 일을 하고 있다는 뜻이라는 겁니다.
우리는 기만과 협정을 맺고 있는 것입니다. 왜냐하면,
- 어떤 논리도 이 세상에 있는 고난과 고통을 정당화시킬 수 없기 때문입니다.
- 어떤 논리도 한 어린아이의 죽음조차 정당화시킬 수 없기 때문입니다.
- 어린아이의 죽음을 설명하는 논리가 있다면 그것은 신성모독이기 때문입니다.

삶은 한 쪽에서 바라보면 모순적입니다. 이 세상은 모순투성이입니다. 그러나 모순적인 이 세상은 동시에 여전히 하나님의 세상이기도 합니다. 그리고 하나님은 모순 가운데 거하고 계십니다.

이 말은, 그분을 믿는다는 것이 '결코 쉽게 오는 것이 아니라'는 뜻입니다.

- 하나님은 언제나 신비로 남아 계십니다.
- 하나님의 지혜는 언제나 찾아질 수 없는 것으로 남아 있습니다.
- 하나님의 지혜는 언제나 우리의 선입된 사고를 산산조각 냅니다.
- 하나님의 지혜는 "우리를 위해 이렇게 되는 것이 가장 좋을 거야" 혹은 "일은 이러이러한 방식으로 진행되어야 해"라고 예견하려는 우리의 사고 구조를 철저하게 부서뜨립니다.

여기에 신앙을 위한 유일한 자리가 있습니다. 왜냐하면 신앙은 우리에게
- 도저히 찾아질 수 없는 것들로부터,
- 우리가 모순이라고 부르는 것들로부터,
  - 하나님은 우리를 위한 자신의 목적을 이루어 가신다는 확신을 심어 주기 때문입니다.

신앙은 우리에게
- 좋을 때나 나쁠 때나
- 건강할 때나 병들었을 때나
- 살아있을 때나 죽음에 이르렀을 때에도
  - 하나님은 우리와 함께 그곳에 계시면서 우리 원수들의 목전에서, 인생의 모순들 속에서, 우리를 위해 식탁을 준비하고 계시다는 것을 말하고 있기 때문입니다.

사랑의 하나님,
당신의 사랑이 얼마나 강하고 참된 것인지요!
영원한 당신의 사랑, 그러나 날마다 새롭습니다.
당신의 사랑, 모든 지식과 모든 생각을 넘어서 있기에
이해할 수 없고 붙잡을 수 없습니다.
그러나 우리는 당신 안에 안식합니다.
당신 안에서만 영원한 안전과 영원한 축복을 누립니다. 아멘.

시간 21

시간을 구원하라[1]
에스더 4장 ; 에베소서 5:16

개가 이 모든 일을 알고 그 옷을 찢고 굵은 베를 입으며 재를 무릅쓰고 성중에 나가서 대성 통곡하며 대궐 문 앞까지 이르렀으니 굵은 베를 입은 자는 대 들어가지 못함이라 왕의 조명이 각 도에 이르매 유다인이 크게 애통하여 금식하며 곡읍하며 부르짖고 굵은 베를 입고 재에 누운 자가 무수하더라 에스 녀와 내시가 나아와 고하니 왕후가 심히 근심하여 입을 의복을 모르드개에게 보내어 그 굵은 베를 벗기고자 하나 모르드개가 받지 아니하는지라 에스 명으로 자기에게 근시하는 내시 하닥을 불러 명하여 모르드개에게 가서 이것이 무슨 일이며 무슨 연고인가 알아 보라 하매 하닥이 대궐 문 앞 성중 광장 모르드개에게 이르니 모르드개가 자기의 당한 모든 일과 하만이 유다인을 멸하려고 왕의 부고에 바치기로 한 은의 정확한 수효를 하닥에게 말하고 또 을 진멸하라고 수산궁에서 내린 조서 초본을 하닥에게 주어 에스더에게 뵈어 알게 하고 또 저에게 부탁하여 왕에게 나아가서 그 앞에서 자기의 민족을 위 절히 구하라 하니 하닥이 돌아와 모르드개의 말을 에스더에게 고하매 에스더가 하닥에게 이르되 너는 모르드개에게 고하기를 왕의 신복과 왕의 각 도 백 알거니와 무론 남녀하고 부름을 받지 아니하고 안뜰에 들어가서 왕에게 나아가면 오직 죽이는 법이요 왕이 그 자에게 금홀을 내어 밀어야 살것이라 이 부름을 입어 왕에게 나아가지 못한지가 이미 삼십일이라 하라 그가 에스더의 말로 모르드개에게 고하매 모르드개가 그를 시켜 에스더에게 회답하되 너 에 있으니 모든 유다인 중에 홀로 면하리라 생각지 말라 이 때에 네가 만일 잠잠하여 말이 없으면 유다인은 다른데로 말미암아 놓임과 구원을 얻으려니 네 아비 집은 멸망하리라 네가 왕후의 위를 얻은 것이 이 때를 위함이 아닌지 누가 아느냐 에스더가 명하여 모르드개에게 회답하되 당신은 가서 수산에 다인을 다 모으고 나를 위하여 금식하되 밤낮 삼일을 먹지도 말고 마시지도 마소서 나도 나의 시녀로 더불어 이렇게 금식한 후에 규례를 어기고 왕에게 니 죽으면 죽으리이다 모르드개가 가서 에스더의 명한대로 다 행하니라 … 세월을 아끼라 때가 악하니라

Redeeming The Time

세월을 아끼라. 때가 악하니라.

_에베소서 5:16

모르드개가 이 모든 일을 알고 그 옷을 찢고 굵은 베를 입으며 재를 무릅쓰고
성중에 나가서 대성통곡하며 대궐 문 앞까지 이르렀으니
굵은 베를 입은 자는 대궐 문에 들어가지 못함이라.
…모르드개가 에스더에게 회답하되 "너는 왕궁에 있으니 모든 유다인 중에 홀로
면하리라 생각지 말라. 이때에 네가 만일 잠잠하여 말이 없으면
유다인은 다른 데로 말미암아 놓임과 구원을 얻으려니와
너와 네 아비 집은 멸망하리라. 네가 왕후의 위를 얻은 것이 이때를 위함이 아닌지
누가 아느냐?" 에스더가 명하여 모르드개에게 회답하되
"당신은 가서 수산에 있는 유다인을 다 모으고 나를 위하여 금식하되 밤낮 삼일을
먹지도 말고 마시지도 마소서. 나도 나의 시녀로 더불어 이렇게 금식한 후에
규례를 어기고 왕에게 나아가리니 죽으면 죽으리이다."

_에스더 4:1-3, 13-16

옛날에는 영웅이 있었지만, 오늘날에는 없습니다. 그래서 현대인들은 위대한 영웅의 출현을 그리워합니다. 대부분 사람들의 시야는 좁아져서 터널 비전이 되어 버렸고, 삶의 철학 역시 매우 소시민적이 되어 가고 있는 시대입니다. 사람들은 역설적이게도, 하고 싶은 일이 있어도 막상 할 수 있는 기회가 주어지면 하지 않습니다.

그러면서 고상한 일들이나 가치들이나 덕들을 실현할 수 있는 사람들이 나타나기를 기대합니다. 다른 사람들이 희생을 감수하면서 그런 일들을 이루어 주기를 간절히 희망하는 것입니다. 이렇게 해서 영웅 없는 시대가 된 것입니다.

우리가 읽은 위 본문에는 여러 종류의 인물들이 등장합니다. '커다란 이야기' 속에서 없어서는 안 될, 각기 그 나름대로 중요한 역할을 하는 인물들입니다. 커다란 이야기를 만들어 가는 과정에서 각 사람들은 적극적이거나 소극적인 모습, 혹은 마지못해서 추한 모습으로 참여하게 됩니다. 오늘의 말씀은, 커다란 이야기를 구성함에 있어서 각자에게 찾아오는 기회와 시간들을 사람들이 어떻게 잡고 다루고 취하느냐에 따라 전혀 다른 이야기를 만들어 낼 수 있다는 '삶의 책임'에 대해 말하고 있습니다. 먼저 이야기를 들어 보십시오.

모르드개 : 늙은 유대인 영웅

현대인들에게 있어서 '영웅'이라 하면, 젊고 패기에 차 있고 돈과 권세가 있는 사람으로 생각될 것입니다. 그러나 앞서 우리가 읽은 본문에 등장하는 영웅은 젊은 청년도 아니고 돈 많은 부자도 아닙니다. 그렇다고 세력이 있거나 권력이 있던 자도 아닙니다. 그는 모르드개라고 하는 늙은 유대인이었습니다.

도성 수산에 한 유다인이 있으니 이름은 모르드개라. 저는 베냐민 자손이니 기스의 증손이요 시므이의 손자요 야일의 아들이라. 전에 바벨론 왕 느부갓네살이 예루살렘에서 유다 왕 여고냐와 백성을 사로잡아 갈 때에 모르드개도 함께 사로잡혔더라. 저의 삼촌의 딸 하닷사 곧 에스더는 부모가 없고 용모가 곱고 아리따운 처녀라. 그 부모가 죽은 후에 모르드개가 자기 딸같이 양육하더라(에 2:5-7).

지금 하려는 이야기에서 중요한 인물은 모르드개라는 사람입니다. 그가 중요한 인물인 까닭은 에스더의 친척이기 때문만은 아닙니다. 그가 중요한 인물인 까닭은,
— 그가 바벨론 포로 이전의 이스라엘과 그 후 시대를 이어 주는 사람을 대표하고 있기 때문입니다.
— 그의 삶은 과거와 현재 사이의 전환기를 넘어서 우리에게 다가오고 있으며, 모르드개라는 사람 안에 그러한 살아 있는 연속성이 놓여 있기 때문입니다.
— 그의 삶은 하나님의 커다란 이야기가 어떻게 끊어지지 않고 이어져 나가는지를 보여 주기 때문입니다.

하만 : 비열한 소인배

'부림절'이라는 히브리인들의 절기— 에스더의 이야기를 기념하는 날로 대개 2월이나 3월에 지켜진다— 에는 성경에서 가장 치사하고 간사한 인간

하나가 등장합니다. 아각 부족 출신인 하만이라는 사람이 그입니다. 하만은 유대인들의 조상과 원수지간이었던 부족 자손으로, 관운이 있던 지방 출신 사람이었습니다.

아하수에로 왕이 그를 높여 요즈음 말로 하자면 왕궁의 대변인 자리에 임명한 것입니다. 그뿐 아니라 모든 사람이 그에게 엎드려 절하도록 하는 절대적 권력과 명예까지 하사하였습니다.

여러분은 별 볼일 없는 사람에게 조그만 권력이 주어지면 얼마나 으스대는 줄 잘 아실 겁니다. 작은 권위라도 주어지면 지나치게 잘난 척하고 쇼를 하는 사람이 있지 않습니까. 하만이 바로 그런 위인이었습니다. 그는 자신이 새로운 자리에 앉게 되었다는 사실을 모든 사람이 반드시 알아야 한다고 생각했던 소인배였습니다.

그런 사실을 다른 사람들에게 꼭 알려야만 속이 시원한 그런 비열한 자였습니다. 아마 우리 주변에도 그런 사람들이 있을 것입니다. 경제적·정치적 졸부들뿐 아니라 신앙적 졸부들 말입니다. 성경의 이야기에 따르면, 그 누구도 그 어떤 것으로도 그의 자만과 뽐냄을 만족시켜 줄 수 없었던 것 같습니다.

와스디 : 에스더의 등장을 가능케 한 왕후

본문에 등장하는 조연급 인물이 있습니다. 왕후 와스디입니다. 그녀는 매우 아름다웠으며, 페르시아의 왕후로서 상당한 영향력을 가지고 있었을 것으로 생각됩니다. 한번은 왕이 왕궁에서 대규모 연회를 열었습니다. 무려 180일 동안 연회가 계속되었고, 이 연회가 끝난 후에는 빈부·노소·귀천을 가리지 않고 수많은 사람들을 초청하여 7일 동안 잔치를 베풀었습니다. 술잔은 모두 금잔金盞이었고 왕이 내리는 술은 풍성하였습니다. 그날만은 어전 음주법을 따르지 않았으므로 모든 사람이 자기가 마시고 싶은 만큼 술을 마셨습니다.

술을 마신 왕은 기분이 매우 좋아졌습니다. 그래서 궁전의 내시들한테 명을 내려, 와스디 왕후는 왕후의 관을 쓰고 왕 앞으로 나오라고 하였습니다. 만조백관들 앞에 왕후의 위엄과 미모를 과시해 보려는 팔불출적 의도가 있었던 것 같습니다. 그런데 감히 상상도 할 수 없는 사건이 발생하였습니다. 왕후가 왕 앞에 나오기를 거절한 것입니다. 왕궁에는 대소동이 벌어졌습니다. 모든 사람이 경악하였고, 왕의 심기는 분노로 가득 찼습니다. 왕후가 자기 명령을 어겼을 뿐 아니라 왕으로서의 자기 권위를 형편없이 짓밟았기 때문입니다. 이것은 국가의 기강을 흔드는 무서운 반란 행위였습니다.

법에 밝은 측근 전문가들과 이 일을 논의한 왕은 왕후를 폐위하기로 결심합니다. 그리고 왕후 자리에 앉힐 다른 사람을 선정하기 위해 미인선발대회를 열기로 합니다. 고집스런 와스디 왕후를 대신할 미스 페르시아를 뽑게 된 것입니다.

와스디 왕후의 위엄과 그녀의 독특한 성격이 우리의 영웅 하닷사, 에스더의 출현을 가능케 한 것입니다. 알다시피 에스더 역시 아름답고 수려한 용모를 지니고 있었던 것으로 추정됩니다. 에스더가 왕 앞을 지나갈 때 왕의 눈에 들게 됩니다. 왕은 그녀를 후궁으로 들여놓고 빈嬪으로 삼았습니다. 얼마 후 에스더는 왕후 자리까지 오르게 됩니다. 그러나 에스더는 자신이 유대인이라는 사실을 밝히지는 않았습니다.

에스더 : 민족을 구한 **지혜의 여인**

왕은 에스더를 좋아하였습니다. 그녀가 미모를 지녔고 젊기 때문만은 아니었습니다. 그가 그녀를 더욱 좋아하게 된 것은, 궁중에서 꾸며졌던 왕 시해 사건을 사전에 삼촌 모르드개로부터 듣고 그녀가 왕에게 알려 주었기 때문이었습니다. 왕은 음모의 전말을 밝혀냅니다. 사건에 연루된 일당들을 모두 죽이고 경호실을 강화하였습니다. 그리고 경호실장에 하만이란 사람을 세우게 됩니다.

그리하여 하만의 기세가 더욱 등등해졌습니다. 그런데 모르드개가 하만에게 머리를 숙이지 않은 것이 화근이 되었습니다. 그 일로 화가 난 하만은 모르드개뿐 아니라 페르시아에 사는 모든 유대인에게 복수하기로 마음먹습니다. 그들이 그 문화에 동화되지 않는다는 사실을 보복 이유로 내세우게 된 것입니다.

그 나머지 이야기는 여러분도 잘 아시리라 믿습니다. 하만이 어떻게 유대인들을 죽이려고 음모를 꾸미고 계획을 실행해 나가는지를 말입니다. 사건이 이렇게 되자 모르드개는 자기 민족이 당하게 될지도 모르는 엄청난 불행을 두려워하며 에스더에게 왕 앞에 나가 간청해 주기를 요청합니다.

여기서 이야기의 긴장은 고조됩니다. 메데와 페르시아의 법에 의하면, 왕이 부르기 전에는 왕후도 결코 왕 앞에 나갈 수 없기 때문입니다. 민족 말살이라는 엄청난 음모는 점차 실행에 옮겨져 가고 있는데, 에스더는 왕 앞에 나갈 수 있는 기회를 얻지 못하고 있습니다. 왕 앞에 나간다는 것은 목숨을 건 도박이었고 매우 위험천만한 일이었습니다.

더욱이 왕은 에스더가 유대인이라는 사실조차 모르고 있었습니다. 사실 에스더는 지금 무슨 일이 일어나고 있는지 전혀 아는 바가 없었습니다. 후궁들의 방에서 지내던 그녀로서는 왕궁에서 일어나는 정치적인 사건들에 대해서, 그녀의 민족이 처한 위험에 대해서 들을 수 있는 통로가 전혀 없었기 때문입니다.

그녀의 민족이 위험에 처해 있다는 소식을 접하게 된 것은 그녀의 보호자인 삼촌 모르드개를 통해서였습니다. 그는 그녀에게 왕 앞에 나아가 민족 구원을 간청하라는 부탁을 합니다. 에스더의 입장에서는 '잃을 것'이 많았습니다.
- 왕후로서의 지위와 안전을 잃을 것입니다.
- 그뿐 아니라 유대인이라는 사실이 발각되면 목숨마저도 잃게 될 것입니다.

에스더가 젊고 재능이 많다 해도, 왕이 왕후인 그녀로부터 무슨 정치적 권고를 얻을 수 있겠습니까? 에스더는 그녀의 민족이 당하게 된 불행에 대해 좀 더 많은 정보가 필요했으며, 그러한 불행에서 그녀가 맡아야 할 의무가 무엇인지에 대해 좀 더 설득되어야 했습니다. 그녀는 자신이 그런 일을 감당할 능력이 없다고 설명합니다. 그러나 그녀의 말에 전혀 설득당하지 않는 모르드개는 그녀에게 '네가 갖고 있는 안전이 얼마나 위태로운 것인지 모르느냐'고 말합니다.

너는 왕궁에 있으니 모든 유다인 중에 홀로 면하리라 생각지 말라. 이때에 네가 만일 잠잠하여 말이 없으면 유다인은 다른 데로 말미암아 놓임과 구원을 얻으려니와 너와 네 아비 집은 멸망하리라. 네가 왕후의 위를 얻은 것이 이때를 위함이 아닌지 누가 아느냐(13-14절).

여러 면에서 이 말은 매우 강력한 주장이었고 설득력이 있었습니다. 에스더는 설득되었습니다.

당신은 가서 수산에 있는 유다인을 다 모으고 나를 위하여 금식하되 밤낮 삼일을 먹지도 말고 마시지도 마소서. 나도 나의 시녀로 더불어 이렇게 금식한 후에 규례를 어기고 왕에게 나아가리니 죽으면 죽으리이다.

그러나 에스더는 죽지 않았습니다! 용기와 재치와 지혜를 통해 그녀는 왕의 확신을 얻어 냈습니다. 하만과 그의 일가족을 높은 나무에 매다는 데 성공했습니다. 대학살의 불행에서 그녀의 민족을 구원해 낸 것입니다. 그녀의 삼촌 모르드개가 페르시아의 재상 자리에 오르는 것도 보았습니다. 오늘날까지 유대인들은 부림절을 지킵니다. 부림절은 그들이 당할 뻔했던 대학살에서 구출된 것을 기념하는 절기며, 모르드개와 사랑스런 영웅 에스더를 기념하는 기간입니다.

그러나 우리가 에스더의 이야기를 들으면서 하나님의 '더러운 책략들' 중 하나에 관심을 두거나, 살아남기 위해서는 얼마나 전투적이고 치밀하게 계획을 세워야 하는가 등에 관심을 둔다면 에스더 이야기의 핵심을 잃어버리는 것입니다.

기회 : 갈등과 고뇌의 계절

에스더의 이야기는 '개인적 기회'에 관한 매우 친밀한 이야기입니다. 그리고 축하하고 기념할 만한 점은, 에스더가 자신을 희생 제물처럼 바쳐 이룬 승리라는 사실입니다. 즉 그러한 기회에 직면했을 때, 그것이 자신에게 매우 불리할 수 있음에도 불구하고 그 기회를 받아들여 자기 민족을 위한 구원의 기회로 바꾼 것입니다.

나는 이런 기회가 곧 '갈등'이라고 생각합니다. 에스더 4장 14절과 15절 사이에는 '순간의 안전'과 '장래의 위험' 사이에서 한 개인이 강하게 갈등하는 드라마가 있습니다. 동일한 기회에 직면했던 모세처럼 "내가 누굽니까? 왜 내가 이런 일을 해야 한단 말입니까? 나는 말할 줄 모릅니다. 다른 사람을 보내 주십시오"라고 말했을지도 모릅니다.

'기회'는 여기서 일종의 '계절'입니다. 엄청난 '고뇌의 계절'입니다. 기회는 잔인하고 거칩니다. 왜냐하면

· 기회는 옵니다. 그러나 여러분이 잡지 않으면 그냥 지나가 버리기

기회는 도구입니다. 하나님은 그 도구를 사용하셔서
자녀들을 움직이십니다. 물론 우리는 모든 발걸음을 다 이해하지 못합니다.
그러나 한 가지 분명한 사실은 목적이 있다는 것입니다.

때문입니다.
- 기회는 많은 논의와 토론을 허용하지 않습니다.
- 우리는 기회에 대해 준비하고 있지 않습니다.

아마 여러분은 희랍 신화에 나오는 '기회의 신' 머리 생김새에 관한 이야기를 들어 봤을 것입니다. 앞에서 바라본 '기회의 신'은 머리숱이 대단히 많아 마치 사자의 갈기와 같습니다. 그러나 뒷모습은 대머리의 그것입니다. '기회의 신' 뒤통수는 머리숱이 전혀 없습니다. 다가오는 기회를 붙잡을 수는 있지만 지나간 후에 잡으려면 붙잡을 수 없다는 말입니다.

그렇기 때문에 때때로 기회가 올 때, 기회는 우리에게 '신실한 자기 포기' faithful resignation 라는 응답을 요구합니다.
- 이사야는 연기가 가득한 성전에서 "여기 내가 있습니다. 나를 보내소서"라는 말로써 기회를 붙잡았습니다.
- 에스더 역시 전령을 통해 보내 온 모르드개의 메시지를 들으면서 "내가 왕에게로 가리이다. 규례를 어기고 왕에게 나아가리니 죽으면 죽으리이다"라는 말로써 기회를 붙잡은 것입니다.
- 겟세마네 동산에서 고뇌하시던 예수님도 "내 뜻대로 마옵시고 당신의 뜻대로 하옵소서"라고 하시면서 그분께 온 기회를 붙잡은 것입니다.

본문은 '기회'에 관한 내용입니다. "네가 왕궁의 높은 지위에 오른 것이 바로 이때를 위함이 아닌지 누가 알겠느냐?" 이러한 질문은 아마 다양한 형태로 여러분의 귓가에 새롭게 들려질 것입니다.
- 당신에게 물질적 축복이 주어진 것이 바로 이때를 위함이 아니겠습니까?

- 당신이 공부하여 학위를 받는 것이 누구를 위함입니까? 바로 지금 하나님 백성의 구원을 위함이 아닙니까?
- 당신이 지금 누리고 있는 지위와 명예는 당신의 안위만을 위한 것입니까?
- 시간과 재능과 재물과 건강이 주어진 것은 바로 이때를 위함이 아닙니까?

모르드개처럼 좋은 유대인의 마음에는, 즉 자신들에게 뿐만 아니라 자신들의 조상을 향한 하나님의 섭리를 알고 있던 좋은 유대인의 마음에는, 기회는 결코 변덕스럽게 오는 우연이 아니었습니다.

기회는 도구입니다. 하나님은 그 기회라는 도구를 사용하셔서 자기 자녀들을 움직여 가십니다. 물론 우리는 매순간, 모든 발걸음을 다 이해하지는 못합니다. 그러나 한 가지 분명한 사실은 목적이 있다는 것입니다. 그리고 그 목적은 적당한 시간, '꼭 맞는 시간'에 반드시 나타난다는 것입니다. "누가 알겠는가? 네가 왕후의 위를 얻은 것이 이때를 위함이 아닌지 누가 아느냐?"

우리의 시간을 하나님의 시간에 맞추는 일이 필요합니다. 우리의 시계를 하나님의 시계에 맞추는 지혜를 배워야 할 것입니다. 그런데 우리는 우리 방식대로 시간을 잽니다. 그리고 그러한 틀 안에서 하나님이 움직여 주시기를 소원합니다. 그러나 하나님이 자신의 일을 이루어 가시는 시간표는 우리의 것과는 전혀 다를 수 있습니다.

사람들은 '크로노스'에 대해 관심이 많습니다. 물리적 시계로 잴 수 있는 시간표 말입니다. 그러나 하나님의 시간은 '카이로스'입니다. 하나님이 자신의 계획에 따라 우리의 삶 속으로, 인간의 역사 속으로 들어오시는 시간이 카이로스입니다.

그래서 우리는 에스더에게 던져진 질문에 다시금 귀를 기울여야 합니다. "누가 알겠는가? 네가 왕후의 위를 얻은 것이 이때를 위함이 아닌지 누가 아느냐?"

우리가 지금 여기 있는 것은

미국 동부 플리머스에 살았던 한 여인에 관한 옛날 이야기입니다. 아흔 살이 된 이 할머니에게 이제는 너무도 유명해진 질문을 던졌습니다. "당신은 누구에게 그렇게도 긴 세월을 빚지셨습니까?" 대답은 "시간에게요"였습니다.

정말로 그렇습니다. 우리는 시간에 빚을 지고 있습니다. 우리가 갖고 있는 것은 시간이 전부이기 때문입니다.

아흔 살의 이 할머니, 미니 여사 Miss Minnie 는 이렇게 말했습니다.

주님께서는 그렇게도 길고 긴 세월 동안 나를 보살펴 주셨습니다. 추측하건대 하나님께서는 아직도 내가 하기를 바라는 그 무엇인가를 갖고 계신 것 같습니다. 그래서 나는 지금도 그것이 무엇인지 발견하려고 애쓰고 있습니다.

이 의미를 좀 더 코믹하게 처리한 문구가 있습니다. "하나님이 나를 이 땅에 보내신 것은 일정 양의 일을 성취하도록 하기 위함입니다. 그런데 나는 아직도 멀었습니다. 그 할당된 일들을 다 이루려면 아마 한 없는 세월이 필요할 것입니다. 그러니 내가 죽을 수 있겠습니까? 나는 죽지 않을 것입니다!"

미니 여사처럼 나도 확신합니다. 하나님이 여기에 우리를 세워 주신 것은 시간을 구속하여 그분의 뜻을 이루도록 하기 위함입니다.

· 우리는 18세기나 19세기에 있지 않습니다. 우리는 지금 여기에 있

습니다.
- 우리는 2세기 성경의 땅에 있지도 않습니다. 우리는 지금 여기에 있습니다.

우리는 여기에 있습니다. 옛 시대의 남자와 여자들이 그들만의 장소와 목적을 갖고 있었던 것처럼 우리도 장소와 목적을 갖고 있기 때문에 여기에 있는 것입니다.

가정사에서도 마찬가지고 교회 역사에서도 마찬가지입니다. 우리가 직면하고 있는 여러 가지 사건들은 결코 우연히 오는 것이 아닙니다. 세상 사람들은 우연이라 부르지만 우리는 보이지 않는 하나님의 손길이라고 믿습니다. '섭리'에 대한 믿음이 이것입니다. 따라서 우리에게 온 기회를 구속과 희망을 위한 기회로 삼아야 할 것입니다.

하나님의 섭리에 대한 믿음은 우리로 하여금 먼 곳을 바라보게 합니다. 하나님의 위대한 이야기 전개 속에 내가 속해 있는 장場들을 바라보게 합니다. 하나님의 섭리에 대한 신앙은 이 세상에 발생하는 모든 일이—그것이 비와 가뭄이든, 풍년과 흉년이든, 건강과 병고이든, 부유함과 가난함이든—결코 우연에 의해 일어나는 게 아니라 하나님 아버지의 따스한 돌봄의 손길로부터 시작돼 우리에게 온다는 것을 온몸으로 아는 것입니다.

그리고 보이지 않는 하나님의 손길에 대한 신앙은 우리에게 커다란 용기와 위안을 줍니다. 하이델베르크 신앙교육서가 감동적으로 가르쳐주듯이(주의 날, 제10주일), 우리가 하나님의 창조와 섭리에 관한 것을 알게 됨으로써 얻어지는 유익은 다음과 같습니다.

역경이 올 때 인내할 수 있고 형통할 때 감사할 수 있으며, 장래에 관하여서 우리는 우리의 신실하신 하나님 아버지를 굳게 믿음으로써 아무것도 우리를 그분의 사랑으로부터 갈라놓을 수 없게 된다는 것입니다. 또한 모든 피조물이 온전히 그분의 손안에 있기 때문에 그분의 뜻이 아니면 우리가 뜻대로 움직일 수도, 움직여질 수도 없다는 것입니다.

이 말보다 에스더의 일생을 잘 표현한 구절이 어디 있겠습니까? 냉소주의가 지혜를 대신하는 시대에, 우리는 하나님이 보여 주신 이상理想을 실현하는 일꾼으로 부르심 받은 것입니다. 어떤 이상입니까? '구속적인 기회', 다시 말해서 기회를 통하여 구원을 이루는 일을 추구하는 이상은 우리에게 강력한 삶의 에너지를 제공할 것입니다.
그러한 에너지는 지나가는 시간을 그냥 쳐다보는 수동적인 방관자가 아니라, 그 시간들을 돈 주고 사서 구속하고 미래를 만들어 가는 능동적인 자들이 되어 가도록 한다는 사실입니다. 그러한 이상주의는 내면적인 힘을 요구합니다. 그러한 내적 힘을 가질 때에 우리는 우리의 경건한 기회를 만날 수 있는 것입니다.
어떤 시인 Maltbie Davenport Babcock 의 감동적인 기도를 들어 보십시오.

강하십시오.
우리가 여기에 있는 것은
놀고 꿈꾸고 이리저리 떠다니기 위해서가 아닙니다.
우리는 열심히 해야 할 일들이 있습니다.
들어 올려야 할 짐들이 있습니다.
갈등을 떨쳐 버리지 마십시오.
직면하십시오. 그것은 하나님의 선물입니다.

강하십시오.

이 세상의 날들이 악하다고 말하지 마십시오.
누구를 원망하겠습니까?
손을 접고 마지못해 하는 것,
그것은 수치입니다.
하나님의 이름을 갖고 일어나십시오.
그리고 용감하게 크게 외치십시오.

강하십시오.
얼마나 좋지 못한 것들이
우리의 삶 속에 깊이 잠식했는가는 별로 문제가 아닙니다.
아무리 전투가 힘들게 전개되어도
아무리 전투의 날이 길게 느껴진다 해도
낙심하지 마십시오. 계속해서 싸우십시오.
내일 우리는 승리의 노래를 부를 것입니다.

"당신이 바로 이 시기에 왕후에 자리에 오른 것이 바로 이때를 위함이 아닌지 누가 알겠는가?" 아멘.

에필로그

쉼표가 있는 삶

음악회에 가 본 사람이면 공연 중간에 Intermission이란 시간이 있다는 것을 압니다. 피아노 연주장에서 있는 일입니다. 관객은 기대와 흥분으로 피아니스트의 신들린 듯한 라흐마니노프 피아노 협주곡 2번 C단조 연주에 몰입합니다. 피아노 건반을 격렬하게 두드리는 연주가의 얼굴은 상기되고 구슬땀이 송송 맺힙니다. 세 번째 악장의 마지막 소절이 장엄하게 끝을 맺습니다. 관객들은 기립 박수를 치며 열광합니다.

그리고 관객들은 일어나 삼삼오오 어디론가 갑니다. Intermission 시간이 된 것입니다. 연극에서는 막간幕間이라 불립니다. 악보로 치자면 휴지부休止符입니다. 악보에서 소리를 내지 않고 쉬는 사이를 나타내는 표를 말합니다. 이 중간 휴식 시간은 연주하는 사람에게나 객석에 앉아 있는 관람자들 모두에게 잠시 동안 기쁨과 여유를 주는 시간입니다. 연주가의 입장에서 이 시간은 긴장으로 굳어진 온 몸을 넉넉하게 이완시키고 풀어졌던 스트링을 다시 조이며 심호흡을 하면서 후반부 연주를 준비하는 시간이기도 합니다.

관객 역시 별반 다르지 않습니다. 잠시 로비에 나와 연주된 음악에 대해 친구들과 가벼운 담소를 나누거나 아니면 화장실에 다녀오는 시간입니다. 그리고 종이 울리면 그들 모두 서서히 어두워지는 공연장의 음악 세계로 들어갑니다. 치밀하고 열정적인 연주가 다시 시작됩니다.

호흡을 고르는 전환의 기호

국어 문장에도 다양한 기호표가 사용됩니다. 느낌표, 물음표, 마침표, 쉼표 등이 그것들입니다. 놀라움이나 감탄을 나타낼 때, 그것을 말로 다 표현하지 못하고 긴 여운과 함께 전하고 싶을 때 우리는 느낌표(!)를 사용합니다. 겨울밤 저 멀리 떠 있는 수천 수만 개 별들을 보면서 우리는 광활 광대한 우주의 신비와 그것을 만드신 창조주 하나님께 경이와 경탄으로 반응합니다.

이리저리 생각해 봐도 이해가 되지 않을 때, 수수께끼 같고 의문 나는 일들이 있을 때 우리는 물음표(?)를 사용합니다. 그렇게 광활 광대한 우주 속에서 사람이 무엇이기에 하나님은 사람을 기억하시고 찾아오시는지 도무지 이해가 되지 않아 겸허하게 질문합니다. 아니면, 이 세상은 왜 이렇게 부조리와 고통이 가득 할까 하고 질문합니다.

또 때로 확신에 찬 주장을 하고 싶을 때, 아니면 하고 싶은 이야기를 다 마칠 때 우리는 종지부라 불리는 마침표(.)를 찍습니다. 그리고 연필을 가지런히 책상에 놓습니다. 이런 기호들은 사람들의 눈에 쉽게 띕니다. 물음표, 느낌표, 마침표 등은 잘 알려진 '유명' 한 기호들입니다.

그러나 사람들의 눈에 별로 띄지 않는, 그러나 이것이 없으면 숨이 차서 죽게 될 수도 있는 표가 있습니다. 쉼표(,)입니다. 호흡을 고르고 그 다음으로 넘어가기 위한 전환의 기호입니다. 쉼표는 언제나 그렇듯이 경탄하지도, 대들지도, 종지부를 찍듯 단호하지도 않습니다. 그러나 쉼표가 없는 삶은 언제나 큰소리, 요란, 다툼, 미움, 열정, 뜨거움들로 가득합니다. 그리고 그렇게 사는 삶은 결코 삶일 수 없을 것입니다.

하나님의 선물

쉼표는 하나님이 사람을 위해서 만드신 특허품입니다. 팽팽하게 이어지는 리듬의 세계에서 휴지부는 청중의 숨을 고르게 하고, 그 다음 계곡으로 넘어가도록 이끄는 줄이 됩니다. 하나님은 일과 일 사이에 반드시 쉼표가 있도록 만드셨습니다. 소위 '창조 질서' creation order 라 부르는 것이 그것입니다. 엿새 일하고 하루 쉬고, 다시 엿새 일하고 하루를 쉬는 삶의 패턴은 선한 창조 세계에 속한 에덴의 리듬입니다.

그러나 곰곰이 생각하면 일하고 쉬는 것이 아니라 쉬고 일하는 것이 에덴의 원형적 리듬입니다. 최초의 인간, 우리 할머니와 할아버지는 이 세상에 태어나서 먼저 하나님의 휴지부를 누리는 특권을 가졌습니다. 그들이 만난 최초의 날은 하나님이 안식하는 날이었기 때문입니다. 그러므로 '일과 쉼의 리듬'이 아닌 '쉼과 일의 리듬'이 에덴 동산의 리듬이었습니다. 그러나 불행하게도 '에덴 동편'에 사는 사람들은 쉼과 일의 리듬을 뒤집어 일과 쉼으로 바꾸어 놓았습니다.

  결국 쉼은 일에 대한 보상으로 인식하게 되었다는 말입니다. 그들은 쉬려고 일하는 것이지 쉬고 일하는 것이 아닙니다. 다시 말해 에덴의 동편에서는 언제나 안식과 샬롬이 인간의 노력의 대가로 자리 잡게 되었다는 말입니다. 그러나 에덴 동산에서는, 안식과 쉼과 샬롬이 언제나 신의 선물로 주어진 것이지 결코 인간의 노력으로 갖게 되는 것이 아니었습니다.

모세와 엘리야의 경우

  에덴 동쪽에 사는 우리들은 종종 삶의 리듬 가운데 '쉼표'의 의미를 새롭게 조명해 봐야 할 필요가 있습니다. 먼저 구약과 신약을 통틀어 삶에서의 휴지부는 어떻게 이해되는가를 살펴보기로 합시다. '어느 때가 마침표가 아니라 쉼표인가? 어느 때가 느낌표가 아니라 휴지부인가?' 이런 시간을 정확하게 판독하는 일은 쉽지 않습니다. 그래서 우리는 다시금 성경의 가르침에 귀를 기울입니다.

성경에서는 종종 모세와 엘리야와 예수님을 함께 언급하곤 하는데(마 17:3; 막 9:4; 눅 9:30) 이는 율법과 선지자로 대표되는 구약과 예수님의 사역으로 대표되는 신약을 총칭하는 표현구입니다. 먼저 구약의 대표적 사역자로 꼽히는 모세와 엘리야의 경우, 그들의 삶에 있어서 어느 때가 휴지부였고, 그 휴지부는 무엇을 위한 쉼표였는가를 살펴보기로 합시다.

미디안 광야의 모세

모세의 경우, 미디안 광야에서의 삶이 일종의 쉼표였습니다(출 2-3장). 길 가는 나그네가 주막에서 쉬었다 가는 것과 같은 시간이었습니다. 물론 그는 그렇게 생각하지 않았을 것입니다. 애굽에서의 영화와 권세의 정상에서 추락한 그에게는 초라한 광야 생활이 마침표였지 결코 쉼표일 수 없었습니다. 그에게 광야 시기는 실패와 분노, 야망과 체념의 기간이었습니다. 그런데 문제는 하나님은 그렇게 생각하지 않으셨다는 데 있습니다. 그를 부르시고 새로운 사명에로 이끌기 위한 쉼표의 시간이었습니다. 결코 무익하거나 쓸데없는 헛된 시간이 아니었습니다.

그에게는 휴지부가 필요했던 것입니다. 그리고 그는 이전에 결코 경험하지 못했던 일상의 놀라운 경이를 바라보도록 요구되었습니다. 그는 광야에서 영혼의 눈을 뜨는 시간을 보내게 된 것입니다. 양떼를 돌보는 일, 자녀를 낳고 양육하는 일, 가사를 돌보는 일, 초지를 찾아 이리저리 이동하는 일, 야생화를 보고 생명의 강인함을 배우는 일, 밤하늘의 별들을 보고 희망을 갖는 일, 비를 맞고 천막을 세웠다가 접는 일 등 그가 전에 한 번도 경험하지 못했던 인간적인 일들을 체험하게 됩니다.

그리고 지극히 일상적인 그러한 삶을 보내는 동안, 그는 장차 올 하나님의 위대한 사역을 위해 준비되고 있었습니다. 물론 그는 그런 생각일랑 꿈에도 하지 못했을 테지만 말입니다.

대림절은 우리로 하여금 소명과 사명의 의미를 깨우치게 하는 시간들로 유용하게 사용될 수 있습니다. 영혼의 개안開眼이 필요한 때입니다. 자신의 칼과 창으로, 자신의 힘과 능력으로 하나님의 나라를 이룩

할 수 있다는 빗나간 열정과 유약한 망상을 버릴 때입니다.

호렙 동굴의 엘리야

광야에 도망자의 신세로 서 있던 엘리야의 이야기는 우리들에게 또 다른 귀중한 교훈을 가르쳐 줍니다(왕상 19장). 즉 업적과 성취 지향적이고, 결과 중심적인 문화 속에 살고 있는 우리들에게, 엘리야의 이야기는 실패가 성공의 반대 개념이 아니라 오히려 성공의 결과일 수 있다는 사실을 가르쳐 주고 있습니다. 물론 엘리야가 '성공' 했었다는 사실은 아무도 의심하지 않습니다.

그보다 더 위대한 불의 사자가 어디 있으며, 그보다 더 열정적이고 역동적인 하나님의 사람이 어디 있습니까? 그의 메시지는 쉬지 않고 흘러내리는 용암과 같았고, 대낮의 하늘을 가로질러 비취는 섬광과도 같았습니다. 그가 일구어 낸 업적은 모든 예언자들이 그렇게도 성취하기 바랐던 그런 것이 아니었습니까?

그런 그가 이제는 이세벨의 서슬 퍼런 체포령 때문에 도망자의 신세가 되어 광야에 있습니다. 탈진했고 분노하고 있습니다. 성공 뒤에 찾아온 실패에 대해 깊은 좌절을 느낀다면, 이것은 역으로 그 성공은 자신이 이룬 업적이라고 생각하고 있다는 것을 반영합니다. 그는 광야와 동굴에서 "내가 지금 누구의 일을 하고 있는 것일까?" "누가 누구를 업고 가는가?"라는 중대한 신학적 질문을 하게 됩니다.

다시 말해 "내가 하나님의 사역을 하는 것일까?" "하나님은 자신의 사역을 하시는 것일까?" "내가 하나님을 등에 업고 가는 것일까? 아니면 하나님이 나를 업고 가시는 것일까?" 등의 질문을 합니다. 만일 대답이 "내가 지금 하나님의 일을 하고 있는 것이야!" "내가 하나님을 엎고 가는 중이야!"라고 한다면, 그는 자신의 소명과 사역의 본질을 옳게 규정한 것도, 똑바로 정의한 것도 아닙니다. 다른 비유를 들자면, 우리는 하나님의 목장에서 일하는 목동들인가 아니면 우리 자신들이 목장주인가 하는 문제와 같습니다.

그러므로 광야와 동굴의 경험은 일종의 휴지부로서 자신의 사역을 돌이켜보고 반성하는 기회입니다. 성공 지향적이던 엘리야에게 하나님은 광야와 동굴에서의 경험을 통해 자기 성찰과 회개, 그리고 새로운 사명을 얻는 기회를 주신 것입니다. 시간적으로 뿐만 아니라 실존적으로 우리는 동굴의 경험이 필요합니다.

정글의 법칙에 따라 사는 이 세상에서는, 교회마저도 약육강식의 원리나 천민자본주의적 경제 원리에 따라 움직이곤 합니다. 그러다가 성공과 실패를 맛보았다면 스스로 가택 연금 시켜서라도 동굴과 광야의 경험을 해야 할 것입니다. 그리고 그러한 시간들이 결코 삶의 마침표가 아니라는 사실을 기억해야 할 것입니다. 그 시간들은 쉼표입니다. 적어도 하나님의 문법에 의하면 그렇습니다.

유대 광야의 예수님

예수님의 경우는 어떠할까요? 그분에게는 어떤 종류의 쉼표가 있었을까요? 예수님은 40일 동안 광야에 홀로 계셨습니다(마 4:1-11; 막 1:12-13; 눅 4:1-13). 모래와 바위 틈에 사는 조그마한 곤충들, 들짐승들과 함께 40일 밤낮을 지내셨습니다. 그분은 그곳에서 광야가 어떻게 에덴 동산이 되는지를 바라보셨습니다. 그분은 40일 동안 심각한 훈련을 받으셨습니다. 죽음이 가득한 광야가 어떻게 경이로운 생명으로 가득 찬 낙원으로 변해 가는지를 배우신 것입니다. 그 사실을 깨달으셨을 때, 예수님은 사역을 시작하셨습니다.

광야에 있는 동안 그는 온갖 들짐승들과 곤충들과 함께 지내셨습니다. 마치 낙원에서처럼 말입니다. 그렇게 하심으로써, 그는 광야가 낙원으로 변한다는 것을 몸소 배우셨던 것입니다. 그리고 그 후에야 공적 公的인 하나님 나라 사역을 시작하시게 됩니다.

40일 간의 명상—들의 꽃들을 보고, 하늘의 해와 달과 별과 구름을 보고, 지저귀는 새들을 보고, 모래성을 쌓는 개미들을 보고, 자기 곁에 와서 조용히 앉는 들짐승들을 보고—을 통하여 그분은 삶의 가장 중요한 것을 배우신 겁니다. 피조물들이 각기 나름대로 '살고 있다'는 자체가 신비이며, 이러한 삶의 신비에 대한 경탄이야말로 하나님께로부터 온 선물이라는 사실을 말입니다.

그러나 그분은 이렇게 이미 아신 것을 항상 다시 배우셔야만 했습니다. 다시 말해, 40일 간의 광야 생활에서 배웠던 것을, 그분은 '명상의 훈련'을 통해서 다시 배우셔야만 했습니다. '사역과 명상의 교차적인 리듬으로 특징지어진 삶을 통하여' 다시 배우셔야만 했습니다. 예수님의 삶의 비밀은 사역 기간 뒤에 이어지는 명상의 기간들 안에 있습니다. 사역 기간 후에 명상의 기간, 명상 기간 후에 사역의 기간!

이러한 삶의 리듬이 예수님 삶의 비밀이었습니다. 복음서가 제시하고 있는 예수님에 관한 상像은, 가르침과 휴식 사이를 끊임없이 오가는, 치유와 기도 사이를 부단히 오가는 한 사람의 모습입니다. 하나님의 아들이신 그분에게도 쉼표가 있었습니다.

기도의 삶

변화산에서 일어났던 사건을 기억해 보십시오. 예수님이 산에서 내려오실 때, 어떤 소년이 발작으로 고생하는 것을 보시게 됩니다(마 17:14-18; 막 9:14-27; 눅 9:37-43). 제자들이 그 아이를 고치려 했지만 고칠 수 없었습니다. 새로운 능력으로 채워지신 예수님이 더러운 영에게 그 소년의 몸에서 나오라고 명령하자 나왔습니다. 후에 제자들이 물었습니다. "왜 우리는 악한 영을 쫓아내지 못합니까?" 예수님이 그들에게 대답하셨습니다. "이러한 더러운 영을 쫓아낼 수 있는 방법은 기도 외에 없다."

이제 궁금한 사실은 이것입니다. 이 이야기 안에는 예수님이 귀신을 쫓아내시기 전에 기도 드렸다는 언급이 없다는 것입니다. 존 킬링거 John Killinger 라는 학자는 그의 저서 *Bread for the Wilderness*(광야를 위

한 떡)에서 다음과 같이 매우 특이한 사실을 말합니다.[1]

그에 의하면, 복음서에 실려 있는 거의 모든 '기적 이야기들'에는 기도에 관한 언급이 전혀 없다고 합니다. 다시 말해, 기적 이야기들에는 예수님이 기적을 행하시기 바로 직전에 기도하셨다는 언급이 전혀 없다는 것입니다. 그런데도 예수님은 기도 외에는 이런 일을 할 수 없다고 말씀하셨습니다. 그렇다면 이것은 무엇을 의미하는 것일까요? 그분이 제자들과 우리들에게 하시려는 말씀은, "너희는 '기도의 틀' 안에서 살아야 한다. 그럴 때에만 이러한 일들을 할 수 있는 능력을 얻게 될 것이다"라는 것입니다.

예수님의 삶의 능력은 훈련된 명상으로부터 온 것입니다. 마치 훈련받듯이, 지속적으로 명상하는 삶을 살아야만 진정한 능력을 얻게 된다는 말입니다. 규칙적인 명상의 시간들을 가져야 한다는 말입니다. 크리스첸들의 삶의 능력 역시 이와 동일하게 옵니다. 현장에서 즉흥적으로 드리는 기도로부터 능력이 오는 것이 아니라, 훈련된 기도 생활을 통해서 능력이 온다는 말입니다.

그렇습니다. 이러한 기도로 돌아갈 때, 경이와 기적도 함께 돌아옵니다. 왜냐하면, 하나님이 우리를 온전히 녹이시고 새로운 틀로 만드신 후 그 속에 가득 채우셔서 우리를 사용하실 때, 비로소 우리의 눈은 이전에 보지 못했던 기적들을 보게 될 것이며, 우리의 삶은 경이와 기적에 대해 매우 예민하게 인식하게 될 것이기 때문입니다. 그때에야 비로소 우리는 기적과 경이에 대한 깨달음의 기쁨을 누리게 될 것입니다.

하늘을 보라

예수님이 말씀하십니다. "들판에 피어 있는 야생화들을 보아라. 그리고 어떻게 자라는가 생각해 보아라. 시간을 내어 들꽃들의 신비와 아름다움을 마음에 새겨 보아라. 그러면 너희는 새로운 방식으로 세상을 바라보게 될 것이다."

불행하게도 진부하고 정형화된 사역자들은 기적과 경이로움에 대해 너무나 눈멀게 되었습니다. 아주 무감각해진 것입니다. 반면에 우리의 시대가 제공하는 예민한 자극은 마치 고압선 전류와 같아서 우리의 감각을 완전히 무디어지게 합니다. 텔레비전, 하드 록 음악들, 제트 비행기들, 콘크리트로 된 도시 정글, 초고속 정보 통신망들, 공기 오염, 귀를 멍하게 하는 온갖 광고들….

그뿐입니까? 교회와 교계 역시 지독한 병을 앓고 있지 않습니까? 교회 지상주의, 교파주의와 교권주의, 물량적 성장제일주의, 타락한 교계 선거, 학벌 지향적 목회자, 망국적 지방색과 파벌 의식, 교회 안의 계급주의적 제도, 행사 위주의 교회 프로그램, 일부 몰지각한 종교 지도자들의 부도덕성, 헐리우드적 목회관, 목회자 영성의 황폐화, 카리스마적 지도자에 의한 교회의 사교화私敎化, 교회의 대 사회적 신뢰도의 추락 등등.

이러한 것들은 우리의 신앙과 삶을 먹어치워 버리는 무시무시한 공룡이 되어 가고 있습니다. 동시에 그것들은 우리에게는 너무도 당연시 여겨지는 친숙한 동무가 되었습니다. 그래서 사람들은 그것들을 아주 당연한 것으로 받아들이며 살아가고 있습니다. 그러다 보니, 기적과 경이로움, 현란한 복음은 점차로 우리의 삶 가운데서 사라지게 되었습니다. 더 이상 목이 메는 감격을 느끼지 못하며 살게 되었습니다. 더 이상 들판의 꽃들을 보고도 단아한 눈물을 흘리지 않게 되었습니다. 영원에 대한 목마름도 없어졌습니다. '본래적 삶'을 잃어버린 것입니다.

그러므로 어떠한 방식으로든지 우리에게 찾아오는 하나님의 쉼표에 대해 기꺼이 받아들이고 누립시다. 쉼표를 갖는 일은 복된 일입니다.

사역에 있어서 전환점이든 휴식 시간이든, 아니면 시간적으로 한 해의 마지막에 서 있든, 사역자는 이 기간에 과거와 현재와 미래를 잇는 가교를 다시 그려 보아야 할 것입니다.

과거와 현재와 미래 사이에 존재해야만 하는 일관된 선線을 발견하지 못한다면 사역은 의미를 상실하기 때문입니다. 사역을 시작하게 했던 분명한 신적 소명이 지금 현재에도 흐려지지 않고 분명한가, 그리고 그 순수한 형태의 소명은 지금도 목회 사역을 이끌어 가는 동력이 되고 있는가 자문해 보십시오. 하나님은 사역자들의 쉼표를 사용하여 과거를 기억하게 하시고 현재를 바라보며 미래를 기대하게 하실 것입니다. 한 시인의 권고를 음미해 보십시오.

자, 주님이 얼마나 은혜로운지 맛보십시오.
보십시오, 들어 보십시오,
우주를 가로질러 가득한 은하계와 같은 그분의 환희의 뇌성을,
대지 위로 솟아오르는 풀들의 속삭임을,
연인들의 속삭이는 소리를,
친구들이 서로 인사하는 소리, 재잘거리는 웃음소리를,

기쁨의 만남과 나눔, 그리고 노래 소리를,
새로운 삶을 가져오는 치유의 소리들을…,
자, 주님이 얼마나 은혜로운지 귀를 기울이십시오, 맛보십시오.

주

프롤로그

1. Walther Brueggemann, *Finally Comes The Poet: Daring Speech for Proclamation*(Minneapolis: Fortress Press, 1989), p. 1.

2. 종종 '말' 혹은 '언어'로 번역되는 히브리어 단어인 '다바르'(דָּבָר)는 '사건', '일', '역사'라는 의미도 갖는다. 그래서 '언어—사건'(word-event)이라 부를 수 있다. 이에 대한 가장 좋은 예는 창조 기사에서 하나님께서 '말씀' 하시자 곧 창조라는 '사건'이 실현되었던 경우를 들 수 있다. 참고로, 하나님의 말씀은 결코 헛되이 않고 반드시 사건화 된다는 사실을 아름다운 시로 표현한 이사야 55:10-11을 묵상해보라.

3. Frederick Buechner, *Telling Secrets: A Memoir*(San Francisco: Harper-Collins, 1991), pp. 35-39.

4. "Pointer for Preaching" by Frederick Buechner, 2004년 4월 22일에 미국 칼빈신학교에서 행한 강연 테이프 중에서.

5. 뷰크너는 최근에 낸 '문학과 신앙의 관계'에 대한 한 저서의 제목을 이렇게 붙였다. Frederick Buechner, *Speak What We Feel, Not What We Ought To Say: Reflections on Literature and Faith*(New York: HarperSanFrancisco, 2001).

1장

1. NRSV = New Revised Standard Version("Great Sea Monsters"); NEB = New English Bible("Great Sea-beasts"); JPS = Jewish Publication Society("Great Sea Monsters").

2. '우주'(宇宙, cosmos)라는 말로 대표되는 창조 세계 전체와 이스라엘이 광야에서 건립한 '성막'(후에 '성전', temple) 사이에는 모형적인 유비(類比, analogy)가 있다. 성전은 에덴동산을 연상하게 한다. 스랍들, 종려나무, 청색 하늘빛, 조화로운 예식, 제사장들의 사역 등이 그렇다.

3. 참조. 류호준, 「장막치시는 하나님을 따라서」(서울: 이레서원, 2001), pp. 26-28.

4. 이 찬송은 오스트리아의 작곡가 하이든(Franz Joseph Haydn, 1732-1809)의 유명한 오라토리오 "천지창조"(1798년) 제12번에서 발췌한 것이다.

5. 참고로, 벨기에 신앙고백서(Belgic Confession)는 하이델베르크 신앙교육서(Heidelberg Catechism), 돌트 신경(Canon of Dort)과 더불어 유럽 개혁신학의 전통에 있는 교회들이 공인된 신앙 표준 문서로 받아들이고 있다.

2장
1. 한글 성경은 '복의 근원'이라고 번역했지만 히브리어 원문은 '복'(ברכה, '베라카')이다. 다시 말해 "너는 복이 될 것이다"가 직역이다.
2. 아브라함의 소명과 선택의 관계에 대해서는 존 스택의 「구약신학: 본문과 해석」, 류호준 편역(서울: 솔로몬, 2000), pp. 135-40 ("구약에서의 구원, 정의 그리고 해방"). "아브라함의 이름이 이 땅에서 위대하게 될 것이라는 말씀은 그에 대한 하나님의 소명에 의해 실현되는 것이다"(p. 137).
3. 요셉의 사명을 아브라함의 소명과 연결하여 설명하는 존 스택 교수의 말을 들어 보자. "우리는 요셉 사이클을 전개해 나가고 있는 설화자가 열방 민족의 운명이 이스라엘의 아들 요셉에 달려 있음을 보여 주는 데 주의하고 있음을 더욱 더 주목해야 한다. … 요셉 사이클은 이스라엘의 아들 요셉을, 하나님의 섭리적인 역사하심과 그 하나님에 대한 신실한 믿음에 의해 열방의 복의 근원이자 아브라함의 이름이 땅 위에서 위대하게 되도록 하는 바로 그 아브라함의 한 씨로 묘사되고 있다는 것은 의심할 여지가 없다." 존 스택, 「구약신학: 본문과 해석」, 류호준 편역 (서울: 솔로몬, 2000), p. 139.

3장
1. 이런 관점을 집요하게 파헤쳐 나가며 창세기를 이해하려는 노력으로는 월터 부르그만, 「창세기 주석: 목회자와 설교자를 위한 주석」 강성열 역(서울: 한국장로교출판사, 2000)을 추천한다.

5장
1. 하나님의 선택이란 결국 하나님의 명령대로 살아감을 뜻할 것이다. 하나님께서 의도하신 삶을 묵묵히 받아들인 요셉의 신실함이야말로 '선택' 받은 자의 올바른 자세일 터, 결국 요셉은 하나님께서 요구하시는 것을 모두 받아들인 믿음의 사람이라는 것이다.
2. 여기서 창세기의 화자는 '온 땅'이라는 용어를 매우 중요한 신학적 의미를 담

아서 사용하고 있다. 노아 홍수 이야기에는 홍수가 '온 땅'에 덮였다고 기술하고 있으며, 요셉의 기근 이야기에서도 기근이 '온 땅'에 들었다고 묘사한다. 이로서 창세기의 설화자는 그랜드 인클루지오(Grand inclusio)를 사용하여 하나님의 선택받은 자들의 손안에 전 세계의 운명이 달려 있음을 강조한다. 참조. 존 스택, 「구약신학: 본문과 해석」p. 139. 참고로, 노아에게 속하여 사람들이 생명을 구원받고, 요셉에게 속하여 사람들이 구원을 받는 것은 예수에게 속하여 모든 인류가 구원을 얻는다는 사실에 대한 모형론적 표현이기도 하다. 또한 "예수에게 속하여"라는 표현구는 매우 성례전적인 어구이다.

3. 참조. 출애굽기 19:6 ("너희가 내게 대하여 제사장의 나라가 될 것이다").

4. 존 스택은 고난 중에서도 축복의 통로이기를 거절치 않은 요셉의 '신들린 사명'에 대해 이렇게 말하고 있다. "[창세기의] 저자는 다른 사람들의 손에 고난 당하고 억눌림에도 불구하고 이 땅에서 생명의 위험을 줄이기 위해 신적인 은사와 계시에 의해 부여받은 특별한 지혜를 이용할 여호와의 종으로서, 또한 모든 인류를 위한 하나님의 축복의 대리자로서 이스라엘이 준비되어야 한다는 점을 제시하고 있다" 존 스택, 「구약신학: 본문과 해석」pp. 139-40.

6장

1. 이 글과 함께 류호준, 「옛적 말씀에 닻을 내리고」(서울: 크리스천다이제스트, 1998), pp. 127-38에 실려 있는 "모세를 부르시는 하나님은 누구이신가?"라는 글을 읽어 보시오.

7장

1. Annie Dillard, *Pilgrim at Tinker Creek*(New York: HarperPerennial, 1974), p. 10.

2. C. S. Lewis, *Miracles: How God Intervenes in Nature and Human Affairs* (New York: Macmillan Publishing Co., 1947), p. 136.

3. 특별히 요한복음의 경우는 이 사실을 잘 보여 준다. 학자들은 요한복음을 가리켜 일명 '징조의 책'(Book of Sign)이라 부른다. 요한복음의 전반부는 모두 일곱 개의 대표적 징조(sign) 이야기로 구성되어 있으며, 이 징조 이야기들은 모두 예수 그리스도가 누구인지를 가리킨다. 참조. 데이비드 홀베르다, 「요한복음」류호준 역 (서울: 기독교문서선교회, 1992), pp. 9-11.

8장

1. 세속화에 대한 신학적 평가로는 이정석, 「세속화 시대의 기독교」(서울: 이레서원, 2000)를 보라.

9장

1. 지구라트(Ziggurat)는 피라미드 형태로 되어 있는 바빌로니아와 앗시리아의 신전(神殿), 혹은 제단을 가리킨다. 야곱이 본 것은 사닥다리가 아니라 이러한 제단 형태의 탑이었다.

10장

1. 참조. Walter Brueggemann, *An Introduction to the Old Testament: The Canon and Christian Imagination*(Louisville & London: Westminster John Knox Press, 2003), p. 320. "룻의 이야기는 유다 공동체 안에 이방인들을 위한 자리가 있을 수 있다는 적법성을 천명하는 것이다(예. 사 56:3-7)."

2. 수혼(嫂婚, levirate)으로 불리는 이 제도는 가문과 종족을 이어가기 위한 것으로, 과부가 고인의 형제와 결혼하는 고대적 관습이다. 성경의 경우, 자세한 규정은 신 25:5-6에 기록되어 있으며 유다의 며느리 다말의 경우(창 38:8)와 나오미의 며느리 룻의 경우(룻 4:5)가 대표적인 예이다. 참고로, 영어의 levirate는 시(媤)형제를 가리키는 라틴어 *levir*에서 유래했다.

11장

1. 웰스(Wells) 박사의 다음 두 권의 책은 현대 복음주의 기독교의 심각한 문제점을 매우 심도있게 파헤치는 예언자적 목소리를 낸다. David E. Wells, *No Place for Truth: Whatever Happened to Evangelical Theology?* (Grand Rapids: Eerdmans, 1993); *God In The Wasteland: The Reality of Truth in a World of Fading Dreams*(Grand Rapids: Eerdmans, 1994), 88-117.

12장

1. 참조. 류호준, 「장막 치시는 하나님을 따라서」(서울: 이레서원, 2001), pp. 43-56.

13장

1. 본 설교는 다음에서 발췌하여 새롭게 각색한 것이다. Peter Gomes, "The Question at the Mouth of the Cave," in *Sermons: Biblical Wisdom for Daily Living*(New York: Avon Book, 1998), pp. 159-63. 참조 (동일 본문에 대해) 류호준, 「장막 치시는 하나님을 따라서」(서울: 이레서원, 2001), pp. 121-36 ("광야 여정을 위한 떡")을 읽어 보라.

14장

1. 한글 번역은 이 두 단어를 '기묘자' '모사' 라는 두 개의 메시아적 호칭으로 나누어 번역하고 있다.

15장

1. 이 글은 교회력 가운데 '대림절' (待臨節, Advent, 혹은 '강림절' 이라 부를 수도 있다)을 위한 메시지로 준비된 것이다. 일반적으로 대림절은 크리스마스 이전 4주간을 가리키는 절기로, '기다림' 의 의미와 같은 주제를 중심으로 생각하는 절기다. 참고로 류호준, 「아버지를 떠나 자유를」(서울: 이레서원, 2002), pp. 249-64를 읽어 보라("길: 강림절 속의 하이웨이").

16장

1. 류호준, 「장막 치시는 하나님을 따라서」(서울: 이레서원, 2003), pp. 165-79 ("빨리 달리는 데 지치셨습니까?")와 비교하여 읽어 보십시오.

18장

1. 구약과 신약은 서로 다른 두 개의 언약을 말하는가, 아니면 하나의 동일한 언약을 말하는가 하는 문제는 매우 중요한 신학적 질문이다. 개혁 신학적 전통에서 이 문제를 탁월하게 짚어 보는 저서로는 David E. Holwerda, *Jesus & Israel: One Cove-nant or Two?*(Grand Rapids: Eerdmans, 1995) = 「예수와 이스라엘」 류호영 역 (서울: 기독교문서선교회, 1999)을 보라.

2. '유대인 문제' 에 관한 자세한 연구로서는 다음의 글을 추천한다. 존 스택, 「구약신학: 본문과 해석」 류호준 편역(서울: 솔로몬, 2002), pp. 737-976에 실려 있는 "첫

째는 유대인에게: 신약적 주제에 대한 주석학적 고찰"

20장

1. Elie Wiesel, *The Trial of God (As it was held on February 25, 1649 in Shamgorod): A Play*(New York: Random House, 1979).

21장

1. 본 글은 다음의 글을 중심으로 편역한 것이다. Peter J. Gomes, "Redeeming the Time" in *Sermons: Biblical Wisdom for Daily Living*, pp. 164-69.

에필로그

1. John Killinger, *Bread for the Wilderness, Wine for the Journey: The Miracle of Prayer and Meditation*(Waco, TX.: Word Books, 1976).